AUTO UNION

Elly Beinhorn

Bernd Rosemeyer

Mein Mann der Rennfahrer

Herbig

Inhalt

Vorwort

Es ist wie ein Wunder: ungefähr 50 Jahre sind vergangen, seit mein Mann, der Rennfahrer Bernd Rosemeyer, am 28. Januar 1938 bei einem neuen Weltrekord-Versuch auf der Autobahn Frankfurt–Darmstadt ums Leben kam. In all dieser Zeit hat das Interesse an seiner Persönlichkeit nie nachgelassen.

In seinem Todesjahr schrieb ich das Buch »Mein Mann, der Rennfahrer«, das in den nächsten Jahren infolge der großen Nachfrage eine Auflage nach der anderen erfuhr und mit über 300000 verkauften Exemplaren zu dem wurde, was man heute einen Bestseller nennen würde. Bernd und ich hatten es gemeinsam schreiben wollen – nun mußte es ein Erinnerungsband werden, durch dessen Einnahmen Bernd, wie er es gewollt hatte, seinen Kameraden in schweren Stunden helfen konnte.

Natürlich weiß ich nicht, ob ich Bernd objektiv dargestellt habe. Vielleicht werden manche sagen: das war ja gar nicht der Bernd, wie wir ihn gekannt haben. Aber ich sah ihn so, den unbekümmerten, großen Jungen, der mein Mann und Vater unseres Sohnes wurde.

Es wäre seinem Andenken nicht gedient gewesen, über Bernd ein trauriges Buch zu schrieben, da bin ich ganz sicher. Darum hoffe ich, daß es mir trotz allem gelungen ist, einen Hauch des strahlend Überlegenen seiner Persönlichkeit wiederzugeben.

In den vielen Stunden, wenn ich an meiner Schreibmaschine saß, glaubte ich manchmal, jetzt müsse über meiner Schulter plötzlich sein Lachen erklingen, dieses Lachen, welches so bestimmend für unser Leben war – immer dann, wenn ich noch einmal einen seiner großen und kleinen Streiche an mir vorbeiziehen ließ. Und oft habe ich selbst auflachen müssen, wenn mir so manches, was wir in den zweieinhalb Jahren zusammen erlebt haben, beim Schreiben wieder lebendig wurde. Und ich habe dann geglaubt, es müsse plötzlich alles wieder so sein, wie es damals war.

Obwohl alle Vernunftsgründe dagegen sprachen, habe ich immer an Bernds Unverletzlichkeit geglaubt. Ich hoffte mit aller Kraft: ihm kann nichts passieren! Und genauso ging es all den anderen Menschen in seiner näheren Umgebung. Darum hat auch über diesen wenigen Jahren unseres Zusammenseins für mich kein Schatten geschwebt. Es war alles sehr schön, eigentlich fast vollkommen.

Man wird verstehen, daß ich über Bernds letzte Fahrt nicht schreiben konnte. Einer von denen, der fast immer mit uns zusammen war, hat dies im 12. Kapitel dieses Buches, »Der letzte Start«, für mich getan: Dr. Karl Feuereissen. Der damalige Rennleiter der Auto-Union war der letzte, der Bernd am 28. Januar auf der Autobahn starten sah und Minuten später an die Unfallstelle eilte.

Längst ist Bernd zur Legende geworden, sein Name ist auch heute noch Millionen Menschen ein Begriff. Ein Wunder, denn Sportlerruhm verblaßt normalerweise schnell. Es gibt nur wenige Ausnahmen. Bernd gehört zu ihnen.

Seit Kriegsende, als mein Buch nicht mehr zu haben war, erhielt ich immer wieder Anfragen, wo und wann man es wieder bekommen könne. Ehemalige Kriegsgefangene schrieben mir, es hätte ihnen in schwersten Jahren oft Kraft zum Durchhalten gegeben. Dazu kamen auch viele junge Menschen, die von den glanzvollen Jahren des deutschen Auto-Rennsports, der Zeit der »Silberpfeile«, und insbesondere eines seiner berühmtesten Kämpfers erfahren wollten.

So entstand dieses Buch, wenn auch in anderer Form, überarbeitet, um einen großen neuen Bildteil und eine Dokumentation erweitert, in einem großen Format, das diese unvergessene Zeit wieder aufleben läßt.

AUDI, eine der Auto-Union-Töchter, deren Wagen ich seit seiner Existenz fahre, hat nicht nur die Tradition der vier Ringe gewahrt und erfolgreich in alle Welt getragen. Im Werk Ingolstadt wurde eine eigene Traditions-Abteilung aufgebaut, die mir unter anderen bei der Beschaffung des schon fast historischen Materials half, das mir durch die Bombardierung meiner Berliner Wohnung am 17. 2. 1944 verloren gegangen war.
Das Leben ging weiter – es mußte weitergehen, denn da war mein und Bernds Sohn, der eine heitere Mutter haben wollte. Jahre später habe ich wieder geheiratet. 1942 kam meine und Dr. Karl Wittmanns Tochter Stefanie auf die Welt, die seit vielen Jahren mit dem Chirurgen Dr. Kluge verheiratet ist und jetzt wieder als Krankengymnastin arbeitet. Sie haben zwei Kinder: Felix und Alexandra.
Bernd »2«, meines Bernd Sohn, ist Professor an der orthopädischen Klinik in München. Er ist mit der Innenarchitektin Michaela verheiratet. Rosemeyers haben zwei Kinder: Bernd »3« und Daisy.
Nach 51 unbeschreiblich schönen Fliegerjahren habe ich freiwillig meinen Flugzeugführerschein nicht mehr verlängert. Nach wie vor fliege ich gern mit und ich war auch erst kürzlich wieder in einer Sportmaschine in Singapur, über der Sahara und in Schwarzafrika …
Doch genug von mir, dies ist Bernds Buch.

München, im April 1987

Elly Beinhorn

Meine Familie auf einen Blick (von links):
Oben: Michaela Rosemeyer, Bernd [»2«] Rosemeyer, ich, Stefanie Kluge, Jürgen Kluge
Kniend: Bernd [»3«] Rosemeyer, Felix Kluge
Sitzend: Daisy Rosemeyer, Alexandra Kluge

Der erste Grand Prix-Sieg

»Willst du dem Jungen nicht gratulieren? Es ist sein erster Sieg. Du machst ihm eine Freude damit.«
Es gibt im Leben jedes Menschen Augenblicke, die er nie vergessen wird. Das war ein solcher Moment. Obwohl ich damals nicht den Schatten einer Ahnung hatte, daß gerade jetzt, in eben diesem Moment mein Schicksal die große Wendung nahm.
Die Frage richtete an mich ein guter alter Bekannter aus dem Autorennbetrieb am 29. September 1935 nach Beendigung des Masaryk-Rennens in Brünn, als gerade der junge Rosemeyer auf Auto-Union als Sieger vor drei Alfas durchs Ziel gegangen war.
Mit dem Rennen hatte ich überhaupt nichts zu tun. Ich war eigentlich nur anwesend, da ich abends einen Vortrag vor den deutschen Fliegern in der Tschechoslowakischen Republik zu halten hatte. Der junge, wie es schien nicht unbegabte Nachwuchsfahrer Bernd Rosemeyer sollte diesen ersten großen Ruhm ganz für sich allein genießen. Außerdem hielt ich es für ganz überflüssig, daß findige Reporter eventuell amüsante Schnappschüsse für die Rennberichte sammeln konnten wie z. B.: »Deutsche Fliegerin trifft sich mit neuem Rennfahrerstar in der Tschechoslowakei.«
Nein, dies behagte mir gar nicht. Dieser Rosemeyer mochte sicher ein recht netter, tüchtiger Bursche sein, aber mein Herz oder besser meine Sympathien in diesem Rennen waren außerdem ganz auf seiten des eleganten Hans Stuck gewesen, der während des Rennens so viel Pech gehabt hatte.
Schon bald nach Beginn war ihm ein Piepmatz in die Brille geflogen. Seine erst sehr schneidigen Runden

»Herzlichen Glückwunsch, Rosemeyer!« Links Rennarzt Dr. Gläser

waren immer langsamer geworden, was wir uns alle nicht erklären konnten, bis er nach der fünften Runde an den Boxen halten mußte. Ein tschechischer Spatz hatte unser bestes Pferd im Stall – wenigstens war das meine Meinung – um seine Chancen gebracht! Hans hatte einige Glassplitter ins Auge bekommen, außerdem eine unkleidsame Beule am Kopf.
Teufel noch mal! War das nötig? Wenn Mercedes schon nicht dabei war, dann mußte doch Stuck das Rennen für uns machen! Es wäre ja noch schöner, wenn ich abends meinen Vortrag nach einem Sieg der Alfas würde halten müssen!
Inzwischen hatte Hans Stuck seinen Wagen Paul Pietsch übergeben und saß bei uns in der Box.
Da waren nun allerdings noch Varzi und Rosemeyer auf den Auto-Union-Wagen. Varzi sollte ja sehr gut und schnell sein, aber immerhin war er Italiener – na, und der wohl ein einzig dastehender Fall in der Geschichte des europäischen Rennsports der Grand-Prix-Klasse.
Und während wir jetzt teils bleich, teils unruhig an den Boxen auf den lange überfälligen Hans warteten, machten wir alle etwas dumme Gesichter, als der Lautsprecher schließlich nach endlosen Minuten dieses unerwartete Ergebnis mitteilte.
Also Rosemeyer hatte gesiegt – mehr oder weniger im Handgalopp –, wie ich im stillen etwas unfreundlich diesem mir unbekannten jungen Mann gegenüber beschloß. Aber immerhin wurde die deutsche Flagge am Siegesmast gehißt.
Und nun mußte ich ihm auch noch gratulieren, weil dem Stuck ein Vogel an den Kopf geflogen war. In der Sekunde, als ich endgültig diese Zumutung ablehnen wollte, entsann ich mich plötzlich, eine wie unbeschreibliche Freude mir bei der Rückkehr von irgendwelchen

Rosemeyers erster Rennwagensieg

Die Auto-Union gewinnt das Masaryk-Rennen vor Nuvolari

ll Prag, 29. Sept. Bei herrlichem Welter und vor 150 000 Zuschauern wurde am Sonntag in der Nähe der mährischen Hauptstadt Brünn der letzte Große Preis von Europa in diesem Jahre, der Große Masaryk-Preis, ausgetragen. Trotz der Abwesenheit der Mercedes-Mannschaft, des erfolgreichsten Automobil-Teams in diesem Jahre, endete das Rennen wieder mit einem deutschen Siege. Diesmal war es der jüngste deutsche Fahrer Bernd Rosemeyer auf Auto-Union, der die schwierige 29,7 Kilometer lange Rundstrecke 17 mal (497 Kilometer) als Schnellster in neuer Rekordzeit durchfuhr und so glänzende Fahrer wie Nuvolari und Chiron auf die Plätze verwies. Trotz des Ausfalls der beiden anderen Fahrer der Auto-Union, Hans Stuck und Varzi, gelang es Rosemeyer, unangefochten von der 11. Runde bis zum Schluß die Spitze zu halten und mit einem Abstand von nahezu 7 Minuten den Italiener Nuvolari auf Alfa Romeo hinter sich zu lassen, der dem auf der gleichen Marke fahrenden Chiron ein erbittertes Rennen lieferte.

In der Kategorie der kleinen Wagen gab es ein Rennen ohne Spannung, denn der als Favorit geltende Engländer Seaman auf Era führte vom Start bis ins Ziel vor dem Franzosen Veyron. Das Rennen verlief ohn: ernstlichen Unfall; nur der Wagen des Oesterreichers Willheim fing Feuer und verbrannte vollständig; der Maserati-Wagen des Schweizers Rüesch dagegen, der auch Feuer fing, konnte rechtzeitig gelöscht werden.

Von der Schwierigkeit des Rennens zeugt der Umstand, daß von den 22 gestarteten Fahrern nicht weniger als 12 aufgeben mußten, darunter in der 11. Runde Varzi, der zu dieser Zeit noch führte, infolge Motorschadens. Stuck, der Vorjahressieger, hatte einen merkwürdigen Unfall. In der 5. Runde flog ein Vogel gegen seinen Kühler und dann gegen seine Schutzbrille. Stuck wurde am Auge verletzt, fuhr jedoch weiter. Später ließ er sich von dem Ersatzfahrer Pietsch ablösen. Der Sieg des Deutschen Rosemeyer wurde lebhaft gefeiert.

Die Ergebnisse:

Masaryk-Preis: 1. Rosemeyer-Deutschland auf Auto-Union 3:44:10.6 Std. (Stundendurchschnitt 132.6 Klm., Streckenrekord und Tagesbestzeit), 2. Nuvolari-Italien auf Alfa Romeo 3:50:48.4 Std., 3. Chiron (Alfa Romeo) 3:50:52.2.

Wagen bis 1500 ccm: 1. Seaman-England auf Era 3:48:32.1 Std. (Klassenrekord, Stundendurchschnitt 129.8 Klm.), 2. Veyron auf Bugatti 3:51:58.3, 3. Sojka-Tschechoslowakei auf Bugatti.

junge Rosemeyer, von dem war wohl noch nicht allzuviel zu erwarten.
Ja, und nun hatte dieser junge, blonde Bernd tatsächlich dieses Rennen für Deutschland so erfolgreich heimgefahren.
Stuck war zwar noch einmal nach dem Ausscheiden von Varzi in dessen Wagen gestiegen, aber verdächtige Motorgeräusche und dazu seine Kopfschmerzen durch den Vogel – nein, das war ihm dann doch zu dumm geworden, und schließlich war unser guter Hans an einer Seitenstraße der Rennstrecke einfach in Richtung auf das Haus seines Gastgebers abgerauscht; übrigens Flügen der Händedruck Udets, Gronaus oder eines mehr oder weniger prominenten Vertreters eines anderen Sports gemacht hatte. Anerkennung von Leuten, die von unserem oder einem ähnlich gearteten Geschäft etwas verstehen, freut einen. Und außerdem war es ja albern und auch anmaßend von mir, zu glauben, ich nähme dem Rosemeyer dadurch auch nur einen Schatten seines heutigen Ruhms weg.
»Bernd, da ist die Elly Beinhorn; die möchte dir auch gern gratulieren.« Bernd fuhr herum. Mit weißen Ringen von der Brille um die Augen, welche die einzig sauberen Stellen in seinem Gesicht darstellten, mit einem riesigen

Lorbeerkranz um den Hals, strahlte er mich aus zwei lachenden graublauen Augen unter beinah zusammengewachsenen Brauen an.
Herrgott, mußte der Mann eine Freude haben! Der erste große Preis für einen jungen Nachwuchsfahrer. Mir schoß durch den Kopf, daß Rosemeyer in diesem Augenblick etwas erlebte, was nie wiederkommen würde, mochte er später noch so viele Preise erringen: das einmalige Glücksgefühl des ersten absoluten Sieges. Daß seine Freude auch etwas mit meinem Glückwunsch zu tun haben könnte, auf den Gedanken kam ich in dem Moment wirklich nicht.
Mit einer Art Schwimmbewegung zerteilte Rosemeyer die ihm gratulierenden Menschenmassen und drückte mir die Hand. Damals wußte ich zum erstenmal und sofort, daß dieser junge Rennfahrer alles, was er anfaßte, so unbeschreiblich intensiv tat, daß da kein Raum für irgend etwas anderes blieb.
»Oh, danke schön! Was, das war eine Mordssache! Hoffen wir, daß viele weitere Siege folgen werden. Leider ist die Saison nun vorbei, aber – Ende gut, alles gut.

Autogramme, Autogramme . . .

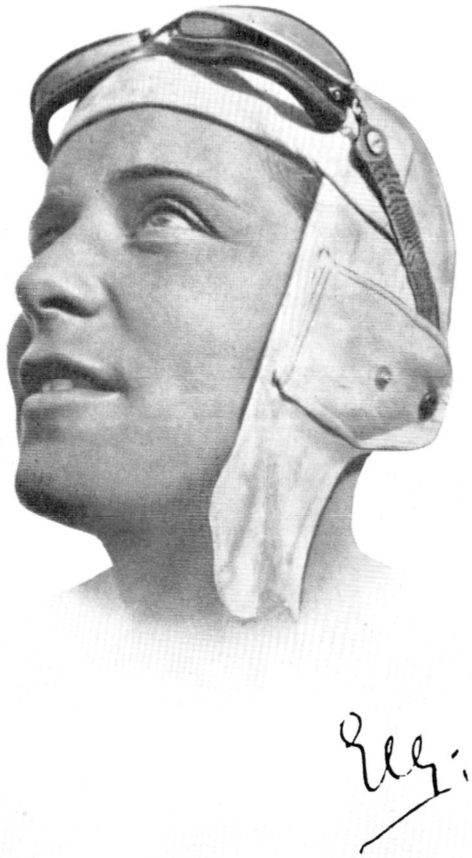

Wissen Sie, daß ich Sie immer schon um ein Bild von Ihnen bitten wollte, nur hab' ich Sie leider noch nie getroffen. Darf ich es mir in Berlin abholen, wenn wir alle zurück sind? Bitte, bitte!«
Auch ohne dieses »bitte, bitte«, mit dem Bernd immer und überall genau das erreichte, was er sich wünschte, hätte er sein Bild bekommen. Wenn ich ehrlich war, mußte ich mir selbst gegenüber zugeben, wie ich beinahe etwas stolz war, daß der frischgebackene Sieger und augenblickliche Volksheld überhaupt an ein Foto von mir dachte! Er sollte es haben.
Eine ganze Weile später gestand mir Bernd, der ja nicht nur im Rennwagen, sondern in jeder Lebenslage ein unglaublich schnelles Reaktionsvermögen hatte, das ihn immer beinahe automatisch das im Moment Notwendige tun ließ, daß er in dieser Sekunde einfach gewußt habe, wir beide gehörten zusammen. Alles andere würde sich finden, und das mit dem Bild – das ihn im übrigen recht wenig interessierte – habe er nur gesagt, um sich mit mir zu Hause in Verbindung setzen zu können.
Was mich anbetrifft, muß ich zugeben, daß ich da vor der Box in Brünn den Rosemeyer einfach nett fand – sonst aber auch nichts. Nett fand ich ihn darum, weil er so überraschend frisch und anscheinend total unverbildet war, und ich schämte mich ein klein wenig, daß ich diesem strahlenden Jungen den Sieg eigentlich gar nicht gegönnt hatte. Auf seine äußeren Vorzüge sah ich ihn mir vorerst gar nicht an, denn meinen Glückwunsch hatte ich ja nun erledigt, und das Versprechen mit dem Bild in Berlin war nicht so wichtig, als daß man daran einen Gedanken hätte verschwenden müssen. Autogramme und Fotos waren nun einmal bedauerlicherweise ein ständiges Attribut meines Lebens geworden . . .

Mein Vortrag abends, auf den ich mich so gefreut hatte, machte mir wenig Spaß. Alle Leute, die mit dem Rennen zu tun hatten, mußten zur gleichzeitig stattfindenden Preisverteilung. Außerdem war's auch nicht so voll, wie ich es sonst gewöhnt war. Und ich fand überhaupt alles, was mit dem Masaryk-Rennen zusammenhing, viel wichtiger und interessanter als meinen Vortrag und war recht froh, als der Präsident der Flieger, der sich meinetwegen nur mit Mühe von der Preisverteilung hatte freimachen können, vorschlug, in einer Bar mit dem gesamten Rennfahrervolk den deutschen Sieg noch etwas zu feiern.
O ja, das war eine glänzende Idee!
Hätte ich geahnt, daß mir dort als erstes ein Ehrentanz mit Rosemeyer bevorstand, dann wäre ich wahrscheinlich weniger begeistert gewesen. Ich weiß nicht, ob man es mir glauben wird, und es ist auch eigentlich ganz egal: Jedenfalls kann ich einfach nicht ausstehen, in den Mittelpunkt gestellt zu werden, und schon gar nicht, wenn ich mit einem Mann tanze.

Bernd Rosemeyer schien keine Hemmungen dieser Art zu haben. Er fand das anscheinend durchaus normal und angenehm, mit mir, von allen Leuten angestarrt, zu tanzen, und sah mich nur immer strahlend vergnügt an. Mein Spießrutenlaufen sollte bald vorbei sein. Der Held des Masaryk-Rennens trank nur ausgepreßte Orangen und ähnliche für die Feier nach einem ersten Großen Preis ungeeignete Getränke und verabschiedete sich artig bald nach elf Uhr von mir. Er sei müde und müsse schlafen gehen. Das Bild würde er sich bei seiner nächsten Anwesenheit in Berlin abholen.
Ich blieb für die nächsten Minuten etwas nachdenklich zurück. Nanu, wo war denn da die berüchtigte und besonders für viele Frauen so anziehende »Unmoral« der Rennfahrer? Und das gerade nach dem ersten Sieg im Großen Preis, noch dazu dem letzten Rennen der Saison 1935! Der Rosemeyer war ja ein komisches Mannsbild – Herrgott, dieser erste große Erfolg, und dann mit Apfelsinensaft um elf Uhr ins Bett! Da waren doch so viele wunderhübsche und lustige Mädchen, die dem lachenden, blonden Rosemeyer kein Hehl daraus machten, daß sie durchaus Zeit oder Tänze für ihn übrighätten. Aber schön, sagte ich mir, laß ihn auf seine Art selig werden. Außerdem war es ja auch nicht wichtig – was gingen mich schließlich die Gewohnheiten des Herrn Rosemeyer an? So würde er wenigstens am Morgen nach seinem großen Tag kein Schädelweh haben.
Und damit fiel für beinah einen Monat der Vorhang über den »Fall Rosemeyer«.

In der ersten Reihe: Bernd Rosemeyer

* * *

Ich hatte damals einige Vortragstourneen zu erledigen, und zwischendurch war ich hin und wieder mal auf einen Tag zu Hause. Ja, der Rosemeyer stand auch einmal auf meinem Telefonzettel!
Am 21. Oktober sprach ich in Zwickau bei der Deutschen Kolonialgesellschaft und wurde von vielen liebenswürdigen Damen in Empfang genommen. Es dauerte eine ganze Weile, bis ich in unserem Empfangsraum einen bescheiden wartenden, etwas blassen jungen Mann bemerkte. Ach, das war ja der Rennfahrer von Brünn! Daß der sich hier meinen Vortrag mitanhören wollte! Aber natürlich, Zwickau war die Heimat der Auto-Union-Rennabteilung.
Als ich den ausverkauften Saal betrat, entdeckte ich sofort in der ersten Reihe eine beängstigende Anzahl der Leute aus dem Rennbetrieb. Mitten darunter den Rosemeyer, der nicht den Eindruck machte, als ob er sich zwei Stunden in die Schilderungen meiner Erlebnisse bei den Mayas einspinnen lassen wollte. Ich hatte größte Bedenken – und nicht zu Unrecht.
Während meines Erzählens und der Lichtbilder sah ich mich wie ein gestrenges Fräulein Lehrerin genötigt, den wiederholt zu seinen Kameraden überflüssige Randbemerkungen machenden Helden des Steuers humorvoll getarnte Zurechtweisungen zu erteilen, die wenigstens für eine Weile die allgemein erwünschte Ruhe wiederherstellten.
Als ich mich dann nach dem Vortrag von meiner Tante begleitet bis zu meinem Auto herausgewurstelt hatte, stand auch Bernd da. Mein Abschied war ziemlich kühl. »Außerdem sehen Sie doch auch, daß ich mit meiner Tante zusammen bin.« Diese Idee, sich noch mit mir irgendwo hinsetzen zu wollen! Wenn ich einen Wunsch hatte, dann war es der, möglichst umgehend schlafen zu gehen. Denn ich hatte über eine Woche lang jeden Abend irgendwo anders zu sprechen.
Auch der Hinweis auf das noch ausstehende Bild verfehlte seine Wirkung. »Mensch, glauben Sie vielleicht, ich reise wie ein Filmstar mit einer Fotokollektion in der Gegend umher? Das wird ja wohl Zeit haben, bis ich zu Hause wieder einmal etwas zur Ruhe gekommen bin. So.«
Warum ich dem Rosemeyer erzählte, daß ich in einigen Tagen noch zweimal in der unmittelbaren Nähe von

Zwickau sprechen würde, weiß ich bis heute noch nicht. Das sollte wohl so sein; und wenn es nicht so gewesen wäre, dann hätte es wahrscheinlich am Ablauf des Schicksals auch nichts geändert.

* * *

Mehr als einmal bedauerte ich in den nächsten Tagen den Glückwunsch von damals beim Masaryk-Rennen in Brünn.

Vielleicht lag das nur daran, daß auf einmal ein Mensch in Erscheinung trat, der mir klarmachte, daß es sich bei vielen Dingen, die ich tat oder besaß, keineswegs um Erster-Klasse-Angelegenheiten handelte. Und daran war ich eigentlich sehr wenig gewöhnt.

Aber ich möchte nicht vorgreifen.

Zwei Tage nach dem Zwickauer Vortrag sprach ich abends in der Nähe von Glauchau. Vorher lief ich noch eine Weile im Städtchen umher, um mir nach der ewigen Sitzerei im Auto die Beine zu vertreten. Aus einer Nebenstraße auf die Hauptstraße losmarschierend sah ich plötzlich einen langen, eleganten Wagen mit einem un-

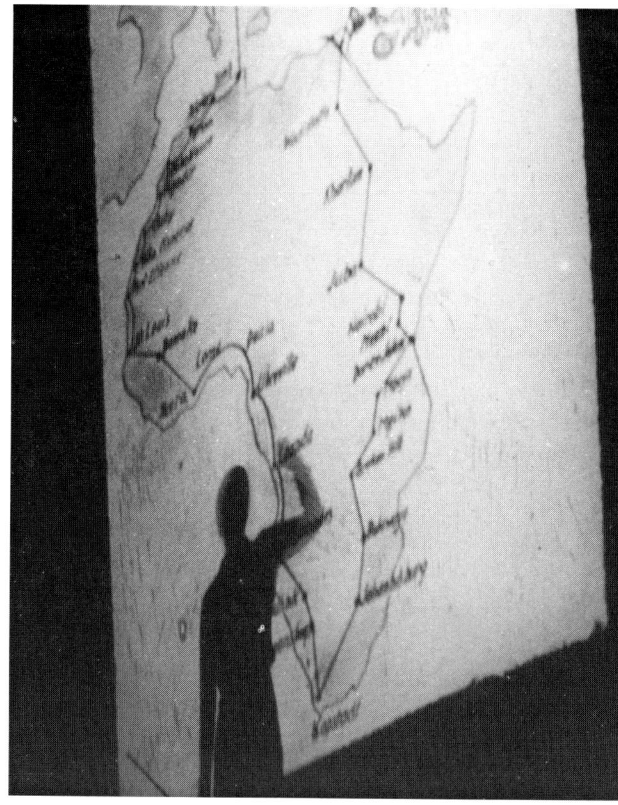

Vortrag über meinen Alleinflug rings um Afrika

Mein Ausweis für die »B.Z. am Mittag«

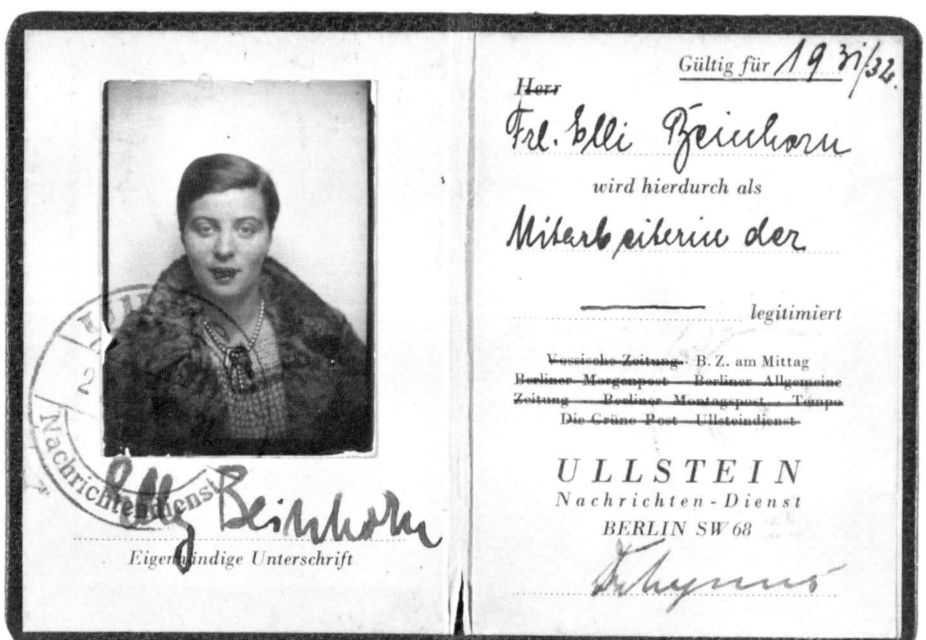

Gültig für 1931/32.

~~Herr~~

Frl. Elli Beinhorn

wird hierdurch als

Mitarbeiterin der

legitimiert

~~Vossische Zeitung~~ B. Z. am Mittag ~~Berliner Morgenpost Berliner Allgemeine Zeitung Berliner Montagspost Tempo Die Grüne Post Ullsteindienst~~

ULLSTEIN
Nachrichten-Dienst
BERLIN SW 68

Eigenhändige Unterschrift

beschreiblichen Tempo wie ein Torpedo vorbeischießen und meinte nur zu mir selbst: Na, wenn der so weitermacht, wird er zum mindesten das Prachtauto die längste Zeit besessen haben. Und siehe da, als ich wieder an meinem Hotel angelangt war, parkte dort der elfenbeinschwarze Horch, und in der Halle erwartete mich – Herr Rosemeyer.
Die Begrüßung war auch von meiner Seite durchaus freudig, denn in Rosemeyers Gesellschaft in Glauchau war immerhin besser als ganz allein.
Schnell hatten wir uns geeinigt, daß mein Auto abends im Stall bleiben sollte, und ich sollte von dem preisgekrönten Sieger – was mir im übrigen gar nicht imponierte – an meinen Bestimmungsort und wieder zurückgefahren werden. Ich stellte nur die Bedingung, Rosemeyer möge dann, während ich sprach, seine sicherlich interessanten Zwischenbemerkungen unterlassen – was er auch einhielt.
Nach dem Vortrag, wobei Bernd als sächsischer Nationalheld auch seinen Anteil vom Beifall abbekam, brausten wir mit einem aufregenden Start wieder ab zu meinem Hotel. Am Ausgang der Stadt verfehlten wir die richtige Ausfallstraße, beschlossen aber einmütig, weder umzukehren noch zu fragen.
Wir hatten das Gefühl, daß uns im friedlichen Sachsen, dessen Dialekt wir beide beherrschten, keine allzu großen Überraschungen passieren könnten. Und dann fuhren wir und fuhren wir – endlos, auf immer ländlicheren Straßen, unterhalten von dem Rosemeyerschen Radio, das zu meinem Ärger unvergleichlich viel besser war als mein eigenes.
Wer einmal nachts auf unwirtlichen Feldwegen mit einem wundervollen, ganz weich gefederten Auto gefahren ist, mit einem Radio, bei dem nicht festzustellen ist, ob nicht vielleicht tatsächlich eine englische Tanzkapelle vor einem spielt, wird dieses irgendwie unwirkliche Gefühl ermessen, das mich jedesmal befällt, wenn sich Natur und Technik auf diese Weise begegnen. Dieses Gefahrenwerden durch die Nacht fand ich wunderschön.
»Soll ich nicht doch lieber fragen?« kam Rosemeyers dunkle Stimme zu mir herüber.
»Ach wo, wir werden schon gleich auf ein Schild stoßen, und Sie müssen sich ja hier auskennen, wenn Sie in Zwickau wohnen.«
Rosemeyer kannte sich aber nicht aus, trotz vieler Schilder, die allerdings auf kleine, mir unbekannte Orte verwiesen. Daß er nicht Bescheid wissen wollte, darauf kam ich in meiner Harmlosigkeit nicht. Denn daß ein Mann, der sicherlich sogar jünger war als ich, was an sich schon ein Verbrechen ist, einfach mit mir gewisse Mätzchen machte, vor denen im allgemeinen Mütter ihre unerfahrenen Töchter zu warnen pflegen – den Gedanken bezog ich überhaupt nicht in meine Überlegungen ein.

»Ich möchte mit Ihnen immer nur so weiter und weiter fahren.«
Na, also der junge Mann war nun wohl total verrückt geworden.
»Ich nicht, mein Lieber. Sie glauben nicht, wie gern ich schlafe; und ich höre mein Bett schon seit einer ganzen Weile nach mir rufen.«
So, das hatte er nun wohl verstanden.
»Und außerdem fahren Sie nicht mit mir in der nächtlichen Landschaft umher, wenn Sie sich nicht auskennen.«
Das klang oder sollte wenigstens sehr abschließend und überlegen klingen.
Rosemeyer lachte. Herrgott – hatte dieses unbekümmerte Lachen etwas herrlich Mitreißendes. Außerdem,

Typisch Rosemeyer!

warum sollte ich ihm eigentlich böse sein? Was machte es schon, wenn ich wirklich mal auf meiner maßlos soliden Vortragstour eine Stunde später ins Bett kam?
Auf irgendeine Art fanden wir schließlich doch nach Glauchau zurück und verabredeten, am nächsten Morgen mit unseren beiden Wagen hintereinander bis Chemnitz zu fahren, um dort gemeinsam zu essen. Nach einer dreifachen Abendessensportion, was ich höflicherweise noch mitansah, während mir nun aber tatsächlich die Augen zuzufallen drohten, brauste der Herr Rennfahrer zurück nach Zwickau, wo er damals noch wohnte.
Am nächsten Morgen übernahm ich nach dem Eintreffen Rosemeyers mit meinem Mercedes die Spitze unserer Kolonne – bei strömendem Regen.
Während ich bis ans Ende meiner Möglichkeiten auf den Gashebel drückte, folgte mir Bernd mit ganz geringem Abstand. Leicht sollte es ihm nicht sein, meinen guten Durchschnitt zu halten. Aber auf einmal brauste der Horch an mir vorbei, von dem ich dann nach einer Minute aber auch nicht mehr die Andeutung eines Schattens sah.
Der Wahnsinnige! Glaubte er vielleicht, mir imponieren zu müssen? Allzulange würde ich nun wohl nicht brauchen, bis ich ihn mitsamt seinem schicken Auto in einem Graben auflesen konnte!
Kurz vor Chemnitz parkte Rosemeyer vergnügt am Straßenrand und meinte, als ich heranfuhr: »So, nun haben Sie die Vorfahrt in die Stadt. Ich habe inzwischen schnell meine Post durchgelesen. Auf die Dauer kann ich nämlich diese Trödelei nicht vertragen.«
Dieser elende Angeber! Wahrscheinlich war er auf Leben und Tod gefahren – mir kam gar nicht in den Kopf, daß Rosemeyer vielleicht mit einem kleinen Finger schneller fahren könnte als ich mit beiden Händen plus Kopf und Herz. Meinen gesunden Durchschnitt sollte erst einmal jemand auf die Dauer halten, dachte ich mir.
Nach dem Frühstück, wobei mich ärgerte, daß sich das ganze Hotel mit »Herrn Rosemeyer hinten und vorn«

Bernds aufsehenerregendes Horch-Cabriolet

betat, trennten sich unsere Wege. Der Horch wollte in zwei Stunden in Berlin sein, und ich hatte noch zwei weitere Vorträge in Sachsen zu halten.
»Nun bleibt Ihnen mein Besuch nicht mehr erspart. Ohne das versprochene Bild verlasse ich Berlin nicht wieder.«
Na schön, der junge Mann sollte sein Bild bekommen. Aber vielleicht würde er mich dann auch in Ruhe lassen...

***

Weit gefehlt. Nun fing die Unruhe, wenn ich es so nennen soll, in meinem Leben erst an. Bernd Rosemeyer war plötzlich einfach da. Er rief an, er holte mich zu irgend etwas ab – er hatte sich einfach in mein Leben hineingeschoben. Und ehe ich überhaupt bemerkt hatte, daß ich mich da auf etwas eingelassen hatte, was ich mir wirklich nicht überlegt hatte, war dieser Mensch eben ständig in meiner Nähe. Das versprochene Bild forderte er fürs erste gar nicht an!

Mein erstes Geschenk von diesem etwas außergewöhnlichen jungen Mann war – ein Lötkolben. Und das hatte, weiß Gott, seinen Sinn und Zweck.
Bei Rosemeyers erstem Besuch war ich nach dem üblichen Tee – Alkohol lehnte er ab – in gewisser Verlegenheit, was man mit einem 26jährigen Nachwuchsfahrer anstellt, der keine Miene macht, zu gehen. Und so kam ich auf die Idee, mit ihm und meiner Kleinkaliber-Präzisionsbüchse ein Wettschießen zu veranstalten. In der winzigen Junggesellenküche wurde an der Leiter angestrichen und durch den Liliputflur in einen an der Wand hängenden Kugelfang in der Diele geschossen. Als wir gerade im besten Punktesammeln waren, krachte es fürchterlich, und mein Kugelfang lag in zwei Teilen unten.
»Wenn ich einen Lötkolben hätte, könnten wir sofort weitermachen. Ich schlage Sie ja doch noch.« Die Zumutung, im Apartmenthaus, selbst bei einer Fliegerin, einen Lötkolben unter dem Inventar zu finden, schien mir etwas unüblich!

Damals mein ganzer Stolz: das Mercedes-Cabriolet

Rosemeyer stellte uns für seinen nächsten Besuch, den er ohne Rücksicht auf mein eventuelles Programm, sehr schnell anzusetzen wünschte, ein herrliches Geschenk in Aussicht. Ich war auf einen tollen, überdimensionalen Blumenstrauß gefaßt und bekam einen Lötkolben mit Fett und was so dazu gehört.
Nachdem Bernd neben meinem fassungslosen Mädchen in der Küche eine märchenhafte Unordnung angerichtet hatte, aber der Kugelfang wieder heil war, erklärte er, seine blonden Haare zurückwerfend: »Endlich hat hier jemand mal ein vernünftiges Stück in die Wirtschaft eingebracht. Nur Weiber, selbst wenn eine Fliegerin dabei ist, das kann ja nichts Vernünftiges geben!«
Meine Agnes sah mich nur vorwurfsvoll an, daß ausgerechnet ich mir so etwas in meiner eigenen Wohnung sagen ließ. Da waren wir doch andere Gäste gewöhnt...

* * *

Wenn ich mir nachträglich überlege, wie ungerecht und voreingenommen ich lange Zeit gegenüber Bernd Rosemeyer war – einfach deshalb, weil er zwei Jahre jünger war und ich es unverschämt von ihm fand, sich mir gegenüber unter diesen Voraussetzungen als Mann aufzuführen –, kann ich über mich nur lachen. Übrigens ließ sich Bernd durch meine Komplexe aber auch nicht eine Sekunde aus der Ruhe oder seiner blendenden Laune bringen. Trotzdem ärgerte es mich, daß er beabsichtigte, ernsthaft in mein Leben einzudringen.
Nun, mein Instinkt hatte mich auch damals nicht so ganz im Stich gelassen. In meinem Tagebuch, das ich seit vielen Jahren stichwortartig führe, steht gleich am ersten Tag nach dem Besuch von Rosemeyer: »Was aus dem Jungen wohl noch einmal wird?«
Das will für meine Tagebuchführung viel heißen, denn ich bin im Laufe der Jahre einigen alles andere als unbedeutenden Menschen begegnet, über die ich nie ein Wort verloren habe.
Also irgend etwas an diesem jungen Rennfahrer mußte mir vom ersten Begegnen auf alle Fälle interessant erschienen sein. Also Rosemeyer rein als Persönlichkeit, nicht als Ausübender seines Berufes. Nein, den Beruf fand ich greulich!
Manchmal war ich scheußlich ungezogen zu ihm. Meine Freunde und Bekannten fingen bereits an, mich mit meiner jungen Rennfahrererwerbung aufzuziehen, die sich absolut ohne meine Erlaubnis angewöhnt hatte, mich fast immer, ohne Rücksicht auf die Umgebung, mit »Du« anzureden, während ich den jungen Mann mit »Bernd« und »Sie« ansprach.
Aus all diesen Gründen kam es mir gerade recht, als Bernd von der Auto-Union an den Nürburgring berufen wurde. Er sollte bei den Nachwuchsfahrerprüfungen die Rennwagen ausprobieren und den Neuen vorfahren. Das mußte jeweils einer von den jüngeren Fahrern machen, die alten Hasen gaben sich dafür nicht mehr her.
Ich ging inzwischen auf eine neue Vortragsreise durch Schlesien und machte dort auf der Segelfliegerschule Grunau an einem meiner freien Tage meine Segelflug-C-Prüfung. Regelmäßig wurde ich vom Nürburgring aus angerufen und bekam viele Ansichtskarten.
Bernd am Telefon: »Wenn wir beide am Sonnabend wieder in Berlin sind, machen wir uns ganz fein und gehen zusammen auf den Ball vom Klub.« Der hatte Ideen: Ich sollte mit ihm auf einen Ball gehen!
Am Samstagmittag traf ich, strahlend vor Stolz über meinen neuen Segelflugschein, der mir mehr Freude machte als viele, viele Stunden Motorflug, zu Hause ein. Abends klingelte Bernd bei mir, um mich abzuholen. Wenn ich ehrlich gewesen wäre, hätte ich zugeben müssen, daß er in seinem Frack zu den hellblonden Haaren und mit dem Goldenen Sportabzeichen eigentlich hervorragend aussah.

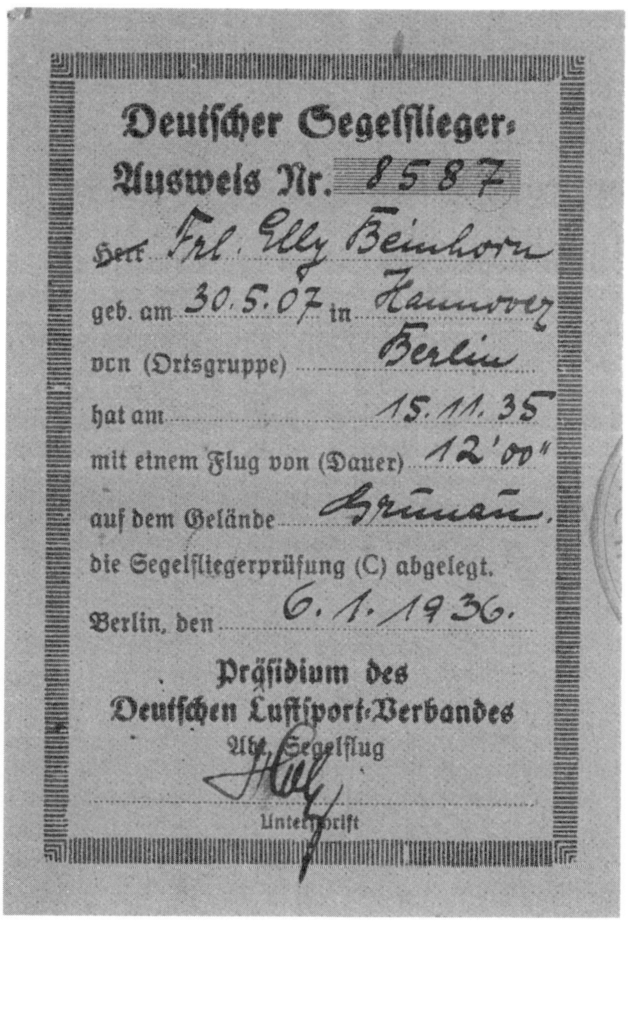
Deutscher Segelflieger-
Ausweis Nr. 8587
Herr Frl. Elly Beinhorn
geb. am 30.5.07 in Hannover
von (Ortsgruppe) Berlin
hat am 15.11.35
mit einem Flug von (Dauer) 12'00"
auf dem Gelände Grunau
die Segelfliegerprüfung (C) abgelegt.
Berlin, den 6.1.1936.
Präsidium des
Deutschen Luftsport-Verbandes
Abt. Segelflug
Unterschrift

Aber ich wollte nun einmal nicht objektiv sein. Darum entdeckte ich als erstes einen an seinem Revers herumbaumelnden Faden – für mich ein Beweis, daß der Frack »von der Stange gekauft« war.
Auf seine Frage »Gehen wir nun bald?«, entgegnete ich schroff:
»Lieber Bernd, ich werde Ihnen mal etwas sagen. Haben Sie im Ernst geglaubt, daß ich mit Ihnen zusammen auf einen Ball gehe? Schließlich unterhalte ich ja keinen Kindergarten.«
Oh, einen Moment später schämte ich mich schrecklich. So verletzt habe ich Bernd Gott sei Dank nur dieses eine Mal erlebt.
»Oh, verzeihen Sie« – »Sie« sagte er –, »daran hatte ich nicht gedacht, daß es Ihnen peinlich sein würde, sich vor Leuten mit mir zu zeigen. Dann auf Wiedersehn. Ich hatte mich die ganze Woche so auf heute abend gefreut.«
Muß ich noch sagen, daß ich Bernd natürlich nicht gehen ließ, ihm sagte, ich hätte nur einen blöden Witz gemacht, mein schönstes Abendkleid anzog und mit ihm den Ball und noch später eine Bar besuchte?
Nebenbei gesagt fiel Bernds Debüt großartig aus, und ich konnte recht stolz sein auf meinen Begleiter.
Zu meiner freudigen Überraschung hing er keineswegs an meinen Rockschößen, sondern ich sah ihn eigentlich kaum bis zu unserem Aufbruch, da sich sofort sämtliche anwesenden Damen auf ihn stürzten. Bernd machte absolut nicht den Eindruck, als ob er mich als Halt für seine gesellschaftlichen Expeditionen nötig hätte, wie ich mir das vorgestellt hatte.
Ich glaube, von diesem Abend an war ich endlich so weit, mir zu sagen: So, ich mag diesen Jungen gern, er interessiert mich und ist bestimmt amüsanter als das Gros meiner sonstigen Bekannten.
Es ist peinlich, aber es hätte mir gar nichts ausgemacht, mit einem Mann, der den Jahren nach mein Großvater hätte sein können, befreundet zu sein und vor der ganzen Welt dafür einzutreten. Aber die sechsundzwanzig

Bernds »Debüt« fiel großartig aus!

Lenze meines Rennfahrers störten mich doch – vor mir selbst und nach außen – so erheblich, daß mich dies veranlaßte, für eine ganze Weile wie eine dumme Gans zu denken und zu handeln.
Man springt eben nicht so ohne weiteres über seinen Schatten, vor allem auch deshalb, weil ich auch immer nur wesentlich ältere Männer in meiner Umgebung hatte. »Elly mit dem kleinen Rosemeyer« war bald zu einer Selbstverständlichkeit geworden, daß sich kaum noch jemand dafür interessierte.
Bernd und ich verbrachten eine wunderschöne, unbelastete und vergnügte Zeit.
Wir schwammen uns durch sämtliche Hallenbäder Berlins hindurch, wir gingen viel ins Theater, und im Zoo konnte man uns mehrere Male in der Woche vor dem Käfig mit Bernds Affenfreundin Susi antreffen. »Du, so müßte es immer bleiben, und wenn die Rennsaison wieder losgeht, dann mußt du immer mitkommen.«
Bernd, du harmloses Kind, dachte ich mir, du nimmst doch wohl nicht im Ernst an, daß ich jemals mit diesem Zirkus von undisziplinierten Leuten herumziehen werde. Nein, nicht Elly Beinhorn. Den Respekt vor den Rennfahrern sollte ich erst viel später bekommen, als mir klarwurde, wie diese Männer kämpfen und auf wie vieles sie verzichten müssen, um in ihrem Beruf fit zu sein.
Laut sprach ich diese Gedanken damals nicht aus, da ich immer Bernd gegenüber den Versuch machte, überlegen zu sein. Heute ist mir natürlich bewußt, daß ich mich vom ersten Tag an einfach gegen die stärkere Persönlichkeit wehrte – bis ich schließlich mit Pauken und Trompeten unterlag.
Als Rennfahrer imponierte Bernd mir vorläufig nicht besonders. Ich wußte einfach zu wenig von ihm. Flüchtig erinnerte ich mich an das Avusrennen 1935, als ich von der Nordkurve aus Zeuge war, wie einem gewissen Rosemeyer knapp vor mir nach einem heftigen Knall sein Pneu um die Ohren geflogen war. Eigentlich hatte es mich verblüfft, daß man bei dem Tempo und in der Kurve einen Rennwagen überhaupt halten konnte. Aber Gedanken darüber, ob das nicht jeder andere Fahrer auch gekonnt hätte, hatte ich mir nicht gemacht. Außerdem war Hans Stuck damals so ausgesprochen mein Lieblingsfahrer, daß mich nach seinem Ausscheiden das ganze Rennen überhaupt nur noch sehr bedingt interessierte – was nicht sehr für meine sportliche Einstellung spricht.

* * *

Eines Abends vor dem Kamin in meiner Wohnung erzählte Bernd von seiner Rennerei.
»Du, ich sage dir, das hättest du sehen sollen in Pescara, was die an der Box für ein dummes Gesicht gemacht haben, wie ich nach der achten Runde vorbeikam und den ganzen Schwanz von meinem Wagen im Chausseegraben hatte liegenlassen. Onkel Doktor, der Doktor Porsche, hat nachher an der Unfallstelle nachgemessen mit dem Zollstock: Neben der Breite meines Wagens waren an jeder Seite noch gerade zweieinhalb Zentimeter übrig. Du, ich bin dann noch das ganze Rennen zu Ende gefahren und Zweiter geworden. Mir blieb ja gar nichts anderes übrig, als meine Bremsen blockierten und der Wagen aus der Kurve einfach nicht wieder heraus wollte. Zum Glück war da gerade noch der Graben, durch

Als Bernd von früher erzählte . . .

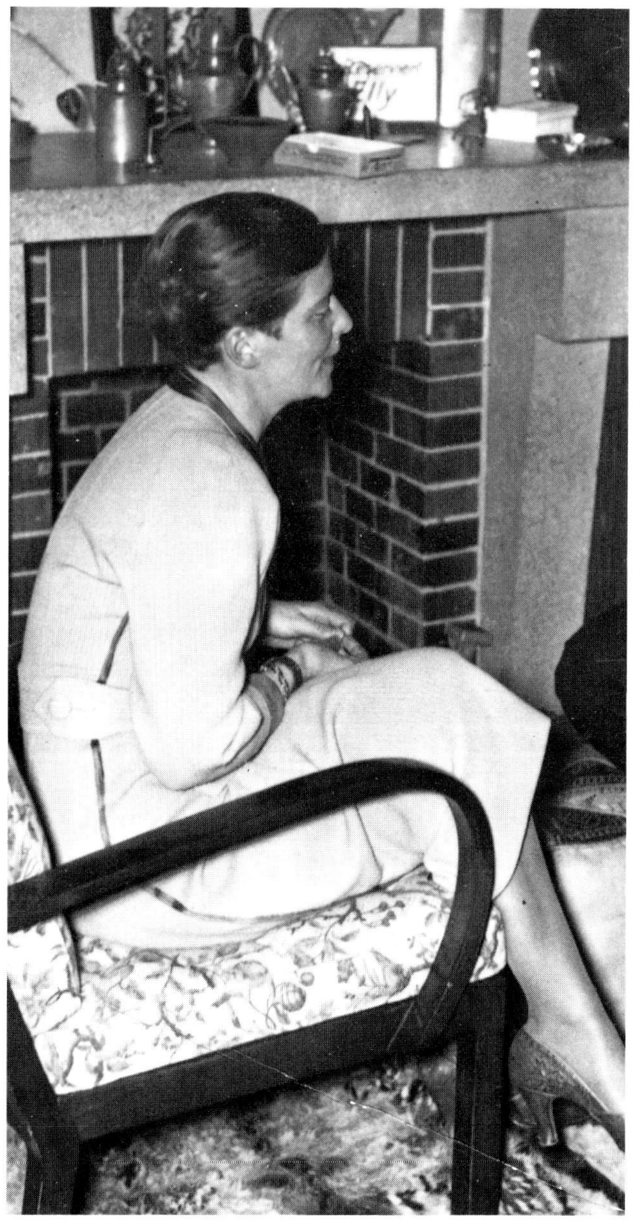

Boxenstopp! Ein Kilometerstein war Bernd bei der »Coppa Acerbo« im Wege gewesen!

Auto-Union gewinnt die „Coppa Acerbo".

Das 11. Automobil-Rennen um den Acerbo-Pokal bei Pescara brachte wie schon im Vorjahre den deutschen Rennwagen einen Doppelerfolg. Auto-Union vertrat mit Varzi und Rosemeyer — Stuck war wegen einer Unpäßlichkeit infolge des Klimawechsels und eines kleinen Defektes an seinem Wagen nicht gestartet — allein die deutschen Interessen. Varzi übernahm bereits in der zweiten Runde die Führung und siegte in der neuen Rekordzeit von 3:43:45.2 Std. mit einem Stundenmittel von 139.403 Km. für die 516 Km. lange Strecke überlegen vor seinem Markengefährten Rosemeyer (3:47:07 Std.) und den vier italienischen Alfa-Romeo-Fahrern Brivio, Comotti, Tadini und Pintacuda.

Auch im Rennen der kleineren Wagen bis 1500 ccm war Deutschland durch den Münchener Steinweg auf Bugatti vertreten, der hinter dem Engländer Seaman (ERA) und Bianco (Maserati) den dritten Platz belegte.

Die 25,8 Kilometer lange Rundstrecke, die sich nach dem Start in vielen Windungen bis in die Vorberge der Abruzzen hineinzieht und dann mit ihren beiden langen Geraden von 9 und 4 Kilometer den Fahrern wieder gestattet, die Wagen voll auszufahren, war schon am frühen Morgen von Menschenmassen umsäumt. Bei großer Hitze wurden zunächst die kleinen Wagen auf die Reise geschickt. Der Engländer Seaman auf ERA erschien sofort an der Spitze und ließ sich nicht mehr verdrängen. Hinter ihm jagte ständig der Maseratifahrer Bianco her, während Steinweg mit seinem Bugatti-Monoposto nach schlechtem Start noch auf den dritten Platz vordrang. Kohlrausch-Eisenach und Walter Bäumer-Bünde waren nicht gestartet.

Nach einer kurzen Pause wurden die Vorbereitungen zum Start der „Großen" getroffen. Die neuen Maserati-Wagen waren nicht fertig geworden, so daß das Rennen von vornherein nur ein Zweikampf zwischen Auto-Union und Alfa Romeo wurde, da Dusio und Soffietti auf dem alten Maserati in der schweren Konkurrenz von Fahrern und Maschinen kaum Chancen hatten. Elf Wagen brausten davon, als der Herzog von Spoleto die Startflagge senkte. Bereits in der ersten Runde zeigte sich die enorme Schnelligkeit der Auto-Union-Wagen. Nuvolari und Chiron führten über die ersten Kilometer, aber schon nach den Bergen lag Varzi an der Spitze. Rosemeyer, der in der letzten Reihe gestartet war, hatte sich eine Runde später an die zweite Stelle geschoben. Mit stark beschädigtem Heck hielt er an der Boxe, um die Hinterreifen zu wechseln und erzählte dabei, daß er mit einem Kilometerstein „nähere Bekanntschaft" gemacht habe. Da von dem Schaden nur die Karosserie betroffen worden war, setzte er die Fahrt fort und lag nach wenigen Runden wieder hinter Varzi. Mit ständig wachsendem Vorsprung fuhren die deutschen Wagen vor dem Felde einher, so daß ihnen gegen Schluß des Rennens sogar noch die Weisung gegeben wurde, verhalten zu fahren.

Die Alfa-Romeo-Wagen konnten das scharfe Tempo auf die Dauer nicht mithalten. (Varzi hatte in der zweiten Runde mit 146.26 Stdkm. bereits einen neuen Runden-Rekord aufgestellt) Chiron hielt des öfteren am Ersatzteillager und übergab schließlich in der zwölften Runde seinen Wagen Pintacuda. Nuvolari schied aus in der 13. Runde infolge Motorschadens und so blieb nur noch Brivio mit dem letzten der neuen 12-Zylinder-Alfa im Rennen. Nur der verhaltenen Fahrweise von Varzi und Rosemeyer verdankt er es, daß er nicht wie alle übrigen Fahrer überrundet wurde.

Auf der langen Geraden wurden die Wagen auf einer abgesteckten Kilometerstrecke gestoppt, der Schnellste war hier in 13.8 Sekunden Varzi mit 266.869 Stdklm., während sein Rundenrekord mit 10:35 Min. angegeben wurde. Der Sieg Varzis wurde von seinen Landsleuten begeistert aufgenommen, aber ebenso feierten die Italiener Rosemeyer.

Ergebnisse: Rennwagen bis 1500 ccm: 1. Seaman-England (ERA) 48:42.2 Min. (127.128 Stdklm.), 2. Bianco-Italien (Maserati) 49:52.1 (124.162 Stdklm.), 3. Steinweg-Deutschland (Bugatti) 51:09.1 (120.654 Stdklm.). Das Rennen ging über 103.2 Klm.

Coppa Acerbo: 1. Achille Varzi (Auto-Union) 3:53:45.4 Std. (139.40 Stdklm.), 2. Bernd Rosemeyer (Auto-Union) 3:47:07 Stunden (136.317 Stdklm.), 3. Brivio-Italien (Alfa Romeo) 3:51:51.4 Stunden (133.526 Stdklm.), 4. Comotti-Italien (Alfa Romeo) eine Runde zurück, 5. Tadini-Italien (Alfa Romeo) eine Runde zurück, 6. Pintacuda-Italien (Alfa Romeo) drei Runden zurück.

den ich durch- und wieder auf die Bahn zurückfegte. Aber die Stadtväter von Pescara mußten drei neue Chausseesteine, die ich umgelegt hatte, ausspucken.«
Angeberei kann ich auf den Tod nicht vertragen. Ich machte ein etwas ablehnendes Gesicht. Herrgott, was habe ich damals dem Bernd mit Worten und Gedanken immerzu unrecht getan, weil ich ihm vieles einfach nicht glaubte. Wenn ich gewußt hätte, daß ich schon zur nächsten Coppa Accerbo mit Bernd zusammen die bewußte Stelle ansehen würde, um noch einmal von den anderen schmunzelnd die ganze Geschichte mit allen Details vorgetragen zu bekommen!
Einmal in Schwung, ließ sich Bernd nicht aus seinen Erinnerungen herausreißen.
»Und dann beim Eifel-Rennen. Der Carratsch hat vielleicht geguckt, wie ich da in der neunten Runde an ihm vorbei war, und die Zuschauer haben so gebrüllt, daß ich es trotz des Krachs, den mein Motor machte, gehört habe. Und dann hat er mich eben am Schluß noch gerade um einen Sekundenbruchteil geschnappt. Wenn mir meine Kerzen nicht gemeckert hätten, dann hätte ich mir da auf dem Nürburgring im Juni schon meinen Ersten geholt. Aber laß nur, im nächsten Jahr wird ja auch wieder gerannt; und dann wird Rosemeyer aber heftig auf die Tube drücken.«
Am liebsten hätte ich meinen guten Bernd an die frische Luft gesetzt. Mir kam es wie eine leise Entweihung vor, daß der Kleine da wagte, seine Fahrerei mit der eines Carracciola in einem Atem zu nennen. Ich hatte in meiner Fliegerei genug sogenannte »Wunderkinder« erlebt! Und beinah ausnahmslos fand man dann nach nicht zu langer Zeit in den Zeitungen postwendend die lakonische Meldung »in der Kurve, beim Landen oder irgendwie abgeschmiert«. Und für solche Leute hatte ich nicht viel übrig. Schade eigentlich, daß Bernd glaubte, bei mir so angeben zu müssen. Aber eins wollte ich noch wissen: »Wer hat dich denn eigentlich auf den Rennwagen losgelassen und wann?«

Bernd beim Eifelrennen 1935. Im Hintergrund die Nürburg, das Wahrzeichen des »Rings«.

Caracciola 1,9 Sekunden vor Rosemeyer

Kluge Taktik entscheidet das Eifelrennen für Mercedes-Benz

(Drahtmeldung unseres nach dem Nürburgring entsandten Sg-Schriftleiters)

Sg Nürburgring, 16. Juni. Das war ein wahrer Glanztag in der Eifel! Sportlich gesehen ein fantastischer Tag, und der großartige Eindruck, den jeder von dieser Veranstaltung mit nach Hause genommen haben wird, wird auch nicht verwischt durch das Wetter, das zeitweise ein recht schiefes Gesicht zu den aufregenden Vorgängen auf dem Nürburgring schnitt. Eine solche Fülle von aufregenden Momenten, solche erbitterten Kämpfe, solche knappen Entscheidungen und solche Positionsverschiebungen hat man seit Jahren nicht mehr beim Motorsportrennen erlebt. Die Zuschauer waren hingerissen, lebten jeder Phase der Veranstaltung von Anfang bis zu Ende mit einer persönlichen Anteilnahme mit, wie man es sonst nur bei wenig aufregenden Sportarten erlebt. Das große Ereignis des Tages war die Konkurrenz der großen Rennwagen, die zu einem verzweifelten Kampf zwischen jugendlichem Draufgängertum und klug abwägender Taktik des erfahrenen Praktikers wurde und bei der schließlich die große Kunst den Ausschlag gab, das volle Leistungsvermögen im richtigen Augenblick einzusetzen.

Der große Zweikampf Caracciola—Rosemeyer

Unter ohrenbetäubendem Lärm vollzieht sich der Start der großen Rennwagenklasse, die mit 16 Wagen sehr gut besetzt ist. Selbst Varzi auf Auto-Union ist am Start, dessen Beteiligung wegen einer schmerzhaften Blinddarmreizung am Samstag noch in Frage gestellt war. Mit einem energischen Vorstoß übernimmt der Mercedes-Benz-Fahrer von Brauchitsch gleich nach dem Start die Spitze, dicht gefolgt von seinem Stallgefährten Caracciola, dahinter Varzi und Stuck auf Auto-Union. Brauchitsch fährt ein Rennen auf Biegen und Brechen, selbst dem großen Caracciola rast er davon. 21 Sekunden beträgt sein Vorsprung nach der ersten Runde, rund 35 nach der zweiten und 45 nach der dritten und wächst schließlich bis auf 2 Minuten an. Viele feiern ihn schon im stillen nach dieser verwegenen Fahrt als den Sieger. Aber aus dem Hintergrund arbeitet sich ein gefährlicher Gegner vor: der junge Rosemeyer, der Nachwuchsfahrer der Auto-Union, der im vorigen Jahre noch auf dem Motorradsattel saß. Nach der 1. Runde noch an neunter Stelle, rückt er unaufhaltsam auf. Nach der 2. Runde ist er bereits Siebenter, und dann schiebt er sich Runde für Runde um einen Platz vor. Nach der 7. Runde ...

arbeiten und die schwer erkämpfte Position zu halten, aber immerhin fielen die drei nächsten Plätze wieder an die ERA-Wagen, die den gewiß nicht schlechten Tschechen Sojka auf dem vielfach bewährten Bugatti und den tüchtigen Italiener Graf Castelbarco auf Maserati hinter sich ließen. Der Sieger Mays fuhr einen Gesamtdurchschnitt von 111,1 Klm. pro Stunde. Eine höchst beachtliche Leistung für einen $1^1/_2$ Liter-Wagen! Wie gleichmäßig die Leistungen der schnellsten Fahrer in diesem Rennen waren, geht aus der geringen Zeitdifferenz zwischen dem ersten und fünften hervor, der rund $2^1/_2$ Minuten betrug.

Der BMW-Erfolg in den Sportwagenrennen

Neben dieser Konkurrenz der großen Rennwagen verdiente die neu geschaffene national ausgeschriebene Konkurrenz für Sportwagen besonderes Interesse. Leider erfuhr aber die 2 Ltr.-Klasse durch den Startverzicht der beiden Adler-Fahrer Schweder und Löhr, von denen Schweder am Freitag die beste Zeit in den Sportwagenklassen erzielt hatte und durch das Fehlen des Weltrekordfahrers Henne auf BMW eine sehr bedauerliche Schwächung. Das Fernbleiben der beiden Adlerfahrer war, wie die Adlerwerke bekannt gaben, durch den erst am Freitag abend erfolgten Beschluß bedingt, den 2 Literwagen doch nicht in Serien zu fabrizieren. In dieser Klasse blieben nur noch drei Fahrer übrig: von Delius siegte mit klarem Abstand (5:44 Min.) vor den beiden Adlerfahrern von Guilleaume und Sauerwein, die mit einem Abstand von nur 0:7 Sek. voneinander getrennt das Zielband passierten. Aber der Gerechtigkeit halber sei erwähnt, daß sie auf dem normalen 1,7 Liter-Trumpf starteten, ihren Gegnern gegenüber also, gemessen am Zylinderinhalt, ein Handicap von etwa 15 Prozent hatten. Einen harten Kampf gab es in der kleinen Sportwagenklasse (bis 1100 ccm). Der Adler-Trumpf-Junior hatte hier einen schweren Stand gegenüber den schnelleren Fiatwagen. Der 3. Platz von Vianden ist sehr ehrenvoll.

In der 1,5 Literklasse mußten sich die schnittigen BMW-Wagen zwar von dem englischen Aston-Martin, der von Hillegaart-Altona gesteuert wurde geschlagen geben. Aber noch nicht eine Minute betrug der Abstand von Werneck-Partenkirchen, dem schnellsten BMW-Fahrer. Mit diesem Anfang dürfen die deutschen Sportwagen durchaus zufrieden sein. Die beiden großen Sportwagenklassen ...

den Beiwagenlizenzfahrern in nicht weniger als sechs Fällen unterboten.

Im Rennen der Seitenwagenmaschinen führte in der kleinen Klasse (bis 600 ccm) Loof-Godesberg auf Imperia von der ersten Runde an vor den NSU-Fahrern Schneider-Düsseldorf und Debert-Faust-Nürnberg, die auch in dieser Reihenfolge das Rennen beendeten. Loof brachte es fertig, sogar die Zeit des Siegers der großen Beiwagenklasse (bis 1000 ccm) um rund eine halbe Minute zu unterbieten und somit die beste Zeit aller Beiwagenführer zu erreichen. Auch in der großen Klasse führte der Sieger Schumann auf NSU von Anfang an vor dem Zweiten Erlenbach auf Imperia-Jap. Der Dritte Braun-Karlsruhe auf Horex rückte in der zweiten Runde von der vierten Stelle auf seinen endgültigen Platz vor.

Eine Erklärung der Auto-Union

Der Rennleiter der Auto-Union, Oberingenieur Walb, erklärte zu dem Ausgang des Eifelrennens, daß bei Rosemeyers Wagen in der letzten Runde zwei Kerzen ausgesetzt hätten (bekanntlich haben die Rennwagen der Auto-Union 16 Zylinder-Motoren), so daß er an der Entfaltung seiner vollen Geschwindigkeit auf der Geraden verhindert gewesen sei.

*

Zu unserem Bericht ist noch nachzutragen, daß an Rosemeyers Wagen etwa in der 4. Runde die Windschutzscheibe zerbrach. Der junge Fahrer war also bei den enormen Geschwindigkeiten dieses Rennens (auf den Geraden erreichten die Wagen Geschwindigkeiten von etwa 220 Km. pro Stunde) dem vollen Luftzug ausgesetzt. Das ist nicht nur eine starke körperliche Beanspruchung, sondern auch eine tatsächliche Beeinträchtigung, da man unter diesen Umständen den Motor nicht mehr hören und sich beim Schalten nur noch nach dem Gefühl und nach dem Tourenzähler richten kann.

Die Ergebnisse

Rennen 1: Solo-...räder (Ausweisfahrer, 4 Runden à 22,81 Klm. — 91,24 Klm. Bis 250 ccm (sechs gestartet, drei am Ziel): 1. W. Hauser-Berg. Gladbach, auf New Imperial 1:03:43.2 Std. (85.9 Stdklm.); 2. J. Hübers-Duisburg auf DKW 1:10:08.3 Std.; 3. A. Robliere-Gelsenkirchen auf Rudge 1:12:31.4 Std. — Bis 350 ccm (4 am Start, 2 am Ziel): 1. G. Babel-Berlin auf Imperia-Rudge 59:53.4 Min. (91.4 Stdklm.); 2. A. Werner-Dortmund auf Imperia-Python 1:00.32.3 Std. — Bis 500 ccm (acht am Start, drei am Ziel): 1. J. Cramer-B. Gladbach auf NSU 59:01.2

Endergebnis der großen Rennwagenklasse: 1. Caracciola auf Mercedes-Benz 2:08:02.3 Std. (117.6 Stdklm.); 2. Rosemeyer auf Auto-Union 2:08:04.2 Stunden; 3. Chiron auf Alfa Romeo 2:09:34.4 Std.; 4. Fagioli auf Mercedes-Benz 2:12:44.2 Std.; 5. Lang-Mercedes Benz 2:12:48.3 Std.; 6. Vietsch auf Auto-Union 2:14:40.0 Std.; 7. Trebluß auf Alfa Romeo 2:16:30.[illegible] Std.; 8. Etancenlin auf Maserati 2:19:11.4 Std.; 9. Varzi auf Auto-Union 2:19:39.2 Std. — 16 Fahrer am Start, neun am Ziel.

»Oh, das ist eine lustige Geschichte. Nach den Versuchsfahrten auf dem Ring bekam ich meinen ersten Vertrag von der Auto-Union als Nachwuchsfahrer – von meiner Motorradzeit erzähle ich dir ein anderes Mal – mit der Zusicherung, unter normalen Verhältnissen in der Saison 1935 ein Rennen fahren zu dürfen, ein möglichst leichtes und nicht zu schnelles. Wie dann das Avus-Rennen langsam näher kam, hatte ich mir gedacht: Das wäre doch etwas für Vater Rosemeyers Jüngsten. Rennleiter Walb war aber dagegen. Er meinte, da würde ich mir zu schnell den Hals brechen. Nachdem er es ziemlich eindeutig abgelehnt hatte, hab' ich erst über eine Woche lang jeden Tag auf seinen Kalender im Büro geschrie-

Bernd beim Start zum Avusrennen 1935 in einem verkleideten Rennwagen, Typ »Lucca«. Links Hans Stuck

ben: Wird Rosemeyer auf der Avus fahren? Aber es ereignete sich nichts. In der letzten Woche vorm Trainingsbeginn hab' ich dann in meiner Not jeden Tag wieder geschrieben: Rosemeyer wird auf der Avus fahren – bis Walb dann eines Tages wütend ›ja‹ daruntergehauen hat. Du, kannst du nicht verstehen, daß ich fahren mußte? Ich konnte nicht die ganze Saison verbringen, meinen geliebten Rennwagen immer vor der Nase, und nach ein paar Trainingsrunden wurde ich dann wieder in die Ecke gestellt – nein, so was nicht mit Bernd Rosemeyer! Und dann hab' ich es ja auch geschafft; den abgeflogenen Protektor hat mir keiner übelgenommen, dafür hab' ich den Wagen schließlich auch gehalten. Und dann fanden die weiteren Rennen der Saison nicht mehr ohne Rosemeyer statt. Und immer hab' ich meinen Wagen – fast immer als einziger von uns – ans Ziel gebracht. Mir war das egal, ob mir mal heißes Öl oder Wasser über die Beine lief oder ob ich stundenlang ohne Windschutzscheibe fahren mußte und die Haut nachher in Fetzen vom Gesicht herunterhing – darauf kam es mir nicht an. Nur fahren mußte ich. Dir wäre es genauso gegangen!« Lieber, lieber Bernd, ich blödes Mädchen hab' damals alles, was du so aus deinem heißen Herzen herausgesprudelt hast, kritisch angehört und mir gedacht: Na,

Links daneben Hans Stuck im offenen Wagen.

Im Grand Prix-Wagen

Von Bernd Rosemeyer

Von Rennerlebnissen zu erzählen, ist nicht ganz einfach, auch wenn man, wie ich, erst ein Rennjahr und das erste Rennen des zweiten Rennjahres hinter sich hat. Jedes Rennen, ja sogar jede Phase eines Rennens ist ein Erlebnis, spannend genug, um mehrere Seiten eines ausgewachsenen Romanes zu füllen. Wenn der Rennwagen im 200-km-Tempo anfängt zu tanzen, wenn einem bei 180 „Sachen" ein Reifen wegknallt, wenn ein Stein die Windschutzscheibe zersplittert und der halbe Nürburgring einem in die Augen fliegt, wenn in einer Kurve „aus Versehen" zwei Räder auf der Böschung entlangschlittern — — das sind alles Erlebnisse, die man, obwohl sie oft nur Sekundenbruchteile dauern, nie wieder vergißt.

Mein erstes und auch sehr komisches Erlebnis mit dem Auto Union-Rennwagen hatte ich schon, als ich ihn noch nicht einmal gefahren hatte und lediglich von außen kannte. Es war im Herbst 1934, als mein endlos langer Wunschtraum in Erfüllung gegangen und ich aus dem Auto Union-DKW-Rennstall heraus zum erstenmal als Nachwuchsfahreraspirant zu Probefahrten auf dem Nürburgring gerufen war. An einem warmen Spätsommernachmittag stand ich dort auf Deutschlands berühmter Rennstrecke im Kreise vieler schon erprobter und berühmter Kameraden, die gleichfalls ihre ersten Probefahrten auf dem „Silberfisch" der Auto Union machen sollten. Sehr wohl war mir dabei nicht. „In Grund und Boden werden dich die anderen fahren", dachte ich. „Was willst du armer Säugling gegen diese ausgewachsenen Rennfahrer überhaupt ausrichten. Wahrscheinlich werden sie alle lächeln, wenn du um die Nürburg herum spazierenfährst." Mein ganzer sonst so standhafter Mut drohte in ein Nichts zu verrinnen, bis ich dann in dem Wagen saß, mit dem mein großer Kamerad Stuck sieben große Rennen in diesem Jahr gewonnen hatte. Zum erstenmal heulte hinter mir der starke Motor, zum erstenmal schob ich den kurzen Schalthebel in den ersten Gang, — Sekunden später jagte ich in die erste Kurve. Vorsichtig zuerst, fühlend, aber mit einem jauchzenden Herzen — der innere Schweinehund war weg. Nun zeige, was du kannst, war das einzige, an das ich dachte. Von Runde zu Runde wagte ich mehr, wurde schneller — bis der kritische Augenblick kam. An einer kitzligen Kurve — ausgerechnet da, wo unser damaliger Rennleiter Walb mit seinen Getreuen Beobachtungsposten bezogen hatte — kam mein „Wägelchen" etwas ins Schleudern und ich kriegte den 3. Gang nicht rein. Immer näher kam die Kurve, immer größer wurden meine Anstrengungen, aber der Gang wollte und wollte nicht reinrutschen. „Aus", dachte ich, „jetzt bleibst du stehen und alle lachen." Da — im allerletzten Moment, ich stand schon quer in der Kurve, hatte ich den Gang drin und Rosemeyers Jüngster brauste ab. Mit dem Ende dieser Probefahrt ging auch mein größter Wunsch in Erfüllung. Mit meinem Kameraden Pietsch zusammen hatte ich die beste Zeit der Nachwuchsfahrer erreicht und wurde in den Auto Union-Rennstall aufgenommen.

Mit dem Avusrennen 1935 kam mein erster Start und mit diesem gleich die erste „kalte Dusche". Ich hatte mich gleich nach dem Start zum ersten Vorlauf an meinen Mercedes-Kameraden Fagioli gehängt, und wir jagten einander, was die Motore hergaben. Auf den Geraden kam ich immer an Fagioli vorbei, in den Kurven schnappte er mich mit seiner gößeren Routine regelmäßig wieder. Dann war's mit einemmal aus. In der Nordkurve gab's einen Knall — einer meiner Hinterreifen hatte sich selbständig gemacht. Aber die Feuertaufe hatte ich nun hinter mir.

Bei meinem folgenden zweiten Rennen in der Eifel hatte ich dann mein zweites großes Erlebnis. Die „Kanonen" waren schon gleich nach dem Start auf und davon. Brauchitsch und Caracciola führten, ich „gondelte" damals, noch blühendes Rennfahrerbaby, mit dem Feld hinterher. Da sah ich nach einigen Runden zu meinem Entsetzen meine Stallkameraden Stuck und Varzi montierenderweise an den Boxen stehen. Gas geben und weg vom Feld war eins — aber ein Unglück kommt selten allein. Ein Stein, vom Gegner hochgeschleudert, zertrümmerte meine Windschutzscheibe, und der rasende Fahrtwind pfiff mir um die Ohren, daß es nur so seine Art hatte. Sehen konnte ich herzlich wenig, aber das war egal, ich mußte vor. Nach rundenlangem Kampf gelang mir der große Wurf: ich überholte Caracciola, und hatte nun nur noch Brauchitsch vor mir, bis dessen Maschine auch die Nase voll hatte und nicht mehr mitmachte. Zum erstenmal in meinem Leben führte ich in einem Autorennen, hinter mir lagen Männer wie Caracciola, Chiron, Fagioli. Vorsicht, Bernd, nicht hetzen lassen, dachte ich nun, und fuhr eisern mein Tempo weiter... bis zu den letzten beiden Runden. Da merkte ich, daß mein Motor nicht mehr richtig wollte, daß irgend etwas nicht mehr in Ordnung war. Zwei Kerzen versagten den Dienst, mein Motor lief nur noch auf vierzehn Zylindern. Ich weiß heute, daß ich damals einen Fehler gemacht habe und in der letzten Runde doch noch meinen Motor auf die vollen Touren hätte jagen sollen, um Caracciola in Schach zu halten. Aber ich hatte eben noch zu wenig Erfahrung, und traute mich nicht, trotz der defekten Kerzen auf die volle Tourenzahl zu gehen. So kam es, daß Caratsch 100 Meter vor dem Ziel noch an mir vorbeiging und mit knapp einhalb Sekunden Vorsprung das Internationale Eifelrennen gewann.

Sechs Wochen später, wieder Nürburgring — „Großer Preis von Deutschland", wieder — — Pech! Wenige Runden nach dem Start rase ich mit 200 km/Std. über die Gerade, plötzlich springt mein Wagen hoch, schleudert einmal links, rechts, links, rechts und wieder links, ich habe zu tun, ihn auf der Straße zu halten, habe den Fuß längst vom Gashebel weg, aber der Wagen rast weiter — das Gestänge hat sich festgeklemmt. Nach wenigen 100 Metern kommt die Kurve... Der Gashebel geht nicht zurück — ich muß mich bücken, um ihn mit der Hand herauszureißen. Mit Mühe und halb auf der Böschung kriege ich den Wagen durch die Kurve, kann noch bis zur Boxe fahren, um dort das Gestänge in Ordnung bringen zu lassen... Eine Kleinigkeit hat mir eine große Hoffnung genommen.

Es sind ja fast immer Kleinigkeiten, die uns Rennfahrer überfallen und gegen die wir machtlos sind, einer wie der andere. Nirgends trifft das Sprichwort „Kleine Ursachen, große Wirkungen" so oft und so wirksam zu, wie bei der Rennfahrerei, und jeder von uns kann ein Lied davon singen. In Pescara beim Rennen um die „Coppa Acerbo" mußte ich einmal in den Straßengraben, ich mußte auch wieder heraus, aber der Zwischenraum zwischen Randstein und Mauer war um einige Millimeter schmaler als meine Achse. Es half nichts, ich mußte diese Millimeter in die Mauer einkratzen, um durchzukommen. In Brünn, beim Internationalen Masaryk-Rennen war es ein Spatz, der meinem Kameraden Stuck gegen die Brille flog und ihm die sichere Führung nahm. Mir hat dieser kleine Spatz vielleicht zu meinem ersten großen Sieg verholfen...

Nun soll ich noch vom Auto Union-Rennwagen erzählen und wie sich's damit fährt. Man kann wohl sagen: Sehr schnell!

Unsere Silberfische sind mit dem hintenliegenden 16-Zylinder-Motor ein wenig schwieriger durch Kurven zu steuern, als andere Wagen, aber sie haben eine unvergleichlich gute Straßenlage und ein phantastisches Anzugsvermögen, das bisher von keinem Rennwagen übertroffen wurde. Ueber die Endgeschwindigkeit haben Stucks Weltrekorde kürzlich ja genug gesagt. Ich habe meinen „Bernd" — so heißt mein Rennwagen — sehr gern, genau wie Stuck seinen „Hans" und Varzi seinen „Achille", und wir hoffen, daß wir noch recht oft und lange für Deutschland starten und siegen können.

ganz so schlimm wird es ja wohl nicht gewesen sein, junger Mann. Ihre Hände sehen recht gepflegt aus, und bis auf eine lange verheilte Narbe aus der Motorradzeit ist das Gesicht auch reichlich manierlich anzusehen für solche harten Erlebnisse.
Damals war ich zu dumm und voreingenommen, um aus den beiden Falten von der Nase zu den Mundwinkeln das herauszulesen, was tatsächlich darin stand.

Nach dem Rennen. Noch gezeichnet von der gigantischen Anstrengung.

»Ich heirate dich doch«

Herr Rosemeyer wartet drinnen. Er ist so schrecklich traurig, denn er soll sofort ins Krankenhaus«, berichtete mir mein Mädchen zwei Tage vor Weihnachten, als ich, bis an den Hals vollgepackt mit Weihnachtspaketen, die Tür aufschloß.

Drinnen saß ein kleiner, zerbrochener Bernd, dessen Augen ausnahmsweise mehr nach Weinen als nach Lachen aussahen.

»Der Arzt hat gesagt, ich habe eine ganz üble Leberschwellung und beginnende Gelbsucht. Die Leber ist beinah um das Doppelte vergrößert und stark entzündet. Er will mich heute noch ins Krankenhaus legen, dann hofft er, mich, wenn ich alles tue, was er sagt, in drei bis vier Wochen wieder auf die Beine zu stellen. Ich ins Krankenhaus! Und ganz allein an Weihnachten. Ich hatte mich so doll auf zu Hause gefreut. Und das alles wegen der elenden Auster.«

Es sprach ein so grenzenloses Elend aus Bernds trüben Augen, daß ich am liebsten seinen Kopf in meinen Schoß gepackt und ihm allen Kummer weggestreichelt hätte.

»Also, Kleiner, nun mal langsam und der Reihe nach. So schlimm wird es ja nicht gleich sein. Wenn du willst, telefoniere ich mal mit dem Arzt, vielleicht läßt er dich wenigstens über die Festtage nach Haus fahren.«

Ich hatte schon ein unangenehmes Gefühl gehabt, daß mit Bernd etwas nicht ganz stimmte. Vor einigen Tagen war er abends mit mir zu einem Vortrag nach Stralsund hinübergefahren, und mich hatte beinah der Schlag gerührt, als er beim Abendessen nach drei Bissen ein duftendes Steak zur Seite schob. Bernd hatte meinen Haushaltsetat in den letzten Wochen, in denen er mein häufiger Gast war, durch seine unbeschreibliche Verfressenheit so aus der Balance gebracht, daß mich nichts heftiger hätte erschüttern können als diese plötzliche Appetitlosigkeit. Auch in den nächsten Tagen besserte sich dieser Zustand nicht wesentlich, und als er mir auf mein Fragen nach der Ursache erzählte, daß vielleicht eine schlechte Auster, die er in Hamburg während einer Dienstreise gegessen und die ihm in der Nacht große Übelkeit verursacht habe, der Grund sei, bekam ich es etwas mit der Angst zu tun. In meiner Umgebung hatte ich verschiedene Fälle von Fisch- und Muschelvergiftung erlebt, und die waren teilweise recht tragisch ausgegangen.

Darum gab ich keine Ruhe, bis Bernd sich sogar von mehreren Spezialisten untersuchen ließ. Und da hatten wir nun die Bescherung. Damals ahnten wir glücklicherweise beide nicht, wie sich die Folgen dieser Vergiftung durch die nächsten Jahre ziehen würden.

Bernd war ungeheuer stark und fest mit seiner Familie

Von der Krankheit gezeichnet

und mit seinem Emsland verwachsen. Wenn es nur irgendwie zu verantworten war, durfte Bernd Weihnachten nicht hier allein und weg von allem, woran er hing, im Krankenhaus zubringen. Ich war auch bei meinen Eltern in Hannover für das Fest angesagt – und außerdem war unsere Freundschaft damals noch nicht von der Art, daß ich meine Eltern, die sich so auf ihr einziges Kind freuten, enttäuscht hätte.

Ohne große Schwierigkeiten war der Arzt zu bewegen, Bernd über die Feiertage mit einem feierlichen Diätversprechen heimfahren zu lassen.

Darum war ich um so beunruhigter, als mein Vater mich in meiner Heimatstadt Hannover am 2. Festtag an die Bahn brachte – eines der wenigen Male, wo ich diese segensreiche Einrichtung benutzte – und mir matt ein quittegel-

ber Mensch, der nur noch eine entfernte Ähnlichkeit mit dem munteren Rosemeyer aufwies, zuwinkte.
»Du, Elly, es geht nicht mehr. Morgen früh gehe ich freiwillig in den Affenkasten, und dann soll alle Austern und Ärzte der Teufel holen, wenn die da nicht bald wieder etwas Menschenähnliches aus mir machen.«
Nichts von Weihnachtsstimmung, kein Wort von all den lieben kleinen Geschenken, die ihm Mutter und Vater und die Geschwister gemacht hatten – oh, er tat mir so leid! Krankheit und Kummer paßten nicht zu Bernd Rosemeyer.
Am nächsten Morgen brachte ich Bernd ins Krankenhaus und fuhr in den Wintersport, Bernd in der Obhut von guten Freunden oder vielmehr Freundinnen, die er von mir übernommen hatte, zurücklassend.
Die Nachrichten, die ich in meine Schneelandschaft bekam, waren nicht erfreulich. Es bestand zwar keine Lebensgefahr, aber – mein kleiner Rennfahrer machte mir Sorgen.
Zu Silvester schickte ich ihm ein Telegramm: »Ich wünsche Dir, daß im Jahre 1936 alle Deine Wünsche in Erfüllung gehen.« Damals ahnte ich nicht, wie wörtlich das eintreffen sollte, denn abgesehen von vielen anderen Wünschen war Bernd Ende 1936 nach sieben Siegen Europameister sowie deutscher Berg- und Straßenmeister.
Als ich nach knapp zwei Wochen für einen Tag nach Berlin zurückkam, um am nächsten Tag zu einer Vortragstournee durch Polen zu starten, war Bernd nur noch eine schlechte Kopie seiner selbst.
Während meines Urlaubs in den Bergen hatte ich bewußt versucht, mir zu Rosemeyer innerlich einen gewissen Abstand zu schaffen, weil ich den Eindruck gewonnen hatte, daß unsere Freundschaft etwas reichlich intensiv geworden war. Ich hatte für den Frühsommer, neben den immer noch weiterlaufenden Auslandsvorträgen, sehr interessante fliegerische Pläne. Und der Junge mußte sich ganz auf seine Erholung und die kommende Rennsaison konzentrieren.
Gute Elly, was du dir damals alles zusammenorganisieren oder richtiger desorganisieren wolltest!
In Berlin hatte ich stark das Gefühl, als würde Bernd meinen Wünschen durchaus entgegenkommen. Wir sahen uns zweimal kurz an diesem einzigen Tag, den ich zu Hause war, aber immer in Gegenwart von Dritten, Vierten oder Fünften und redeten unentwegt aneinander vorbei. Außerdem schien es mir sehr, als hätte mein Rennfahrer bei einer meiner Freundinnen, die ich um seine Pflege gebeten hatte, Feuer gefangen. Alles lief ja anscheinend ausgezeichnet. Vielleicht hatte ich mir zu früh Sorgen über die Schwierigkeit des Auseinanderfindens mit Bernd gemacht.
Als ich dann in meinem Flugzeug nach Polen flog, wunderte ich mich, wieso ich gar nicht froh war, daß alles so glatt gegangen war – im Gegenteil. Ich war eigentlich doch etwas enttäuscht und ganz traurig, daß mir zwei Wochen Abwesenheit diesen Menschen so entfremdet hatten. Ich machte mir selbst große Vorwürfe über meine verwerfliche Inkonsequenz und ging so weit, mich ernsthaft zu fragen, ob ich etwa in meiner Selbstachtung verletzt sei, weil dieser Mann, der von unserem ersten Zusammensein an getan hatte, als gäbe es außer mir kaum noch etwas Wesentliches auf der Welt, so sang- und klanglos in andere Lager übergewechselt war. Ich war ganz schön unzufrieden mit mir, und ich glaube, daß mein Vortrag in Thorn nicht besonders gut gewesen war.

Mit meiner Klemm KL 25, mit der ich 1931/32 um die Welt geflogen war.

Denn ich brauche mein seelisches Gleichgewicht sehr nötig, um etwas Gutes zu leisten.
Am nächsten Tag war ich bereit – aber nur aus Vernunftgründen, mein Herz wollte es anders –, die Bekanntschaft mit Rosemeyer zu den Akten zu legen. Und so wäre es wohl auch gewesen, wenn nicht abends ein Luftpostbrief gekommen wäre, der Steine hätte erweichen können. Er habe bis zum letzten Augenblick fest geglaubt, ich müsse doch noch einmal allein zu ihm an sein Krankenbett zurückkommen und dann nicht mit meiner neuen wasserdichten Uhr vor seiner Nase im Wasserglas herumbaumeln und ähnliche, für einen Krankenhauspatienten aufregende Dinge treiben. Es habe sich doch in diesen zwei Wochen allein so furchtbar viel in ihm angesammelt – und noch vieles mehr.
Ohne Rücksicht auf die Devisenlage vertelefonierte ich an diesem Abend einen halben Vortrag. Dann stieg ich selig und zufrieden in mein Bett in einem polnischen Hotel.
Nun war alles wieder klar – oder war es nicht überhaupt zum erstenmal klar? Von diesem Tag an wußte ich, daß ich zu Rosemeyer halten würde. Himmeldonnerwetter, was ging mich die Welt, was gingen mich einige meiner Bekannten an, die den jungen Nachwuchsfahrer unmöglich fanden? Dieser Bernd hatte eine so offene, kochendheiße Seele – nein, ich hatte in meinem ganzen Leben noch kein so auf seinen Willen in jeder Hinsicht konzentriertes Menschenkind getroffen. Und das war mir die Kritik der Welt wert.
Selbst wenn mir an diesem Tag, als meine Gefühle etwas mit mir durchgingen, jemand gesagt hätte, ich würde knapp ein halbes Jahr später mit Bernd Rosemeyer verheiratet sein, dann hätte ich aus innerster Überzeugung nur gelangweilt mit den Schultern gezuckt.

* * *

Das Wort Heiraten fiel zum erstenmal nicht sehr lange danach.
Sechs Wochen hatte Bernd im Krankenhaus gelegen, das heißt etappenweise. Sowie er nach der schlimmsten körperlichen Attacke durch die elenden Kuren wieder einigermaßen aufatmen konnte, hatte er sich seinen Horch vor sein Fenster stellen lassen und sah ihn sich jeden Tag stundenlang von oben an, bis er endlich wieder kräftig genug war, um Kupplung und Bremse zu treten.
Zwei Tage vor seiner Entlassung erwischte mich seine Lieblingsnonne, die ihn wie einen Sohn gepflegt hatte. Sie war die einzige, der es gelang, ihn zu überreden, daß er immer wieder seinen Brei hinunterwürgte und sich die unzähligen Spritzen geben ließ.
»Sie müssen sehr aufpassen, daß Herr Rosemeyer seine Krankheit nicht zu leicht nimmt. Wenn er auch entlassen wird, mit dieser Geschichte wird er selbst bei großer Vorsicht noch Jahre zu tun haben. Und da können Sie viel zu seiner Heilung beitragen.«
»Sie irren, Schwester. Sie meinen sicher die andere Dame, die Herrn Rosemeyer in den ganzen Wochen betreut hat.«
Die Schwester sah mich aus warmen, mütterlichen Augen an. »Nein, Sie meine ich. Sie wissen genau, daß Herr Rosemeyer Ihnen jede Bitte erfüllt. Und es ist so nötig für ihn.«
Kaum aus dem Krankenhaus flog Bernd zur Winterolympiade nach Garmisch-Partenkirchen, wo ich schon einige Tage vorher wegen meiner Teilnahme am Olympischen Sternflug eingetroffen war.
Trotz aller Warnungen konnte er es an einem wunderschönen Sonnentag nicht lassen, mit einigen Bekannten auf schnell gekauften Skiern vom Kreuzeck abzufahren. All mein Bitten half nichts.
Daß es für einen Rosemeyer einfach nicht möglich war, irgend etwas vorsichtig ohne Volldampf zu betreiben, war klar.
Während ich unten an der Neunerhütte wartete, sah ich ihn zu meinem Entsetzen schon in wahnsinnigem Tempo um die Kurve schießen, hinein in die vereisten, schnellen Spuren. Wie vorauszusehen, folgte ein dreifacher Salto, anschließend hörte ich nur noch ein schreckliches Stöhnen.
Keuchend hastete ich hoch zur Unfallstelle, wo Bernd mit einem total verdrehten Fuß lag. Er war sogar unfähig, aus seiner Bindung herauszukommen. Der anschließende Abtransport durch die Bergwacht über die vereisten Hänge dauerte über zwei Stunden. Wegen des herrlichen Sonnenwetters hatten wir alle Wollsachen mit der Bahn hinuntergeschickt, und so lag Bernd, der eben erst aus dem Krankenhaus entlassen worden war, weil kein Schlitten da war, auf vier zusammengebundenen Skiern, nur wenige Zentimeter über dem blanken Eis! Sofort fuhr ich, während die Bergwachtmänner ihn abtransportierten, hinunter und holte wärmende Decken. Aber trotzdem kam Bernd ganz blau gefroren und mit heftigem Schüttelfrost unten am Krankenauto an, das ihn sofort ins Krankenhaus schaffte, wo man besonders während der Olympischen Winterspiele auf Verletzungen aller Art eingerichtet war. Daß man sich Rosemeyers Knöchel liebevoll und mit Respekt außerhalb des eigentlichen olympischen Programms annahm, versteht sich von selbst!
Große Steine fielen mir vom Herzen, als endlich das Röntgenbild fertig war und es sich zeigte, daß der Bruch in einigen Wochen völlig ausgeheilt sein würde. Ob der Abtransport allerdings ohne Lungenentzündung ausgegangen war, blieb erst noch abzuwarten.
Mit meinem Gewissen sah es nicht sehr gut aus. Wenn

ich ganz ehrlich war, mußte ich zugeben, daß Bernd die Skifahrerei gelassen hätte, wenn ich ihn ernsthaft darum gebeten hätte. Flüchtig ging mir durch den Kopf, daß die Auto-Union, die schon einmal auf seine Teilnahme bei den Versuchsfahrten in Monza wegen der leidigen Austernvergiftung hatte verzichten müssen, nicht gerade begeistert von den Auswirkungen der Freundschaft ihres Nachwuchsfahrers mit der Fliegerin sein würde. Es war ausgeschlossen, daß Bernd jetzt auch zu dem zweiten, extra für ihn angesetzten Training in Oberitalien würde antreten können.
Am Abend meinte ich dann etwas kleinlaut: »Bernd, du mußt in der kommenden Saison todanständig fahren; sonst wird jeder mir den Vorwurf machen, ich hätte dich für deinen Beruf verdorben. Und du weißt doch: Dienst ist Dienst.«

* * *

Nun Bernd wäre nicht Bernd gewesen, wenn er nicht binnen kürzester Zeit wieder fit gewesen wäre. Seine graugelbe Farbe legte er bald ab, und seinen Knöchelbruch hatte er ebenfalls schnell auskuriert. Bedenklich kurz vor dem ersten Rennen, reiste er nach Monza – zum Training.
Kurz vor seiner Abreise begleitete er mich noch einmal auf einer Vortragsfahrt ein Stück bis Zwickau. Mitten in der Dübener Heide an einer Kreuzung – ich werde die Stelle nie vergessen – sagte Bernd plötzlich ganz übergangslos: »Ich heirate dich doch.«
Was ich geantwortet habe, weiß ich heute nicht mehr so genau. Irgend etwas wie: ...mal abwarten, wenn in einem Jahr immer noch, dann wird man ja sehen.
Selbst damals, noch nachdem ich Rosemeyer schon seit einigen Monaten kannte, war ich borniert genug, zu glauben, daß ich diese Dinge, die uns betrafen, zu entscheiden haben würde...

* * *

Die nächsten Monate waren alles andere als erfreulich. Ich wußte nicht, was ich wollte. Und das ist ein Zustand, der aktive Menschen, die eigentlich immer genau wissen, was sie wollen, zur Verzweiflung bringen kann.
Bernds Arbeit begann. Nach den Versuchen in Monza mußte er nach Monaco, wo im Jahr 1936 das erste Rennen der Saison bei stärkster internationaler Beteiligung ausgetragen wurde. Mit einem langen Blick, ohne ein Wort darüber zu verlieren, daß ich ihn allein fahren ließ, verabschiedete er sich von mir. Selbst wenn ich hätte mitkommen wollen, wäre es diesmal nicht gegangen, da ich immer noch durch meine Vortragsverpflichtungen gebunden war.
Darüber hinaus wollte ich auch nicht. Das jetzt war wohl

Wieder fit für die Probefahrten in Monza.

sicherlich die letzte Chance, die immer stärker werdende Verbindung mit Bernd zu unterbrechen, mit dem Rennfahrer, der sich in einer so ganz anderen Welt, als ich sie liebte, bewegte. Ich machte wieder einmal den ernsthaften Versuch, mich wirklich innerlich von ihm zu lösen – nur es klappte nicht! Bernd tat aber auch alles, um mich sogar in seiner Abwesenheit nicht zu Atem kommen zu lassen. Damals fingen unsere endlosen Telefongespräche an, die später für unsere ganze Umgebung eine ständige Quelle der Belustigung bildeten, was uns, insbesondere Bernd, aber nicht im geringsten störte. Ihm war es völlig gleichgültig, ob ein der deutschen Sprache mächtiger Portier, ein Zimmermädchen oder ein Rennkollege seine intimsten Beteuerungen mitanhörte. Das war ja gerade das Faszinierende an Bernds Persönlichkeit – das natürlich auch seine erheblichen Schattenseiten haben konnte –, daß er keine Hemmungen, aber auch überhaupt keine, und auch keine Rücksicht kannte. Am Ostersonntag saß ich am Radio, vor mir ein Bild von Bernd und einen winzigen silbernen Rennwagen, in den er seinen Vornamen eingeritzt hatte. Ganz ähnlich, dachte ich mir, mußte meinen Eltern zumute sein, wenn sie nur gelegentlich – abgesehen von meinen Briefen –

Am Radio verfolgte ich die Rennen des Frühjahrs 1936.

Es goß in Strömen.
Start zum Großen Preis von Monaco.

aus den Zeitungen erfuhren, wo und in welchem Erdteil sich ihr einziges Kind gerade herumtrieb.
Den Rundfunkmann hätte ich ermorden können! Wenn dieser Sprecher nur gewußt hätte, wie seine Reportage auf einen, der irgendwie persönlich beteiligt ist und nicht anwesend sein kann, wirkt – ja, ich weiß auch nicht! Jedenfalls habe ich bei all den dramatischen Schilderungen schrecklich gelitten.
Es goß in Strömen – wie sollte es auch anders sein! Gerade auf dieser Strecke, auf der Bernd gutes Wetter für so ausschlaggebend für die Möglichkeit seines Sieges hielt! Im Training war er sehr schnell gewesen, verschiedentlich hatte er die schnellste Zeit gefahren. Trotzdem war ich skeptisch, daß mein kleiner Bernd gewinnen konnte, wo die ganzen Kanonen am Start waren. Das erschien mir doch etwas vermessen! O Gott, wenn er sich nur nicht, um mir zu imponieren, womöglich dazu verleiten ließ, schneller zu fahren, als er verantworten konnte! Wenn doch dies elende Rennen erst vorüber wäre!
Der Start mit dem wütenden Aufheulen der Rennmotoren war am Lautsprecher schon so aufregend gewesen, daß ich mich gerade mit Beginn der zweiten Runde erholt hatte, als es durch Ölverlust eines Wagens auf der Strecke zu einer Massenkarambolage in einer »Schikane« kam. Vier Wagen waren ineinandergeknallt, die Fahrer unverletzt. Mein Rosemeyer hatte unmittelbar hinter diesem Durcheinander ankommend, seinen wild schleudernden Wagen gerade noch halten können und blieb weiter im Rennen. Bernd, ich halte dir die Daumen!
Dann kam Musik. Was sich der Rundfunk dabei dachte, war mir unverständlich. Musik – neckische Walzer und Lieder mitten während dieses dramatischen Kampfes!
»Achtung, Achtung, wir unterbrechen die Musik und bringen Ihnen den Stand des Rennens um den Großen Preis von Monaco nach den ersten fünf Runden!«
Endlich! Na es wurde ja auch Zeit!
»Caracciola führt vor Nuvolari auf Alfa Romeo. Als Dritter folgt Bernd Rosemeyer auf Auto-Union, gefolgt von Varzi, Stuck und Fagioli.«
Klasse, Bernd! Nun leg dich dahinter auf die Lauer, vielleicht kommt deine Chance.
Dann wieder Musik.
Nach zehn Runden eine neue Reihenfolge: Carratsch, Varzi, Stuck ... Wo bleibt mein Rosemeyer?
»... Rosemeyer, Vimille. Rosemeyer mußte in der 6. Runde am Depot halten, konnte aber nach 45 Sekunden das Rennen fortsetzen und hat schon wieder erheblich aufgeholt.«
Verflixt! Wenn der Motor jetzt schon anfing!

Aus für Bernd. In der 13. Runde schoß er in das Brückengeländer.

Wieder Musik. Diese alberne Musik! Welcher Hörer wollte denn jetzt, in diesem Moment, Musik hören?
»Stand nach der 20. Runde: Nuvolari, Carracciola, Varzi, Stuck, Vimille. Die restlichen sechs Fahrer folgen mit großem Abstand.«
Und mein Bernd? Ja, aber... So können Sie mich doch hier nicht sitzenlassen! Ist er ausgeschieden? Was ist los?
»Da kommt eben Rosemeyer zu Fuß an die Box zurück. Wir werden ihn auf eine Minute herbitten; für ihn ist das Rennen ja doch zu Ende. Hallo, Rosemeyer! Ist alles gut abgegangen? Was schleppen Sie denn da für einen Riesenpott unter dem Arm?«
»Och, den habe ich mir als Ersatz für den Preis des Prinzen Rainier von Monaco gleich selbst geholt. Wie ich da in der 13. Runde in das Brückengeländer geschossen bin, kam unter anderm dieser Steintopp von oben. Und der sieht eigentlich, abgesehen vom Material, genau wie der Pokal aus, um den wir hier fahren. Da hab' ich ihn mir zum Trost mitgenommen.«
Das war Bernd! Da hatte er so ein Pech und schon wieder war er obenauf! Wie ein Stehaufmännchen!
Zwei Tage später sprang Bernd strahlend und braun gebrannt mit einem riesigen Nelkenstrauß und aufregend schönen französischen Mitbringseln aus dem Orientexpreß.

Unsere längste Trennung: Während ich in Lettland Vorträge hielt...

»Du, das erste Geld in diesem Jahr ist verdient. Und damit du es genau weißt: Nun mußt du mir unbedingt helfen, eine kleine Wohnung einzurichten. Ich habe die Mietzimmer endgültig satt.«

* * *

Am 3. Mai 1936 flog Bernd mit der Lufthansa nach Rom, um zu versuchen, von dort aus, da alles ausgebucht war, auf irgendeine Art weiter zum Rennen nach Tripolis und am Sonntag darauf nach Tunis zu gelangen. Zur gleichen Zeit flog ich mit meiner Me 108 nach Lettland, um in Riga eine Reihe von Vorträgen zu halten.
Das sollte unsere bisher längste Trennung werden, seitdem wir uns näher kannten.
Ich war gespannt, wie Afrika auf einen so aufnahmefähigen Menschen wie Bernd wirken würde; denn ich erinnerte mich noch zu genau an meine eigenen überwältigenden Eindrücke bei meinem ersten Afrikaflug. Ich ging davon aus, daß Bernd durch die neue Umgebung und Eindrücke nun doch erheblich von mir abgelenkt werden würde – und ich versprach mir eigentlich wieder einmal etwas Gutes davon für beide Teile.
Doch Bernd war nicht zu erschüttern! An dieser Stelle lasse ich Bernd am besten selbst in Auszügen aus seinen Briefen sprechen:

Tripolis, 5. 5. 36

»...die Welt steht hier Kopf, denn seit 13 Monaten regnet es zum erstenmal, und das nicht schlecht. Die Rennstrecke ist ideal und 13,1 km lang. Sehr, sehr schnell; durch Araberdörfer und Palmenhaine. An die Gerüche hier muß man sich gewöhnen, sonst wird man ohnmächtig. Gleich heute bin ich ins Meer gesprungen; und wenn Du diesen Brief lesen wirst, bin ich beim Training, das am Freitag erst beginnt!
Wie war es in Riga, und – und – und? Ich warte auf ein Lebenszeichen von Dir wie der Kranke auf die Medizin!«

Tripolis, 6. 5. 36

»Afrika ist ja ganz schön, aber nur so unendlich weit von Dir weg. Was wäre es hier schön, wenn Du... man soll nicht immer so viel denken. Gelt?
Du mußt mir unbedingt schreiben... Bitte, schreib mir viel... Du weißt doch alles, alles von mir... Nun werde ich wieder warten auf Post...«

Tripolis, 8. 5. 36

»...gerade ist das Training zu Ende; und ich will Dir gleich schreiben, daß ich der Schnellste war und einen neuen Rundenrekord aufgestellt habe. Es ging alles wunderbar trotz 40 Grad Bodentemperatur und ekelhaft starkem Wind mit Sandsturm. Wüst, so ein ›Gibli‹, keine zweihundert Meter konnte man stellenweise sehen.

. . . trainierte Bernd für die Rennen in Tripolis und Tunis.

Einen Unglücksfall, der gut abgegangen ist, hatte Nuvolari, dem der Gummi abflog, der sich dann drehte und überschlug. Das alles so bei 210 bis 230 km. Außer kleinen Quetschungen blieb er unverletzt – ein Wunder! Von uns bin ich weitaus der Schnellste, und der Kurs liegt mir gut. Das Tempo darf ich am Sonntag aber nicht fahren, da die Reifen das nur acht Runden durchhalten, und vierzig müssen gefahren werden. Also heißt die Devise: langsamer und mit Kopf fahren. Drück mir sämtliche Daumen, wie Du versprochen hast.
Wann kommt wohl dein nächster Brief?«

Tripolis, 10. 5. 36

»... Dank, tausend Dank für Dein liebes Telegramm. Endlich.
Es ist zwar jetzt schon zwei Uhr nachts, aber Du sollst und mußt doch alles wissen. Ich konnte nicht eher schreiben, da wir bei Balbo, dem Gouverneur, eingeladen waren. Fabelhaft. Nun zum Rennen.
Stuck, Fagioli und ich kamen prima vom Start weg. Schon in der vierten Runde konnte ich dem Hans (Stuck) weglaufen. Dann mal er vorn, mal ich. An den Tribünen immer so mit Wagenlänge hintereinander her mit zirka 280 Sachen, wunderbar, und bald hatten wir einen Vorsprung von über einer Minute vor dem übrigen Feld. Nach der zwölften Runde mußten wir beide zu gleicher Zeit Reifen wechseln.
Kurz danach konnte ich dann Hans wieder weglaufen und lag an der Spitze. Als ich nach einer Kurve wieder Gas geben wollte, ging es nicht mehr. Mist! Ich schaue nach hinten, brennt da doch der ganze Schwanz! Nichts wie halten und raus. Dann habe ich

Bernd beim Boxenstopp. Geschwindigkeit ist Trumpf!

Die Rundstrecke von Tripolis neben dem Flughafen.

Auto Union-Sieg
an der afrikanischen Küste

Nach spannendem Rennen auf der Rundstrecke in Tripolis, in dem abwechselnd Rosemeyer, Stuck und Varzi, alle auf Auto Union, führten, gelang es Varzi, in der vorletzten Runde seinem Stallkameraden Stuck die Führung zu entreißen und mit dem außerordentlich hohen Durchschnitt von 208,4 km/Std. zu siegen. Stuck wurde Zweiter, an dritter und vierter Stelle liegen, mit 2 bzw. 3 Minuten Abstand, Fagioli und Caracciola auf Mercedes-Benz. Die deutschen Siegerwagen wechselten nur je zweimal die Hinterradreifen. Reifendefekte entstanden bei den deutschen Wagen nur in zwei Fällen infolge scharfen Bremsens.

Die genauen Ergebnisse lauten:

1. Varzi (Auto Union) 2 : 31 : 25,4 (208,412 km/ Std.).
2. Stuck (Auto Union) 2 : 31 : 29,8.
3. Fagioli (Mercedes-Benz) 2 : 33 : 36,4.
4. Caracciola (Mercedes-Benz) 2 : 34 : 46,4.
5. Brivio (Alfa-Romeo) 1 Runde zurück.
6. Pintacuda (Alfa-Romeo) 1 Runde zurück.

Unter der Bevölkerung herrschte eine unglaubliche Begeisterung.

gebuddelt wie ein Maulwurf und mindestens einen Zentner Sand hineingefeuert. Dann stand ich da und dachte an Dich. – Aus. – Und hatte doch sooo fest geglaubt!!!
Na, ein andermal – ach, und ich konnte noch viel, viel schneller – Pech. – Aber immerhin, meine Pferdchen aus mcincm Stall haben es geschafft, und ich bin Ehrenmitglied von der tripolitanischen Feuerwehr geworden. Ist auch was. Und nun freue ich mich tot auf die telegrafisch angekündigten drei Briefe ...«

Tunis, 16. 5. 36

... eben war Training, und es ging gut. Nun will ich hoffen, daß ich auch morgen der Schnellste bin. Die Strecke ist sehr schnell und wegen des Windes, den man besser Orkan nennen sollte, sehr gefährlich. Hinter jedem Haus fliegt man zwei Meter zur Seite. Bei 280 km kein Spaß. –
In der ersten Reihe stehen Varzi und ich, dann Carratsch und Hans. Na, abwarten. – Ja, das ist etwas, was ich unbedingt noch lernen muß, warten! Verdammt noch mal, daß es so schwer sein würde, hätte ich nicht gedacht. Nun noch vier ganze Tage. Du kannst Dir nicht vorstellen, wie ich mich freue, nach Hause zu kommen. In meinem Leben hab' ich mich noch nie auf etwas so gefreut.
Tunis ist doch das schmutzigste Nest, was es gibt ... Nun drück mir für morgen den Daumen. Dies ist der letzte Brief, die andern würden ja doch nicht mehr rechtzeitig kommen ...«

Bernds Wagen brannte. Aus der Traum!

Beim Großen Preis von Tunis brannte Bernds Rennwagen, genau wie am Sonntag vorher, wieder aus, nachdem er lange Zeit geführt hatte. Mit knapper Not brachte

er sich selbst rechtzeitig in Sicherheit. Das war das dritte Rennen in dieser Saison, in dem er nach allerbesten Trainingszeiten durch Pech vorzeitig ausscheiden mußte.

Drei Tage später kam Bernd glücklich und unbekümmert heim. »Einen tunesischen Orden hab' ich wenigstens bekommen, und bei der afrikanischen Feuerwehr bin ich inzwischen Major geworden. Warte nur ab, ich komme in diesem Jahr auch noch dran.«

Das war alles, kein Klagen, kein Mißmut. Oh ja – wenn mir Bernd Rosemeyer überhaupt noch mehr imponieren konnte, dann war es damals!

* * *

Aber noch kam Bernd nicht »dran«. Die Strähne war noch nicht zu Ende.

Am 7. Juni 1936 startete Bernd im Großen Preis von Barcelona. Zwei Tage vorher hatte er beim Training durch Versagen der Steuerung einen Unfall, bei dem er sich leicht am Knie verletzte und sich einige zünftige Schrammen auf der Nase zuzog. Trotzdem startete er natürlich am Sonntag im Rennen, hatte in der sechsten Runde einen Defekt am Reservetank und wurde durch die Reparaturzeit von vornherein um jede Chance gebracht.

In der Nacht nach dem Trainingsunfall telefonierte Bernd mit mir, diesmal nun wirklich schwer angeschlagen, und zwar durch die psychologische Auswirkung des Versagens der Steuerung. Er war, abgesehen auch von dem Schädelbrummen, in gar keiner guten Verfassung.

»Bernd, wenn ich dir helfen kann, dann nehme ich morgen früh meine Maschine und fliege zu dir nach Barcelona hinüber. Du weißt, meine Eltern, die gerade auf zwei Tage bei mir sind, würden traurig sein. Aber das sollst du jetzt entscheiden. Wenn du willst, dann komme ich.«

Ich hatte – zum erstenmal übrigens – das ganz dringende Gefühl, daß ich diesmal Bernd nicht allein lassen durfte. Und nun war es mir auch inzwischen vollkommen egal, was man in dem Rennfahrermilieu – da ich ja nun leider einmal nicht das unbekannte Fräulein Meier oder Schulze war – sagen würde.

Am nächsten Morgen rief Bernd aus Barcelona wieder an: »Du, ich werde so fertig und komme klar. Bleib du bei deinen Eltern, die werden sonst doch traurig sein.«

O Bernd! Durch nichts hättest du mich mehr verpflichten können als durch diesen freiwilligen Verzicht auf das, was du so gern wolltest. Du hast genau begriffen oder gefühlt, wie man mit Menschen umgehen muß, die sich im Ernstfall immer voll einsetzen würden.

Aber dann, dann kam Bernd »dran«. Und wie er drankam!

Nie werde ich mir verzeihen, daß ich bei dem denkwürdigen Eifel-Rennen am 14. Juni 1936 auf dem Nürburgring nicht dabei war, als Bernd nach einem dramatischen Kampf mit Nuvolari zuletzt im dichten Nebel unter dem unbeschreiblichen Jubel von Hunderttausenden von Menschen dieses Rennen in einer kaum vorstellbaren Zeit als Sieger beendete!

Wer si

Große K
Auto Union A.-G.
Fahrer: Stuck, Varzi, R
Ersatzfahrer: H
Daimler-Benz A.-G.
Fahrer: Caracciola, vo
Fagioli. Ersatz
Scuderia Ferrari (A
Fahrer: Nuvolari, Brivi
(Sämtlich Italien)

Mit einer Besetzung von insgesamt 234 Fahrern erhält das Eifelrennen diesmal wieder die Bedeutung, die ihm seit Jahren zukommt. So erfreulich die hohe Nennungszahl der Motorradlizenz- und Rennwagenfahrer ist, — noch viel mehr freuen wir uns der Tatsache, daß die Sportwagenklasse ein Feld von 34 Fahrern des Nachwuchses aufweist, von denen nicht weniger als 20 auf Fahrzeugen deutschen Ursprunges an den Start gehen. Die überwiegende Mehrzahl dieser deutschen Sportwagen stellt BMW, ein Beweis dafür, daß unsere Sportwagenfahrer sich bei der Wahl eines konkurrenzfähigen Sportwagens von dem richtigen Gedanken leiten lassen. Freilich dürften beide BMW-Typen, sowohl der 1,5- wie auch der 2-Liter-Wagen, 20 km/Std. in der Spitze mehr hergeben, um gegen eine wirkliche Konkurrenz besonders der englischen Sportwagen gewappnet zu sein. Aber da außer einem sehr luxuriösen Aston-Martin, dessen Karosserie ein wenig zu schwer ist, keine englischen Sportwagen der 1½- und 2-Liter-Klasse an den Start gehen, dürfte das Ergebnis dieser beiden Rennen zugunsten BMWs ausgehen, noch dazu, wenn ein Henne auf einem besonders zurechtgemachten 2-Liter-Sportwagen sitzt. Wir glauben nicht, daß der 8 Jahre alte Bugatti oder Schweders Adler Hennes schnellem BMW gefährlich werden können. In der 1½-Liter-Klasse treten 5 Balillas, die ebenso wie die MG-Wagen durch ihre bedeutend kleineren Maschinen gehandikapt sind, gegen das Massenaufgebot von BMW an. Die Chance für BMW ist hier nicht ganz so groß. Bei den Sportwagen bis 2 Liter mit Kompressor geht erstmalig einer der neuen Wanderer-Sechszylinder-Kompressorwagen an den Start. Seine Gegner sind 3 Bugattis, 2 Ford-V8-Roadster ohne Kompressor sowie der schnelle Alfa-Romeo von Berg. Der Ausgang dieses Rennens dürfte zwischen dem 2-Liter-Bugatti und dem Alfa liegen — wenn der Wanderer nicht eine Ueberraschung bringt.

Nicht minder erfreulich ist das große Au
gebot der Motorradau
fahrer, deren nicht w
62 für das Eifelrenn
haben. Hier auch n
Voraussage zu treffen
möglich; man kennt
wuchsfahrer noch zu
nügend über ihr M
ihre Chancen gegene
schon bei den vergan
daß sich die Auswei
können wie die Lizen
bekannter Mann volle
erwarten wir das R
Interesse.

Dadurch, daß sic
mit dem Eifelrennen
DKW und NSU nicht
elite der Motorradfa
suchen, kämpfen ihre
Kampf gegen die Pri
darüber zu freuen, d
Winkler, In der Elst

…gt im Eifelrennen?

e
…, von Delius
…sch, Chiron,
…ang
…)
Severi

Ferner als Privatfahrer:
Zanelli-Frankreich . . . . (Alfa-Romeo)
Rens-Holland . . . . . . (Bugatti)

Bis 1500 ccm

Auf **Era:** Mays-England, Lehoux-Frankreich, Earl Howe-Engl. (off. Fabrikmannsch.)
Prinz Bira-Siam, Embiricos-Griechenland
Auf **Maserati:** Tenni-Italien, Trossi-Italien, Hartmann-Ungarn, Zehender-Frankreich (off. Fabrikmannschaft)

Ferner auf Maserati:
Ruesch-Schweiz, Kautz-Schweiz, Villoresi-Italien, Gessner-Italien
Auf **Bugatti:** Troeltsch-Deutschland, Wustrow-Oester., Chambard-Frankr.

Bis 800 ccm

Auf **MG:** Kohlrausch-Deutschland
Brudes-Deutschland
Auf **Austin:** Walter Bäumer-Deutschland
Werner Bäumer-Deutschland

eine
lten
noch
Gall
tzen
phe-
ende
erer
asse
ran-
sage
um
Alt-

meister eine größere Chance geben, da er den Ring besser kennt und wohl auch eine schnellere Maschine hat. Aber manche Velocette oder Norton kann diesen beiden gefährlich werden. Bei den 500ern werden sich Ley und Mansfeld nicht aus den Augen lassen und auch Karl Gall hat ein Wörtchen mitzusprechen. Müller, der Mann im Hintergrund, kann Ueberraschungen bringen. Rüttchen wird wegen der geringeren Geschwindigkeit seiner NSU in den Kampf DKW—BMW kaum eingreifen können.

Bei den Seitenwagenfahrern gehen die besten Leute an den Start, die wir in Deutschland haben. Die 600er Klasse gehört Babl auf DKW, wenn er seine Maschine über die Runden bringt, und bei den Großen liegt die Entscheidung zwischen Kahrmann (DKW) und den guten NSU-Leuten Schumann und Stärkle. Aber wir haben schon manchmal die erstaunlich alte Harley-Großmutter von Weyres siegen sehen, und sind gerade in dieser Klasse, in der es immer viel Ausfälle gibt, vorsichtig in unserer Voraussage.

Internationales Eifelrennen 1936
für Krafträder, Sport- und Rennwagen

Beginn: Sonntag, den 14. Juni, vorm. 8 Uhr

Reihenfolge der Rennen:

1. Rennen: Ausweisfahrer (Solomaschinen)
2. Rennen: Lizenz- und Ausweisfahrer (Seitenwagenmaschinen)
3. Rennen: Sportwagen (unbegrenzt) und Rennwagen (bis 1500 ccm)
4. Rennen: Lizenzfahrer (Solomaschinen)
5. Rennen: Rennwagen (Klasse über 1500 ccm)

Die 234 Meldungen verteilen sich auf die verschiedenen Gruppen in folgender Weise:

62 Motorrad-Ausweisfahrer	33 Sportwagen
96 Motorrad-Lizenzfahrer	43 Rennwagen

Ausschnitte aus dem Rennen werden über den Reichssender Frankfurt von 11 bis 18 Uhr übertragen.

Wenn zusammen mit den Sportwagen die 25 Rennwagen der 1,5-Liter-Klasse vom Start vor den großen Tribünen abbrausen werden, kann niemand den Sieger dieses Rennens auch nur mit einem Schein von Bestimmtheit nennen. Man ist versucht, wiederum auf die ERAs zu setzen, die mit einem Aufgebot von 5 Wagen auf dem Ring erscheinen; aber dieses Mal wird ihnen der Sieg nicht so leicht wie im vorigen Jahr gemacht werden. Seaman hat sich mit seinem sagenhaften Delage bisher zweimal …

Bernd war an diesem Tag von niemandem zu schlagen.

Eifelrennen
in Regen und Nebel

Ergebnisse des Eifelrennens:

Große Rennwagen 10 Rd. = 228 km:

1. Bernd Rosemeyer (Auto Union) 1:56:41 (117,1 km/Std.);
2. T. Nuvolari - Italien (Alfa - Romeo) 1:58:54;
3. Marchese Brivio-Italien (Alfa-Romeo) 1:59:30;
4. G. Farina-Italien (Alfa-Romeo); 1:59:58;
5. H. Lang (Mercedes-Benz); 6. L. Chiron (Mercedes-Benz); 7 A. Varzi (Auto Union); 8. H. Stuck (Auto Union); 9. E. v. Delius (Auto Union).

Die übrigen Klassen:

Krafträder mit Seitenwagen: Lizenzfahrer (Meisterschaftslauf), 4 Rd. = 91 km: bis 600 ccm: 1. A. Schneider-Düsseldorf (NSU) 58:01,4 (94,35 km/Std.) beste Zeit der Seitenwagen; 2. H. Bock-Mannheim (Norton) 59:12,7 (92,4 km/Std.); 3. G. Römer-Vohwinkel (Norton) 1:00:50,2 (90 km/Std.); 4. R. Regitz-Neunkirchen (NSU) 1:00:52,2; bis 1000 ccm: 1. H. Kahrmann-Chemnitz (DKW) 1:01:24,3 (88,65 km/Std.); 2. E. Zimmermann-Nürnberg (NSU) 1:02:18,4 (87,6 km/Std.); 3. F. Kammer jr. - Völklingen (BMW) 1:02:49,4 (87,2 km/Std.); 4. A. Gosse - Köln (Tornax - Columbia) 1:02:56,1.

Lizenzfahrer auf Solokrafträdern (Meisterschaftslauf) 6 Rd. gleich 136,860 km: bis 250 ccm: 1. E. Kluge-Chemnitz (DKW) 1:23:00 (98,95 km/Std.) Rekord; 2. W. Winkler-Chemnitz (DKW) 1:30:05 (91,2 km/Std.); 3. H. Winkler-München (DKW) 1:30:30,3 (90,7 km/Std.); 4. H. Häusler-Meßkirch (DKW) 1:33:58,4; 14 gestartet, 8 am Ziel; — bis 350 ccm: 1. H. Soenius-Köln (NSU) 1:22:32,4 (99,45 km/Std.); 2. H. Richnow-Berlin (Rudge) 1:23:31,1 (98,38 km/Std.); 3. F. Fallier-Nürnberg (Norton) 1:29:05,1 (92,1 km/Std.); 4. F. Vaasen-Hambach (Norton) 1:30:21. 27 gestartet, 11 am Ziel. — Bis 500 ccm: 1. H. P. Müller-Chemnitz (DKW) 1:17:49,2 (105,5 km/Std.) beste Zeit der Soloräder; 2. K. Gall-München (BMW) 1:19:32,2 (103,25 km/Std.); 3. K. Mansfeld-Chemnitz (DKW) 1:20:28,3 (102,05 km/Std.); 4. K. Bodmer-Chemnitz (DKW) 1:21:15,1. 20 gestartet, 11 am Ziel.

Rennwagen bis 1500 ccm, 8 Rd. = 182,480 km: 1. Graf Trossi-Italien (Maserati) 1:37:17,3 (112,6 km/Std.) Rekord; 2. O. Tenni-Italien (Maserati) 1:38:03,4 (111,6 km/Std.); 3. Prinz Birabongse - Siam (ERA) 1:40:13,1 (109,4 km/Std.); 4. M. Lehoux - Frankreich (ERA) 1:40·29,3 (109 km/Std.); 5. W. Bäumer-Bünde (Austin 747 ccm).

Sportwagen bis 1500 ccm (ohne Kompressor), 4 Rd. = 91,240 km: 1. R. Roese-Düsseldorf (BMW) 58:48,4 (93,08 km/Std.) Rekord; 2. E. Krings-Aachen (BMW) 59:48 (91,55 km/Std.); 3. A. Vianden-München (Adler) 1:00:34,1. — Bis 1100 ccm (ohne Kompressor): 1. H. Brendel-Frankfurt a. M. (Fiat) 1:00:28,1 (87,6 km/Std.); 2. K. Soergel-Köln (Fiat) 1:02:42,2 (87,15 km/Std.); 3. W. Zinn-Meiningen (Fiat) 1:04:13. — Bis 2000 ccm, 5 Rd. = 114,050 km: a) ohne Kompresor: 1. E. Henne-München (BMW) 1:07:28 (101,5 km/Std.) Rekord, schnellste Zeit der Sportwagen; 2. P. Schweder-München (Adler) 1:10:36,2 (96,95 km/Std.); 3. U. Richter-Langwied (BMW) 1:13:39,3; 4. W. Kaiser-Berlin (BMW) 1:14:27,2; b) mit Kompressor: 1. H. Berg-Altena (Alfa-Romeo) 1:09:55,2 (97,85 km/Std.); 2. A. Petzold-Hannover (Ford o. K.) 1:10:35,4 (96,95 km/Std.); 3. F. Gollin-Erfurt (Bugatti) 1:11:31,2.

Die Eltern Rosemeyer freuen sich mit ihrem Bernd über den Sieg im Nebelrennen.

Und wieder: Nuvolari

Knapper Sieg des Alfa-Romeo-Fahrers über Rosemeyer auf Auto Union

Ergebnisse: 1. Nuvolari (Alfa-Romeo) 2:14:3 Std. = 111,88 km/std.
2. Rosemeyer (Auto Union) 2:14:17
3. Varzi (Auto Union) zwei Runden zurück
4. Tadini (Alfa-Romeo) drei Runden zurück
5. von Delius (Auto Union) vier Runden zurück
6. Hartmann (Maserati) fünf Runden zurück.

phot. de Strasser-Silton

Ob Nuvolari Sonntag beim Frühstück schon gewußt hat, daß er diesmal vorn sein wird?

Ich hörte die letzten Runden an meinem Radio mit an und konnte mit Tränen in den Augen nicht fassen, daß es mein Bernd war – denn er war inzwischen »meiner« geworden, wenn auch das entscheidende Wort immer noch nicht gesprochen war–, dem die Sprecher aller Rundfunkstationen auf dem Ring mit sich förmlich überschlagenden Stimmen zujubelten. Selten hatte sich ein Mann einen Sieg so erkämpft wie Bernd Rosemeyer den Kranz damals auf dem Nürburgring! Und er hatte ihn auch verdient, der Bernd!
Am Sonntag darauf hätte es im Großen Preis von Ungarn beinah wieder einen Sieg für Bernd gegeben. Aber nachdem er lange geführt hatte, fing ihn der alte Rennfuchs Nuvolari doch noch ab und ging dreizehn Sekunden vor ihm durchs Ziel.

* * *

Anschließend mußte Bernd vor der zweiten Hälfte der anstehenden Rennen unbedingt, wie er mir fest versprochen hatte, nach Mergentheim zur Erholung. So ging das mit seiner anfälligen Leber nicht weiter!
Am Tag vor seiner Abreise in die Kur erschien er morgens strahlend mit einer Handvoll Papiere bei mir.
»So, nun habe ich alles zusammen, und es hilft dir alles nichts mehr. Ehe ich abreise, wirst du so freundlich sein, mit mir aufs Standesamt zu marschieren, damit wir endlich aufgeboten werden. Du glaubst doch nicht im Ernst, daß ich zum Großen Preis wieder ohne dich auf den Nürburgring gehe. Nein, du, die Zeiten sind jetzt vorbei. Nimm dir mal deine Unterlagen – los, wir haben noch viel zu erledigen vor meiner Abreise. Denn du willst ja, daß ich generalüberholt zurückkomme. Und was ich versprochen habe, das halte ich auch!«
Ich suchte meine Papiere zusammen und ging mit.
Genau so, wie ich es hier beschreibe, war es. Wir hatten vorher immer noch nicht klar festgelegt, ob wir überhaupt und wann wir heiraten wollten. Das war mein zukünftiger Mann. Viel Vergnügen. Ich glaube, anders als einfach so hätte ich wahrscheinlich nie geheiratet; denn mich hat die viele Fragerei immer nervös gemacht. Mädchen wie ich heiraten entweder so schnell, oder sie kommen vor lauter Überlegen überhaupt nicht dazu.
»So, junge Frau, nun muß ich aber meinen Aufenthalt in Mergentheim etwas verlegen, damit ich dich wenigstens vorher meiner Mutter vorführen kann. Den Vater kennst du ja schon«, meinte Bernd nachdenklich. »Du bist im Irrtum, wenn du mich für so modern hältst, daß du glaubst, es sei genug, daß deine Eltern mich kennen. Das muß nun mal sein!«
»Lieber Bernd, bitte sei mal vernünftig. Du hast so viel vor. Wenn es dir recht ist, dann fliege ich am nächsten Sonntag, wenn ich mein Kunstflugprogramm auf dem Flugtag in Duisburg erledigt habe, nach Lingen zu deinen Eltern. Einverstanden?«
So wurde es denn auch gemacht. Während Bernds Leber »generalüberholt« wurde, sagte ich in Lingen guten Tag.
Vater und Mutter Rosemeyer erwarteten mich auf dem Flugplatz in Quakenbrück, Bernds Geschwister zu Hause. Den größten Teil der Familie kannte ich schon – bis auf die Mutter. »Liebe Mutter Rosemeyer, wir Menschen des zwanzigsten Jahrhunderts können keine sentimentalen Worte für so etwas wie das Heiraten finden, aber du wirst schon sehen, wie ich zu deinem Jungen stehen werde«, so ähnlich waren meine Gedanken, als ich Bernds Mutter begrüßte.
»Meines« Bernds Zuhause war genau, wie ich es mir vorgestellt hatte. Ein so sonniger, in sich abgerundeter Mensch konnte nur aus einer Familie stammen, in der alles harmonisch und auf Liebe und Achtung aufgebaut war. Was konnte ich mir anderes wünschen...?

Unsere »13«

Wir heirateten am 13. Juli 1936. Absichtlich. Weil wir beide die Dreizehn gern hatten.
Die vorhergehende Woche war greulich gewesen, zum mindesten für mich, denn Bernd saß auf Nummer Sicher in seinem Mergentheim, wo man sich inzwischen an ihn gewöhnt hatte. Außerdem war er damals auch noch nicht so schrecklich berühmt. Unter anderem hatte er die Zeit da unten dazu benützt, seinen funkelnagelneuen Horch, den er da einfahren wollte, gegen eine Straßenbahn zu setzen. So bekannt war er nun wieder doch schon, daß diese Notiz durch einige Zeitungen ging.
Ich dagegen hatte noch eine Flugtag-Verpflichtung und allerlei andere Dinge zu erledigen und mußte mich bei diesen Gelegenheiten von allen Seiten nach dem Wohlergehen »meines Herrn Verlobten« verhören lassen, da die Zeitungen trotz all unserer Vorsichtsmaßnahmen das interessante Aufgebot, auf welches schon monatelang vorher Wetten in den Redaktionen abgeschlossen worden waren, reichlich zu kommentieren wußten.
Da ich vorher noch nie verlobt oder aufgeboten gewesen war, empfand ich es als einen sehr merkwürdigen Zustand, daß bald jeder Mensch nicht nur das Recht, sondern gewissermaßen die Pflicht hatte, sich mit meinen allerintimsten Privatangelegenheiten zu befassen. Außerdem kamen mir täglich neue Gerüchte zu Ohren über geplante Überraschungen vor unserm zuständigen Standesamt in der Berliner Straße. Langsam wurde mir der Rummel zuviel. Unter der Hand erkundigte ich mich inzwischen im Einverständnis mit meinem »Herrn Verlobten«, ob man nicht im letzten Moment die Trauung auf ein anderes Standesamt verlegen könnte. Es war möglich.
Die lieben Berliner, die damals mit Blumen in der Hand in der Berliner Straße auf uns gewartet haben, waren sicher enttäuscht. Wir hatten uns immer so über ihre Anhänglichkeit und ihr Interesse gefreut. Aber damals wollten wir gern allein sein. Ich glaube, sie haben es verstanden!
So wurden wir in Schmargendorf mit unseren Eltern als Zeugen ganz still getraut. Draußen stand ein Spalier von Bernds Mechanikern aus der Rennabteilung der Auto-Union und meinen Tankwarten von der Shell, die mich durch viele Jahre hindurch bei manchem großen Flug betreut hatten.
Am Spätnachmittag, nachdem wir unsere besten Freunde und Mitarbeiter empfangen hatten, fuhren wir in mein kleines Blockhaus an einem See in der weiteren Umgebung von Berlin. Der Oberförster hatte das Tor und das Haus mit riesigen Eichengirlanden geschmückt, und wir fanden einen Brief: »Das ganze Dorf jubelt mit unserem Bernd und unserer Elly.«

Mein erster ehelicher Morgen begann mit Schuheputzen, Frühstückmachen und Budeaufklaren; denn Personal gab es da draußen nicht. Als ich mich unter der Pumpe wusch, klingelte das Telefon – der einzige Kontakt zur zivilisierten Außenwelt. Der Pilot der Bayrischen Flugzeugwerke war dran.
»Gnädige Frau« – ich mußte heftig schlucken –, »ich bin eben mit Ihrem neuen ›Taifun‹ gelandet. Die Bayrischen Flugzeugwerke sind stolz, Ihnen das Flugzeug gewissermaßen auf den Hochzeitstisch legen zu können. Nun ist der Weg frei zum Drei-Erdteil-Flug. Ihre Papiere sind ja auch alle in Ordnung.«
O weh, den seit Monaten geplanten Flug hatte ich tatsächlich vorübergehend vergessen. Die Maschine war durch das Aufrüstungsprogramm später als vorgesehen fertig geworden, denn ich hatte den Flug eigentlich im Juni während der längsten Tage und bei der günstigsten

Allgemeine Automobil-Zeitung

VERLAG KLASING & CO, BERLIN W 9, POTSDAMER STR. 139
FERNSPRECHER: SAMMELNUMMER B 1 KURFÜRST 9116
37. JAHRGANG · NUMMER 25 BERLIN, 20. JUNI 1936

INHALT: Eifelrennen in Regen und Nebel • Neuregelung der Kraftfahrzeugversicherung • Leicht gesagt … • Die AAZ fährt: Opel 2-Liter-Kabriolett • Die guten Bekannten der Autokäufer • Das Auto von vorn bis hinten: 20. Die Zündanlage • Das Vorfahrtrecht, wie es sich heute darstellt • Tonis Nachtgewand • 12. Gesetzt den Fall … • Briefkasten

Bernd Rosemeyer und Elli Beinhorn heiraten! Am 13. Juli werden die beiden Sportsleute getraut. Unseren herzlichsten Glückwunsch! phot. Presse-Bild-Zentrale

Witterung machen wollen. Aber darüber wollte ich mir jetzt nicht den Kopf zerbrechen.
»Wissen Sie was, kommen Sie zu uns heraus. Sie bekommen auch ein Frühstück. Nachher fahren wir alle zusammen nach Tempelhof, und ich übernehme die Maschine.«
Zu meinem Erstaunen war Bernd gar nicht so furchtbar

begeistert. Aber der Anlaß reichte nicht aus, um unsern ersten Ehekrach heraufzubeschwören. Dazu war Bernd an allen technischen Dingen, die zu unserm Besitz gehörten, viel zu interessiert.
Übrigens: Besitz!
Wahrhaftig – das hatte sich fürwahr gelohnt! Das war ja märchenhaft, was man uns auf den Hochzeitstisch alles zusammengetragen hatte. Wir begriffen beide nicht ganz, womit wir eigentlich soviel Liebe und Fürsorge verdient hatten. Von unsern zahllosen Blumenkörben bepflanzten wir zuerst einmal mehrere Beete vor meinem Blockhaus. Und sonst gab es eigentlich alles, vom selbstgemalten Bild des kleinen Jungen, der Bernd vergötterte, bis zum Fallschirm. Etwas besonders Nettes hatte sich Bernds Rennabteilung ausgedacht. In einem silbernen Rauchservice hatten sie eingraviert die Hauptmomente aus Bernds bisheriger Laufbahn in sehr komischer Weise dargestellt.
Meine hausfraulichen Qualitäten hatte ich gleich unter Beweis stellen können, indem ich in Vorausahnung der kommenden Dinge eine Liste gemacht hatte mit allen Gegenständen, die mir noch in meinem Haushalt fehlten. Verschiedene meiner Freunde hatte ich gebeten, bei Fragen nach unseren Wünschen in diskreter Form etwas von der Liste vorzulegen, aber sehr vorsichtig, damit wir nachher nicht zehn Stehlampen und kein Mokkaservice hatten. Meine Planung hatte erstaunlich gut geklappt. Wir waren jetzt annähernd komplett ausgestattet, und die Ehe konnte losgehen.
Eigentlich waren wir ein bißchen traurig, daß wir so wenig

Unser 13. Juli

Bernd Rosemeyer
und Elli Beinhorn,
das neuvermählte
Sportler-Ehepaar
verlassen
das Standesamt

von uns und unserem schönen Zuhause haben würden, denn unser Arbeitsprogramm für die nächsten Monate ließ uns nicht viel Zeit dafür. Aber das hatte auch sein Gutes, so würde uns beiden der Unterschied gegen unser früheres Leben nicht so zum Bewußtsein kommen. Eigentlich, wenn ich es mir genau besah, lebte ich ja dasselbe Leben, mit denselben Aufgaben wie vorher, weiter. Daß ich meinen Mann zu allen seinen Rennen in meinem »Taifun« fliegen würde, stand schon fest. Und wenn mir dann noch Zeit blieb, konnte ich genau wie früher schreiben, fotografieren und für die Industrie Werbung machen.
Unsere Hochzeitsreise mußte wegen absoluten Zeitmangels bis auf weiteres ausfallen. Aber die lief uns ja nicht weg! Nach der Saison würden wir schon noch dazu kommen.
Zuallererst mußten mal die vielen Hunderte von Dankschreiben für alle Hochzeitsaufmerksamkeiten vom Tisch. Meine Vermutung, daß ich dabei nicht gerade auf meines Ehemannes Unterstützung rechnen konnte, sollte sich nur allzu schnell bestätigen. Der Schuft! Aber auch nicht im Traum dachte er daran, für alles, was mit Post und Buchführung und solchen Dingen zusammenhing, auch nur einen Finger krumm zu machen.
Arme Elly! In meinen arbeitsreichen Junggesellenjahren hatte ich manchmal von einem lieben Gatten geträumt, der mir meine Steuererklärung machte und andere wenig erfreuliche Dinge, die mit einem Beruf nun mal zusammenhängen, erledigte. Das war nun scheinbar nichts geworden. Also was sollte ich da lange jammern? Ich hatte mich wohl möglichst schnell daran zu gewöhnen, jetzt sogar noch meines lieben Herrn Gemahl Kram mitzumachen!

* * *

Der geplante Flug lag mir im Magen. Jeden Tag machte ich in Tempelhof meine Probeflüge, alle Vorbereitungen liefen auf Hochtouren. Trotzdem hatte ich ein Stimmungstief. Erstens hatte ich keine große Lust, meinen Mann alleinzulassen – ganz davon abgesehen, was er dazu meinte –, und zweitens war mir klar, daß der jetzige, mir durch die Fertigstellung der Maschine aufdiktierte Zeitpunkt der allerungünstigste war, den man überhaupt wählen konnte. Das Wetter war Anfang August – denn das würde es mindestens werden – viel zu heiß und die Tage schon zu kurz. Außerdem würde die gerade beginnende Olympiade in Berlin alle Aufmerksamkeit auf sich ziehen, den Hauptzweck meines geplanten Fluges, nämlich Werbung für die Industrie im wahrsten Sinne des Wortes in den Schatten stellen.
Bei einer Besprechung mit den maßgebenden Leuten

Mein »Taifun« wartet auf seine Bewährungsprobe.

des Ministeriums und der Industrie riet man mir aber doch dringend, wenn irgend möglich, den Flug durchzuführen. Unter anderem auch deshalb, um beim Ausland, das alle Einfluggenehmigungen erteilt hatte, keinen schlechten Eindruck zu hinterlassen.
Bernd war inzwischen schon zum Training auf den Nürburgring gefahren. Während ich meine täglichen Versuche machte, die nun plötzlich, wie verhext, überhaupt nicht mehr klappten, gab mir mein erfolgreicher Mann telefonisch täglich neue Rundenrekorde vom Ring nach Hause durch. Schließlich wurde es mir zu dumm; ich nahm am Freitagmittag meinen »Taifun« und flog zum Nürburgring, wo ich nach einigem niedrigen Herumkurven Bernd schnell ausgemacht hatte. Als er sich mit seinem Horch in Bewegung setzte, gab ich ihm mit dauerndem Kreisen das Geleit bis hinter Adenau und flog dann nach Bonn voraus. Ich hatte schon fix und fertig getankt für den Heimflug und stand vergnügt parat, als mein Mann nicht lange darauf mit einem halsbrecherischen Rutscher seinen Wagen auf dem Parkplatz des Flughafens Hangelar zum Stehen brachte.

Ich hatte ein bißchen Angst, wenn ich an mein Debüt als Frau Bernd Rosemeyer vor der europäischen Rennfahrerelite dachte, die vollzählig auf dem Nürburgring zum Großen Preis von Deutschland am 26. Juli 1936 vertreten sein würde. Wie würde man mich aufnehmen? Mir war klar, daß ich es als ein beliebiges Fräulein Sowieso leichter und einfacher gehabt hätte, da sich dann jeder erst ein Urteil bilden konnte, wenn er mit mir zusammentraf. So war das ganz anders. Normalerweise hätte mich das nicht sonderlich interessiert, aber diesmal konnte es mir nicht ganz gleichgültig sein, weil ich auf jemanden anders außer mich selbst Rücksicht zu nehmen hatte, nämlich auf meinen Mann. Wieder einmal kam mir zum Bewußtsein, daß ich zur Offiziers- oder Diplomatenfrau recht wenig brauchbare Anlagen mitgebracht hätte.
Als ich zum erstenmal dabei war, da oben in der Eifel beim Training, war es eines der wenigen Male, wo ich nicht unbefangen war. Ich begrüßte die Rennfahrerei und brachte ihr mein ganzes Herz entgegen, weil sie der Beruf und die Liebe meines Mannes war.
Alle waren lieb und freundlich zu mir. Ich lernte einige von den Frauen der Fahrer kennen – Paula Stuck kannte ich seit langem. Neugierig beobachtete ich alles, was mir inzwischen aus Bernds Erzählungen so vertraut geworden war.
Da war erst mal Ludwig, Bernds Chefmonteur, den ich bei der Hochzeit in Berlin nur kurz kennengelernt hatte. Er drückte mir fest die Hand: »Schön, daß Sie nu endlisch dabei sind, Frau Rosemeyer«, meinte er in seinem Mannheimer Dialekt. Ludwig Sebastian sagte einfach und selbstverständlich »Frau Rosemeyer«, während sich alle meine anderen Bekannten den Kopf und die Zunge zerbrachen mit allen möglichen Varianten wie »Frau Beinhorn«, »Frau Rosemeyer-Beinhorn« oder ähnlichen Anreden, in memoriam meiner Fliegervergangenheit. Für die einfachen Rennleute war der Fall klar. Ich war für sie von jetzt ab die Elly Rosemeyer.
»Komm her«, Bernd legte mir den Arm um die Schultern, »jetzt bringe ich dich zum ›Schnurrbiber‹, das ist der Reifenonkel von der Continental, ein Landsmann von dir aus Hannover.«
»Ja, Frau Rosemeyer, wir Hannoveraner finden in der ganzen Welt immer wieder zusammen; das werden Sie auf all Ihren großen Flügen auch schon gemerkt haben«, stellte der »Schnurrbiber«, der im normalen Leben Herr Dietrich heißt, mit Befriedigung fest.
»So, und nun komm zu Tazio, meinem Freund Tazio Nuvolari. Du, das ist ein feiner Kerl! Wie der sich beim Eifel-Rennen, wo ich ihn abgehängt hab', über meinen Sieg gefreut hat!«
Bernd machte mich mit dem italienischen Meisterfahrer bekannt, und dann redete er einfach drauflos, deutsch, mit wenigen aufgeschnappten italienischen Brocken. Ta-

zio, der kein Wort Deutsch kann, schien aber durch die ausdrucksvollen Gebärden von Bernd durchaus im Bilde darüber gewesen zu sein, was gemeint war.
Nuvolari und ich unterhielten uns französisch. Was hatte dieser Mann mit den glänzenden braunen Augen für einen unbeschreiblichen Charme! Ganz sauber und anständig, war mein erster Eindruck, und der sollte sich durch die kommenden Jahre als richtig erweisen. Ganz sicher in seiner Einstellung zu Bernd.
Wie man sich als Nichtbeteiligter diese Männer, die im Sommer fast Sonntag für Sonntag ihr Leben in den großen Rennen aufs Spiel setzen, doch so ganz anders vorstellt! Selbst ich, der mir ja die Materie als solche keineswegs fremd war, stellte mit Überraschung fest, wie einfach und normal alle diese Fahrer mit aufregenden Namen wie Caracciola, Stuck, von Brauchitsch, Nuvolari und so weiter eigentlich waren.
Am nächsten Morgen sahen wir uns von der Hohen Acht aus mit einigen Kollegen von Bernd und seinem geliebten Onkel Doktor, dem Konstrukteur Dr. Porsche, das Training an. Unbeschreiblich, wie die Wagen da um die Kurve geschmiert kamen. Mir graute vor dem Moment, in dem erst Bernd in einem dieser Wagen sitzen würde. Er freute sich darauf wie ein kleines Kind.
Nach dem Essen zog sich Bernd seinen Overall über. Mir stand das Herz still, als er auf der Geraden hinter den Boxen mit über zweihundert »Sachen« an uns vorbeigeschossen kam; und zum erstenmal nahm ich meine Zuflucht zur Stoppuhr, um mein seelisches Gleichgewicht wiederzufinden.
Die Stoppuhr hat mir später manches mir endlos scheinende Rennen durchstehen helfen.
Nachdem Bernd seine schnellen Trainingsrunden gedreht hatte, packte er mich in seinen Horch und raste mit mir in zwei 14-Minuten-Runden, bei denen ich uns im Geiste bereits mehr als einmal am Baum kleben sah, über die gesamte Rennstrecke, welche nach dem Training wieder für die Öffentlichkeit freigegeben worden war. Ich war recht bescheiden geworden.
Als ich ganz kleinlaut aus dem Wagen kletterte, meinte Bernd nur: »Du Schäfchen, das war nun, weiß Gott, Kinderei. Aber ich verpflichte mich, dich, wenn du mal im Rennwagen mitkommst, ohne eine Rekordzeit zu fahren, ohnmächtig an der Box abzuliefern!«
Ich bildete mir immer ein, alles andere als zimperlich zu sein. Aber nach der eben exerzierten Probe ins unreine hätte ich keine Zehntausend-Mark-Wette gegen meinen Mann angenommen. Leider haben wir nie die Probe darauf machen können. Denn das einzige Mal, ein Jahr später, als mich Bernd in seinem Trainingswagen auf der Kante hockend über den »Ring« mitnahm, hatte ich Gründe, ihn zu bitten, die Versuche im Augenblick doch lieber einzustellen.

is

n Deutschland

Die schönsten Tage auf dem Ring sind eigentlich immer die Vortage eines Rennens. Wer sich für Trainingszeiten interessiert, sitzt irgendwo bei Start und Ziel und stoppt privat; wer für das Innere der Maschinen Interesse hat, pürscht um die Försterei, wo die Daimler-Benz, oder um die Halle hinter den Tribünen, wo die Auto Union (übrigens sehr komfortabel) , oder um die Boxen im Rennfahrerlager, wo die anderen wirken. Es gibt da ja viel Geheimnisse, aber das eine oder andere erfährt man doch. Und wer, als früher selbst Beteiligter, im Herzen eine leichte Sympathie sich bewahrt hat für den kameradschaftlichen Fahrbetrieb, der vor Jahren herrschte, als noch das Hauptkontingent der Mitglieder des „Wanderzirkus", wie man sie nannte, die Privatfahrer waren, der kommt bestimmt auf seine Rechnung. Sie hängen alle an dem Ton der Motoren, die um ebensoviel lauter geworden sind, wie sie ihre PS-Zahl vermehrt haben, an dem Geruch des Rennöls und an dem ganzen Drum und Dran. Und darum trifft man sie dort und traf sie auch 1936.

Rosemeyer macht sich fertig zum Start. Frau Elly scheint sehr zuversichtlich

phot. Presse-Bild-Zentrale

Am Abend siedelten wir in das stille Eifelstädtchen Bad Daun über, damit sich Bernd in Ruhe und Abgeschiedenheit auf das 500-Kilometer-Rennen konzentrieren konnte. Beinah alle Mitglieder der zahlreichen Familie Rosemeyer, an der Spitze Mutter und Vater, dann Bruder Job, die Schwestern Leni und Mia sowie Onkel Edu, erwarteten uns schon.

***

Der 26. Juli war der dreizehnte Tag nach unserer Verheiratung. Na, wenn das kein gutes Vorzeichen war!
Bernd hatte wieder einmal geschlafen wie ein unbekümmertes kleines Kind. Als ich die Jalousien hochzog, blinzelte ich in die strahlende Morgensonne. Es war wunderschön! Ich war froh darüber, denn für Bernd würde es bei dem langen Rennen über 500 Kilometer nicht so anstrengend sein wie bei nasser Strecke – obwohl er ja bewiesen hatte, daß er auch bei Regen und Nebel gewinnen konnte. Den Gedanken an einen Sieg schob ich vorerst einmal ganz weit von mir. Bernd sollte nur gut und heil durchkommen, wenn ich das erste Mal dabei war.

Ludwig ist auf dem Posten;
jeden Moment muß sein Rosemeyer kommen.

Der »Schnurrbiber«, Herr Dietrich, von der Continental

Am Tag vorher hatte ich den jungen Nachwuchsfahrer Ernst von Delius wieder getroffen, mit dem Bernd viele Stunden auf seinen früheren Rennreisen – noch ohne mich – verbracht hatte. Ich hatte ihn vorher nur kurz bei unserer Trauung kennengelernt. Er war ein netter, amüsanter junger Mann mit viel Esprit.
Nach dem Frühstück setzten wir uns in Bewegung zum über 30 Kilometer entfernten »Ring«. Die Anfahrtstraße war total überfüllt und verstopft. Überall wurde Bernd von begeisterten Menschen begrüßt, die natürlich jeden Fahrer kannten. 350000 Menschen hatten sich zur 22,81 Kilometer langen Rennstrecke des Nürburgrings auf den Weg gemacht – ein Rekordbesuch. Später war ich ja auf allen Rennen der Welt mit dabei, eine solche Besucherzahl habe ich jedoch nie wieder erlebt.
Während ich an Bernds Seite saß, der sich das Fahren nicht nehmen ließ, obwohl er das ganze Rennen noch vor sich hatte, fragte ich mich ab und zu: Benimmst du dich nun eigentlich richtig wie eine Rennfahrerfrau? Müßtest du nicht deinen Mann eigentlich aufheitern und ablenken vor so einem Rennen? Woher sollte ich das denn wissen? Aber da Bernd sich genau so benahm wie sonst auch, genau so auf »die Affen, die wieder mal nicht rechts fahren«, und so weiter schimpfte, ließ ich mir deshalb keine grauen Haare mehr wachsen!

Trotz aller Staus und Verstopfungen waren wir lange vor dem Start am »Ring«. War das ein Theater um meinen lieben Bernd! Es erinnerte mich an meine Erlebnisse vor Antritt meiner vielen Flüge. Überall stolperte er über Bekannte, die alle glaubten, ihm noch unbedingt die

Bernd mit seinem Freund Tazio Nuvolari, der 1936 den Großen Preis der USA gewann.

Hand zum »Hals- und Beinbruch« drücken zu müssen. Da wird es schon manchmal schwer, noch einigermaßen freundlich und verbindlich zu sein, wenn es einen vor innerer Spannung fast zerreißt!
Die letzte Stunde wollte überhaupt nicht vorübergehen, es war eine Qual. Selbst ich konnte mich vor Menschen nicht retten, die alle noch ihre guten Wünsche anbringen wollten. Ich hätte mich am liebsten in eine dunkle Ecke verkrochen, bis endlich gestartet wurde.
Kurz bevor es losging, als die Wagen schon zum Start gerollt wurden und die Fahrer sich in der Nähe hielten, verabschiedete ich mich von Bernd. Mir war gar nicht so sehr sportlich und schneidig zumute, wie ich es mir gewünscht hätte! Ich schalt mich »dumme Gans«, aber es half alles nichts. Ich hatte Angst.
»Du brauchst wirklich keine Angst zu haben um mich, ich riskiere nichts; aber wenn alles klargeht, dann gebe ich dir immer ein Zeichen.«
Dann kletterte ich mit meinen Gedanken auf die Plattform über den Boxen, wo mich beim Start möglichst wenig Leute beobachteten.
Eine halbe Minute vor 11 brüllten 20 Motoren auf. Warum denn so viele? Und die alle auf dieser schmalen Rennstrecke? Von mir aus hätten ruhig 15 davon zu Hause bleiben können! Dann hätte es mir vielleicht Spaß gemacht – das Zusehen.
Endlich – das rote Licht leuchtet auf, Bruchteile von Sekunden später der für alle erlösende Startschuß!
Ich bekam für einen winzigen Augenblick weiche Knie, wie ich meinen Bernd mit der Nummer 4 aus der dritten Reihe, wo er durch die Auslosung gestanden hatte, nach vorn schießen sah. Die Wagen hatten schon ein höllisches Tempo drauf, als sie bei uns vorbeikamen, und lagen nur – so schien es – um Zentimeter auseinander. Oh, da war Fliegen doch solider, selbst im Wettbewerb. Lieber, lieber Bernd, ich will immer und immer anerken-

Zwangloser Trainingsbetrieb. Hans Stuck gibt Bernd einige Tips.

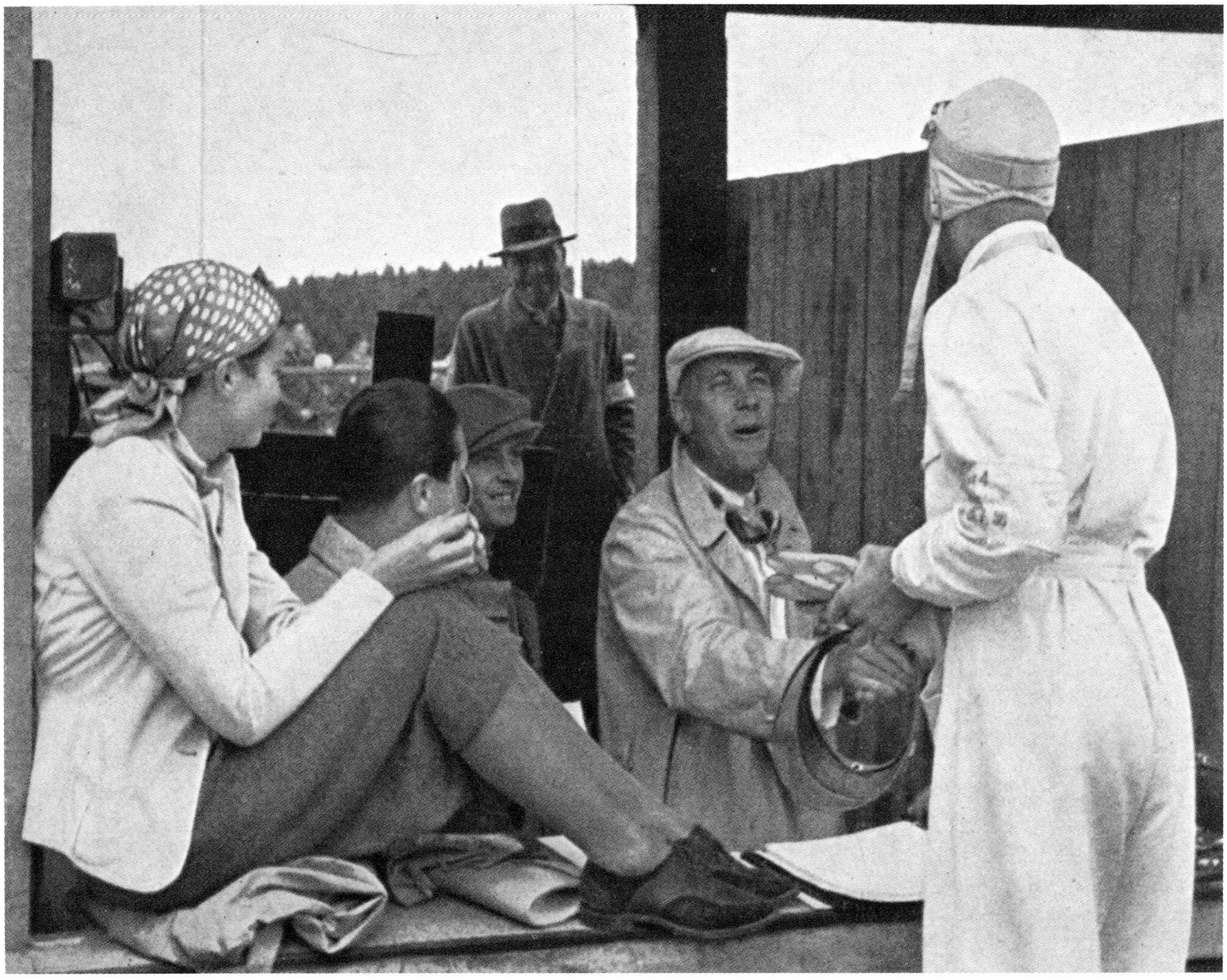

nen, daß du es schwerer hast und viel mehr leisten mußt, gelobte ich innerlich.
Da kamen sie schon wieder alle 20 auf der Gegengeraden hinter den Boxen nach dem Passieren der Südkurve zurückgedonnert – ich war so benommen, daß ich die Reihenfolge gar nicht recht mitbekam. Außerdem mußte ich erst schnell die Tränen hinunterschlucken.
Nun herrschte zehn Minuten Ruhe, nur unterbrochen durch die Funkansagen der einzelnen Posten auf der Strecke. Und das soll ein Mensch 22 Runden durchhalten! Dann wirklich lieber selbst fahren, schoß es mir durch den Kopf. Aber hier sitzen und warten – nein, das war nichts für mich.

Nennungsliste zum Großen Preis von Deutschland

Auto Union

Stuck	Deutschland
Varzi	Italien
Rosemeyer	Deutschland
v. Delius	Deutschland

Mercedes-Benz

Caracciola	Deutschland
v. Brauchitsch	Deutschland
Chiron	Frankreich
Fagioli	Italien
Lang	Deutschland

Alfa-Romeo

Nuvolari	Italien
Graf Brivio	Italien
X	Italien
Dreyfus	Frankreich
Sommer	Frankreich

Maserati

Cholmondeley-Tapper	England
Seaman	England
Graf Trossi	Italien
Zanelli	Frankreich

Bugatti

Rens	Holland
Wimille	Frankreich

Es dürfte nicht nur die Rennfahrer, sondern auch die AAZ-Leser interessieren, wie hoch die Geldpreise für die Sieger im Großen Preis von Deutschland für Rennwagen sind. Es erhalten:

der Sieger	RM 20 000.—
der Zweite	RM 10 000.—
der Dritte	RM 5 000.—
der Vierte	RM 2 500.—
der Fünfte	RM 1 500.—
der Sechste	RM 1 000.—

Start des Rennens am Sonntag, den 26. Juli 1936, vorm. 11 Uhr. Schluß des Rennens voraussichtlich gegen 15.15 Uhr.

Für die, die nur am Radio dabei sein können:
Ausschnitte aus dem „Großen Preis von Deutschland" werden am 26. 7. über den Deutschlandsender ab 10.45 Uhr und weiterhin ab 13 Uhr als Programmeinlagen übertragen.

Der Nürburgring mit Steh- und Sitzplätzen
(Die besten Stehplätze sind durch einen Strich gekennzeichnet)

PREISE:

	Tageskasse
Numerierte Tribüne	20,20
Unnumerierte „	15,20
Promenadeplatz	8,20
Terrassenplatz	5,20
Südkehre	3,10
Waldplatz	1,10
Parkplatzkarte für Wagen	3,00
Parkplatzkarte für Motorräder	1,50
Parkplatzkarte für Fahrräder	0,50

In allen Eintrittspreisen ist der Beitrag für die „Stiftung Kraftfahrerdank" enthalten.

Eintrittspreise für den „Großen Preis von Deutschland"
phot. v. Stavenhagen

9

Ein gutes Gespann: Bernd und sein Chefmechaniker Ludwig Sebastian

Übrigens, wo war denn meine Stoppuhr? Mal sehen, wann sie kommen mußten.
Stucks Frau, die Paula, beobachtete mich belustigt.
»Ja, weißt du, da sitzt man nun Sonntag für Sonntag jeden Sommer und hofft, daß alles gut geht. Jünger und schöner wird man auch nicht dabei. Komm, setz dich her und hilf mir bei meiner Liste. Ich habe seit Jahren jede Runde notiert, die überhaupt gefahren wurde, gleich ob im Training oder im Rennen. Sag mir die Reihenfolge der Nummern, wie sie durchkommen.«
Hatte die Frau eine Ruhe! Ob ich das jemals erreichen würde?
Aber wenigstens äußerlich hatte ich mich jetzt einigermaßen in der Gewalt. Über den Boxen auf der Plattform stand Bernds Vater, der mir, wenn ich hinaufsah, beruhigend zuwinkte. Das tat gut!
Die Voranzeige leuchtete auf. Nummer »4«? Nein, die »14« führte nach der ersten Runde, Manfred von Brauchitsch auf Daimler-Benz. Aber jetzt, die nächste Zahl. Die »4«! Nun hörten wir auch schon die Kompressoren heulen, erst das hohe Singen des Mercedes, unmittelbar dahinter ein Wagen der Auto-Union. Bernd, Gott sei Dank! Gleich sah ich ihn noch mal auf der Gegengeraden und – tatsächlich, er sah mich: Er legte zwei Finger an die weiße Kappe. Heißt das nun wirklich »alles in Ordnung«?
Aus der zweiten Runde kam Bernd als Erster zurück. Bernd, mein Mann, führte im Großen Preis von Deutschland. Du, ich drücke mir die Daumen kaputt!
Ja, war er denn wahnsinnig geworden? Die Lautsprecher meldeten, daß er in der dritten Runde bereits 20 Sekunden vor den ihm folgenden Lang, Carratsch und Stuck lag. Brauchitsch war durch Boxenstop auf den letzten Platz zurückgefallen. Wie lange sollten das die Reifen aushalten?

Bernd mit dem Mercedes-Spitzenfahrer Manfred von Brauchitsch.

»Du brauchst keine Angst haben um mich ...«

Kurz vor dem Start

Im Geist schlug ich mir auf den Mund, daß ich mit meiner winzigen Rennerfahrung schon anfing zu kritisieren.
Die dritte Runde beendete Bernd mit 9 Minuten 56,3 Sekunden. Neue Runden-Rekordzeit auf dem »Ring«. Mir war es schleierhaft, wie man das machte, übrigens Fachleuten auch!
»Dunnerwetter, der Herr Rosemeyer drückt aber heute heftig auf die Tube«, grinste Ludwig, Bernds Monteur, zu mir herüber.
Der ganze »Ring« klatschte wild Beifall, als die Zeit durchgegeben wurde. Vor und hinter den Boxen lauerten unsere Mechaniker, um festzustellen, ob die Protektoren dieses Tempo auch durchgehalten hatten. Aber noch

schimmerte nichts Weißes hervor, soweit ich im Vorbeihuschen sehen konnte.
In der vierten Runde kam die sensationelle Nachricht, daß Caracciola auf der Strecke durch Panne ausgeschieden war. Bedauerlich, damit war einer der Hauptgegner nicht mehr dabei. Aber es waren immer noch 15 andere da, die meine »4« jagten!
Was ich nie für möglich gehalten hätte, trat ein: Die Zeit verging wie im Fluge. Das Feld hatte sich sehr auseinandergezogen. Wir waren kaum mit unserer Liste fertig, da kam auch schon wieder die Spitzengruppe mit Bernd, Nuvolari, Stuck, Chiron und Delius, der auf den sechsten Platz vorgerückt war.
Siebte Runde. Schon war über eine Stunde vergangen, und Bernd sollte Reifen wechseln. Dr. Feuereissen hatte angeordnet, daß Bernd zweimal halten sollte, während unsere anderen drei Fahrer möglichst versuchen sollen, mit *einem* Wechsel durchzukommen.
Leise, mit abgeschaltetem Motor rollte Bernd an. Ich fetzte von meiner Box herunter und sprang an den Wagen, wollte Bernd etwas sagen, vielleicht eben seine Hand berühren.
»Weg!« schrie da Feuereissen.
Ich trat entsetzt zur Seite. Bernd ist doch mein Mann!
Die Monteure arbeiteten wie die Maschinen. In 42 Sekunden waren beide Hinterreifen gewechselt, war getankt, und schon war Bernd wieder weg. Die Monteure bekamen Riesenapplaus.
Während ich mir auf der Unterlippe herumbiß und mir den Kopf zerbrach, warum ich denn nicht ein Wort mit Bernd hatte sprechen dürfen, trat Dr. Feuereissen an meine Seite. »Hat Ihnen denn Bernd nicht gesagt, daß Sie den Wagen nicht anfassen dürfen? Ja, um Gottes willen! Er hätte sofort disqualifiziert werden können, wenn ein anderer als die erlaubten Helfer den Wagen angerührt hätte. Da hätten Sie etwas Schönes anrichten können.«
Das soll nun ein Mensch wissen! Na, nun wußte ich ja für die Zukunft Bescheid, man würde mich nicht wieder anbrüllen müssen! Bernd hätte mir das nun wirklich vorher sagen sollen. Das hätte ja unsern ersten deftigen Krach geben können.
Bei uns herrschte jetzt Hochbetrieb, und die Zuschauer gegenüber auf der großen Tribüne wußten nicht, wohin sie zuerst sehen sollten; Nuvolari, Trossi und Brivio mußten auch Reifen wechseln, dazwischen ebenfalls Bernds Stallkamerad von Delius. Caracciola war inzwischen zu Fuß in seiner Box eingetroffen!
Während des Tankens der Nummer »4« war Lang an die Spitze gegangen, mußte sich aber schon nach zwei Runden wieder abhängen lassen und hielt nach der zehnten Runde zum Reifenwechseln und Tanken.
»Nanu, guck mal«, sagte plötzlich Paula Stuck, die ihre Augen überall hatte. »Was machen die denn da?«
Ja, tatsächlich. Ich hatte bei meiner Konzentration auf Bernd gar nicht gesehen, daß Carratsch in den Wagen von Lang umstieg, der bisher ein unerhört schneidiges Rennen gefahren war.
Ich kam mir vor wie bei einem Boxkampf, wenn ich die Augen zumachte. Das Publikum protestierte laut durch Pfeifen und mächtiges Schimpfen, während der neue Mann am Steuer der »20« abfuhr.
Ich muß zugeben, ich war auch wütend. Wenn ein junger Nachwuchsfahrer schon so hervorragend fuhr und kämpfte, dann sollte man ihm doch auch eine Chance geben! Ich beruhigte mich mit meinen 350000 Gesinnungsgenossen erst wieder, als der Lautsprecher verkündete, Hermann Lang habe sich einen Finger gebrochen und müsse sich in ärztliche Behandlung begeben. Na also, dann war ja alles in Ordnung. Denn man los, Carratsch!
Zwischendurch mußte ich viel an den kleinen Ernst von

Das Rennen läuft. 350 000 Menschen verfolgen das Rennen an der Strecke.

Delius denken. Bei seinem Tankaufenthalt hatte ich seine klagend dem Rennarzt Dr. Glaeser entgegengestreckten Hände gesehen. Herrgott, sahen die aus! Eine riesige Brandblase neben der andern, verschiedene davon schon aufgegangen. Wie mußte das weh tun. Autorennen war eben kein Sport für zarte, junge Mädchen und Muttersöhnchen. Hoffentlich nützten die neuen Handschuhe, die man ihm zugeworfen hatte. Und der kleine Ernst kämpfte tapfer weiter, hatte sich nach hartnäckigem Kampf auf den fünften Platz, gegen Chiron auf Mercedes vorgeschoben, wie uns laufend von der Strecke gemeldet wurde.

Ich kam mir in meiner Box mit den Stoppuhren klein und bescheiden mit meiner ganzen Fliegerei vor. Das war wirkliche Leistung, was ich hier sah.

Bernd führte weiter, jetzt schon über zwei Minuten vor Nuvolari. Bei jedem Vorbeikommen legte er seine zwei Finger an die Mütze. Meine Beklemmung hatte sich fast

gelegt. Nun hatte er ja freie Bahn, konnte fahren, wie er wollte. Daß es bis zum Schluß so weitergehen könnte, wagte ich mir nicht auszumalen. Noch waren zehn Runden, über 220 Kilometer zu fahren... »Und ehe nicht gebetet wird, ist die Kirche nicht aus«, pflegte Bernd zu sagen.

Dreizehnte Runde. Bernd, ob du wohl an unsere Dreizehn denkst?

Die Anzeige zeigte »18«, Chiron. Aber er kam nicht. Wo bleibt Chiron? Die alles beobachtende Paula beugte sich etwas nervös vor. Die Doettinger Höhe hatte er doch noch passiert. Hatte er eine Panne?

»Achtung, Achtung! Chiron ist durch Sturz ausgeschieden. Er hat sich an der Antoniusbuche überschlagen. Wir geben Ihnen weiteren Bescheid.«

Ich sah mich in meiner Umgebung um. Ein schwerer Unfall! Unheimliches Raunen war in all den Boxen. Einige Männer von Daimler-Benz machten sich auf den Weg zur Unfallstelle.

Neun Runden hatte Bernd noch zu fahren. Ob er etwas gesehen hatte? Mit Sicherheit nicht, denn er lag ja einige Minuten vor Chiron. Und bis er wieder durchkam, würde man die Unfallstelle geräumt haben...

Mir war so, als ob die Sonne weniger hell schien. Die romantische Silhouette der Nürburg hatte plötzlich etwas Drohendes bekommen, der Lärm auf der Tribüne war verstummt.

»Achtung, Achtung! Wir können Ihnen zu unserer Freude mitteilen, daß der Sturz Chirons für den Fahrer offensichtlich keine ernsten Folgen hat. Er ist bei Bewußtsein und wird zur Untersuchung ins Krankenhaus Adenau gebracht.«

Wir atmeten auf. Als dann mein Bernd nach der vierzehnten Runde grüßend und etwas verhaltener fahrend bei uns vorbei kam, winkte ich ihm ganz glücklich zu. Jetzt waren nur noch elf Wagen im Rennen. Den Rest hatte der »Ring« schon kaputtgemacht. Caracciola hatte auch auf Langs Wagen wieder ausscheiden müssen, und dann war Nuvolari auch ausgeschieden.

Stuck lag jetzt hinter Bernd. Prima; unsere Auto-Union, für deren Farben wir nun doch kämpften, hatte jetzt zwei Eisen im Feuer! Beruhigend dieser Stand auch für Bernd, der ja immer Schilder mit Zeichen gezeigt bekam. Er hatte nicht mehr ganz allein die Verantwortung. Denn hinter Stuck lag Brivio auf Alfa Romeo, ein Italiener, der sicher auch zu gern einmal den Großen Preis von Deutschland gewinnen wollte!

Herrgott, was war doch das Fliegen für eine ruhige, solide Angelegenheit!

Bewegung bei uns. »Paßt auf, Delius hält!«

Während in rasender Eile getankt wurde, hielt Ernst mit schmerzverzerrtem Gesicht seine armen zerrissenen, blutenden Hände empor.

Ernst von Delius, unser Freund.

»Kinder, ich kann das Steuer nicht mehr halten! Ist denn niemand da, der meinen Wagen übernehmen kann??« Seine Augen bettelten. Ich hätte nicht mehr leiden können, wenn das da meine eigenen Hände gewesen wären.
»Delius, wenn es irgend geht, fahren Sie weiter. Wir müssen unsere Wagen ans Ziel bringen. Fahren Sie etwas langsamer, aber halten Sie durch.«
O Gott, Herr Rennleiter und ihr andere! Wie könnt ihr so unerbittlich und herzlos sein! Der Junge kommt ja um vor Schmerzen.
Delius biß die Zähne zusammen und gab Gas. Plötzlich hatte ich einen Riesenrespekt vor diesem kleinen Mann mit dem ehrlichen Kindergesicht.
Jetzt hatte ich alle Zeit der Welt zum Nachdenken. »Meiner« lag ganz klar vorne. Wenn er keinen Maschinenschaden hatte, dann mußte er nach Adam Riese dieses Rennen gewinnen. Plötzlich ertappte ich mich dabei, daß ich dachte: »Ja, so furchtbar schlimm ist es nun auch wieder nicht«, und gab mir in Gedanken selbst eine Ohrfeige. Ich brauchte mir nur noch einmal die Sekunden des Starts und des ersten Teils der ersten Runde vorzustellen, wie die ineinanderverkeilte Meute mit dem ohrenbetäubenden Krach an uns vorbeischoß – nein, es war mehr, als man normalen Menschen zumuten konnte! Es hätte mich interessiert, einmal die allerinnersten Gedanken meines Mannes lesen zu können. An mir hatte er eine Frau, die weiß Gott anerkannte – aber erst nach eingehender, verständnisvoller Prüfung –, daß eine Leistung wirklich des Lobes wert war. Sicher gab es viele Tausende von Frauen in Deutschland, die ihn schon für die reine Tatsache, daß er sich traute, über dreihundert Stundenkilometer zu fahren, von morgens bis abends angebetet hätten. Wenn Bernd auch nicht das geringste auf die Meinung seiner Umgebung über seine Handlungen gab – war doch irgendwie für einen Mann eine so bedingungslose Anerkennung nicht sehr reizvoll? Schließlich wischte ich diese vollkommen unzweckmäßigen Gedanken beiseite. Aber dafür mußte ich immer wieder an den dramatischen Sieg Nuvolaris im vorigen Jahr in der letzten Runde gegen den vorher ewig führenden Brauchitsch denken. »Ehe nicht gebetet wird, ist die Kirche nicht aus...« Vater Rosemeyer kletterte von seinem Plafond zu uns herab.
»Elly, der Junge, der schafft es wieder einmal! Du, was die Mutter drüben auf der Tribüne eine Freude haben wird. Ihr Junge!«
»Lieber Vater, bitte heb deine Begeisterung auf, bis er durchs Ziel ist, er hat noch über dreißig Kilometer zu fahren.«
Strahlend und grüßend beendete Bernd eben seine einundzwanzigste Runde. Ob ihm wohl die halb wund gedrückten Daumen von uns allen durchhalfen? Gut drei Minuten nach ihm passierte Stuck, sicher weitere vier Minuten vor Brivio liegend. Viel konnte zumindest der Auto-Union nicht mehr passieren.
Die letzte Runde im Großen Preis von Deutschland 1936. Warum war ich eigentlich so rührselig? Wieder mußte ich mich zusammennehmen, daß mir die Tränen nicht herunterkullerten. Der Lautsprecher berichtete von der märchenhaften Triumphfahrt meines Mannes um den ganzen »Ring« herum, und das alles untermalt von einem riesigen Jubel.
Wir warteten auf unsere Sieger. Die »4« leuchtete auf an der Anzeige. Und dann kam er. Als er die Ziellinie überfuhr warf ihm Hühnlein den Lorbeerkranz zu.
Und nun mußte ich mich herumdrehen, denn die Tränen kullerten wirklich. Jetzt erst löste sich die unbeschreibliche Spannung der letzten vier Stunden etwas. Ich kam mir schrecklich überflüssig vor; und wenn nicht alles nach mir gerufen hätte, um die unvermeidlichen Fotos des frischgebackenen Ehemannes und Siegers mit mir zusammen zu machen, dann hätte ich jetzt am liebsten allein einen kleinen Marsch durch die Wälder der Eifel gemacht.
»Du, ist das ein Hochzeitsgeschenk, das ich dir da nachträglich überreiche?« strahlte mich Bernd relativ

frisch, aber völlig verdreckt an. »Was? Das war ein Ding!«
Bernd wurde halb zerissen, Sekt schwabbelte über – wie gern hätte er sicher einen Pott Bier getrunken! Ich verdrückte mich auf die Seite. Stuck rollte ein, genau so bejubelt, und schon wurden beide weggeschleppt ans Zielhaus.
Ich wartete auf den kleinen Ernst. Nach Hasse, bei seinem ersten Start für die Auto-Union gleich auf dem vierten Platz, kam schon von Delius. Zu seiner großen Überraschung wurde er, während schon alles auf der Tribüne war, von mir mit einem Kuß auf die Backe empfangen. Dann bekam er von uns eine ganz private kleine Siegerrede.
»Ernstchen, Donnerwetter, das soll dir mal einer nachmachen« – ich sagte einfach »Du« zu ihm. »Heute mit diesem fünften Platz unter diesen Bedingungen hast du dich in die Spitzenklasse hinaufgefahren!«
Delius sah mich mit seinen hübschen blauen Augen, in denen noch so etwas wie getrocknete Tränen saßen, schon wieder lachend an. »Es war aber auch elend schwer, das kann ich dir, Verzeihung, Ihnen sagen.«
»So, Kleiner, nun mal raus und auf die Tribüne! Unsere vier Pferdchen müssen doch beieinander sein, alles wartet auf Sie. Die Hände verbinden wir nachher. Nun haben Sie es so lange ausgehalten, da wird es auch noch eine halbe Stunde länger gehen. Doktor Glaeser pappt nachher was drauf.«
An die Preisverteilung, schloß sich eine kleine Siegerehrung bei Major Doehmer, dem »Vater des Nürburgrings«,

Dr. Feuereissen signalisiert Bernd

Bernd fährt als Sieger über die Ziellinie.

ERGEBNISSE:

1. Bernd Rosemeyer 3:48:39,3 = 131,65 km/st auf Auto Union.

2. Hans Stuck 3:52:36,2 = 129,5 km/st auf Auto Union.

3. Brivio (Italien) 3:57:05 = 127 km/st auf Alfa Romeo.

4. R. Hasse 3:59:19,1 = 125,9 km/st auf Auto Union.

5. Fagioli-Caracciola 3:49,1 = 1 Runde zurück, auf Mercedes-Benz.

Der Kronprinz gratuliert Bernd

Bernd mit dem Preis, der anscheinend schon für Mercedes gefertigt worden war, wie man am Wagen im Lorbeerkranz erkennen kann.

6. von Delius, 1 Runde zurück, auf Auto Union.
7. v. Brauchitsch-Lang, 1 Runde zurück, auf Mercedes-Benz.
8. Trossi (Italien), 1 Runde zurück, auf Maserati.
9. Sommer (Frankreich), 3 Runden zurück, auf Alfa-Romeo.
10. Cholmondeley - Tapper (England), 4 Runden zurück, auf Maserati.

»Hans, da bin ich durch die ›Fuchsröhre‹ geschossen!«

Ein Eis nach all der Aufregung!

an. Bernd saß unbekümmert unter all der versammelten Prominenz, als ob er auch nur Zuschauer wäre. Zufällig tat ich einen Blick auf die inneren Flächen seiner Hände.
»Bernd, aber du hast ja auch alles voller Blasen!«
»Ja, denkst du denn, man gewinnt einen Großen Preis im Spazierengehen! Das ist garantiert bis zum nächsten Sonntag wieder in Ordnung. Aber du glaubst nicht, wie die Biester weh tun, besonders bei den ewigen Schlägen des Steuerrades!«
Es sollte noch eine Weile dauern, bis wir uns langsam durch die immer noch voller Begeisterung ausharrenden Menschenmassen zu unserem Horch hindurchgezwängt hatten. Endlich starteten wir nach Daun, wohin die ganze Rosemeyerei schon vorgefahren war. Abends blühte uns dann noch eine weitere Siegesfeier: die der Auto-Union, die in diesem Rennen mit dem Doppelsieg und der Tatsache, daß alle gestarteten Wagen ins Ziel gekommen sind, eine überwältigenden Erfolg errungen hatte.
Bernd hatte immer noch nicht genug vom Fahren. »Laß nur, die Reaktion kommt erst später, morgen wahrscheinlich. Das ist immer so. Warte mal ab, wie ich heute abend noch in Form bin. Du, aber unsere Dreizehn, damit hat es wieder mal gestimmt. Heute mit dem Großen Preis hab' ich nämlich außerdem die deutsche Straßenmeisterschaft gewonnen.«

* * *

Die Dauner Jugend hatte ihrem Bernd einen wunderschönen Empfang vorbereitet mit Gedichten und selbstgepflückten Blumensträußchen. Abends brachte die

Feuerwehr ein Ständchen. Diese Begeisterung zu beschreiben, dazu fehlen mir einfach die Worte. In mitten dieses ganzen Tubels vergaß Bernd aber nicht, wem er unter anderem seinen Erfolg zu verdanken hatte. Da waren vor allem seine Monteure: »Mensch, wenn die nicht wären, dann wäre es wohl dünn mit den Siegen. Du mußt sie erst mal näher kennen, da ist jeder mit seinem ganzen Herzen dabei, als ob er selbst im Rennwagen säße. Ihnen kommt es nicht darauf an, ob mal zwei Nächte durchgearbeitet werden muß. Und mit denen gehe ich jetzt erst einmal einen schmettern. Du kommst doch mit?«

Bernd am Balkon des Dauner Rathauses

»Taifuns« Feuertaufe

Nicht ganz drei Wochen waren wir jetzt verheiratet. Bernd war bereits in Italien, beim Training zum Rennen um die Coppa Ciano in Livorno – nein, ich durfte jetzt nicht darüber nachdenken, ob es richtig war, daß ich meinen seit Monaten vorbereiteten Flug über drei Erdteile ausgerechnet in einem Tag jetzt, vielleicht im unpassendsten Moment, durchführen wollte. Die Entscheidung war gefallen. Bernd hatte erklärt: »Was man sich fest vorgenommen und vorbereitet hat, muß man auch durchführen. Ich weiß, du hast bei Beginn der Vorbereitungen nicht gewußt, daß du so schnell weggeheiratet werden würdest. Darum mußt du den Flug durchführen – aber bitte möglichst rasch, und fall mir nicht ins Mittelmeer. Und dann untersteh dich jemals wieder, weiter weg als fünfhundert Kilometer ohne mich zu fliegen! Ich lasse mich sofort scheiden.«

So vergnügt, wie sich das alles anhörte, war ihm aber bestimmt nicht zumute bei dieser Geschichte, und darum auch seine Forderung: wenn überhaupt, dann sofort. Wir waren beide Menschen, die, wenn es nötig war, ein »Ende mit Schrecken«, einem »Schrecken ohne Ende« vorzogen.

Sonntag, den 2. August 1936. Tempelhof lag ziemlich trübselig und ausgestorben da. Die Olympiagäste waren alle schon an Ort und Stelle. Die Wetterwarte gab mir einen sehr mäßigen Wetterbericht: wenig Aussicht, auch nur bis Budapest durchzukommen. Ich wollte dort landen, um zu testen, ob das Tanken auf dem schnellen Rückflug auch funktionieren würde.

Eines stand fest: Ich wollte weg, und ich mußte weg. Morgen abend schon konnte Bernd wieder in Berlin sein, und sein Opfer, daß er allein nach Livorno zum Rennen hatte fahren müssen, würde ihm doppelt sinnlos vorkommen, wenn ich dann hier immer noch herumlungerte und noch nicht gestartet war.

Es schien wie verhext! Als endlich alles soweit klar war, stellte sich plötzlich heraus, daß die Verschraubung meines Haupttanks festgefressen war. An Start war nicht zu denken. Da die Reparaturmöglichkeiten ohne großen Zeitverlust ab Berlin von Platz zu Platz immer schlechter wurden, kam eine Reparatur nur hier in Frage.

Gegen elf Uhr war das Gewinde wieder so einigermaßen hergerichtet, und ich konnte endlich starten.

Der Wetterfrosch hatte gemeint, durch die Zittauer Senke würde ich mich wohl so gerade in die Tschechoslowakei und dann bis nach Ungarn durchmogeln können. Er hatte sich leider getäuscht, denn es war inzwischen noch schlechter geworden. In Gießbächen rann der Regen an meinen Scheiben herunter, und als ich hinter Görlitz an die Grenzberge kam, zogen sich die tiefen Wolkenfetzen unter mir zu einer soliden Decke, die wie ein alter grauer Sack aussah, zusammen.

Ein Blick zurück bestätigte meine Vermutung, daß es sich hinter mir auch zusammengezogen hatte. Ein ungutes Gefühl beschlich mich. Der Gedanke an meinen Mann, der jetzt zur selben Zeit in Italien in seinem Rennwagen um die Coppa Ciano fuhr, gab mir wieder etwas Rückgrat. Um es kurz zu machen, dieser Flug von Berlin nach Budapest am 2. August 1936 war eines der dunklen Kapitel meiner Fliegerei. Mit einer Sportmaschine ohne Funkgerät in den Bergen eines fremden Landes beinah eine volle Stunde blind zu fliegen, da konnte selbst ein Blindflieger mit viel größerer Erfahrung als ich, nicht garantieren, daß man da wieder heil herauskommt. Und das war mir alles absolut klar.

Anfangs konnte ich über der dünnen Wolkenschicht trotz des Regens noch etwas Horizontähnliches erkennen. Aber dann war ich plötzlich in der Suppe, die beiden Schichten über und unter mir hatten sich vereinigt, und zwar so unmerklich, daß es mir erst zum Bewußtsein kam, als ich bereits munter in dem schmutzigen Wattemeer umhersegelte.

Nach unten herauszugehen, traute ich mich nicht, denn die Bergspitzen neben dem Tal lagen schon alle in den Wolken. Also versuchte ich vorsichtig, mich auf zweitausendfünfhundert Meter hinaufzumogeln, um sicher über den höchsten Bergen zu sein.

Wenn ich an diese Stunde denke, als ich mit heißen Händen versuchte, meinen Knüppel ganz ruhig zu halten, um meine Maschine in der Normallage zu halten, wird mir heute noch ganz schwindlig! Dazu kam dann noch, daß ich mich irgendwann einmal entschließen mußte, nach unten durchzustoßen, denn ich konnte nicht bis ans Ende meines Benzinvorrats hier am Himmel bleiben. Und da war kein freundlicher Funker, der mir eine Meldung durchgab: »Durchstoßen, sind über östlicher Kante Flugplatz!«

Ich fühlte mich grenzenlos einsam da oben, bis ich mich nach einer knappen Stunde, als ich mir ausgerechnet hatte, daß ich dann so ungefähr am Rand der ungarischen Tiefebene kurz vor Budapest sein mußte, ganz langsam hinunterfummelte.

Hurra, ich war ein ganz großer Blindflieger! In knapp dreihundert Metern – etwas abseits sah ich immer noch die Berge in den Wolken liegen – bekam ich wieder Bodensicht und war tatsächlich nicht weit vom Donauknie kurz vor der ungarischen Hauptstadt entfernt. Innerlich war ich aber durchaus bereit, diesen blindfliegerischen Erfolg weniger auf mein Konto als auf die Hilfe eines Bataillons von Schutzengeln zu verbuchen – und schwor mir, es auch unnötigerweise nie wieder drauf ankommen lassen!

War er nicht schön mein »Taifun«?

D-I
MTT
D-IMTT

Die Vorbereitungen, die in Budapest für den Rückflug getroffen waren, machten den besten Eindruck, und nach einer kurzen Tankpause dampfte ich weiter in Richtung Istanbul. Zum Dank für das über der Tschechei ausgestandene »Fracksausen« lagen die Berge des Balkans klar und schön in der immer mehr sinkenden Nachmittagssonne vor mir. Ich war nicht weiter erstaunt, als der Mond schon hell meine Landung in Yeshilkoe, dem Flugplatz von Istanbul, beleuchtete.
Lieber Bernd, nun sind wir noch viel weiter auseinander als gestern! Wenn ich erst in Damaskus bin, fliege ich auch ganz schnell zu dir zurück! »Bon soir. Habt ihr ein Telegramm für mich?«
Dann die Enttäuschung! Keine Nachricht für mich hier auf dem Flughafen – kein Telegramm, kein Telefon.
Das Rennen in Livorno mußte ja längst zu Ende sein, und ich hatte keinen Schimmer, wie es Bernd ergangen war. Gestern abend am Telefon war seine Stimmung alles andere als rosig gewesen. Wie hatte er auf die elende Strecke geschimpft, um die man Kinder-, aber keine Grand-Prix-Wagen hetzen könne!
Den ganzen Abend wartete ich auf eine Telefonverbindung – nichts zu machen. Die Nacht verbrachte ich in einem gräßlich lauten sogenannten Hotel draußen am Flugplatz. Ich schlief kaum, zerbrach mir den Kopf über Bernd und mußte dann endgültig feststellen, daß eine aktiv fliegende Frau und ein aktiv rennfahrender Mann kein gutes Gespann seien. So konnte das nicht weitergehen! Bernd hatte ganz recht – jedenfalls wollte ich in absehbarer Zeit nicht wieder allein irgendwohin fliegen, wo man nicht von seinem Zimmer aus eine Telefonverbindung mit sämtlichen größeren Städten bekommen konnte.
Am nächsten Morgen wieder kein Telegramm, und das Telefonfräulein vom Amt erzählte mir unverständliche Dinge, die mir sehr unbefriedigend mit »gett nicht, gett nicht« übersetzt wurden.
Bloß weiter nach Damaskus! Da würde mich sicher die erlösende Nachricht erwarten. Diese Unklarheit, diese Ungewißheit! Mir war ganz elend.
Mit allen nur irgendwie herauszuholenden Pferden meines Motors hetzte ich nach dem asiatisch ländlichen Adana, und nach einer Zwangslandung aus zolltechnischen Gründen bei der Affenhitze – August am Mittelländischen Meer! – weiter nach Damaskus.
Der Militärflugplatz dort an den Ausläufern des Anti-Libanon machte einen erstklassigen Eindruck, und ich sah meinem beabsichtigten Start in der Nacht mit Frieden entgegen. Unter Zurücklassung meiner Papiere und Legitimationen drückte ich den reizenden französischen Fliegeroffizieren meinen Vogel mit dem Versprechen weiterer Erklärungen am nächsten Morgen in die Hand und sauste mit einem Taxi ins Hotel.

Innerhalb von drei Stunden hatte ich auf mein dringendes Telegramm eine dringende Antwort: »Nach der sechsten Runde aufgegeben. Komm bald. Du darfst mich nicht wieder allein lassen.« Gott sei Dank!
Dies war in meiner ganzen Zeit mit Bernd das einzige Rennen, das er nicht zu Ende fuhr und in dem er nicht placiert wurde. Viel, viel später erzählte mir Rennleiter Dr. Feuereissen, er habe Bernd am bewußten Sonntagmorgen in einer so schlechten Verfassung vorgefunden, daß er ihn beschworen habe, nichts zu riskieren, wenn er sich nicht in Form fühle, und lieber nach einigen Runden den Wagen in die Ecke zu stellen.
Und das hatte Bernd, der bedingungslose Kämpfer, getan. Wenn ich das damals geahnt hätte, ich glaube, ich hätte den Drei-Erdteile-Flug nie gemacht!

Europa – Asien – Afrika – Europa

Aber nun saß ich hier in dem zauberhaften schönen Damaskus und kabelte und organisierte mich in den nächsten Tagen halb kaputt, um reibungsloses Tanken und schnelle Zollabfertigung auf den Zwischenlandeplätzen erwarten zu dürfen. Die französische Militärfliegerei hatte sich dankenswerterweise voll und ganz zur Verfügung gestellt. Die Mechaniker gaben meinem »Taifun« den letzten Schliff für die erste Etappe bis Kairo, und die Offiziere und Mannschaften hatten mir versprochen, für ausreichende Nachtbeleuchtung des Flugplatzes bei

meinem direkt nach Mitternacht geplanten Start zu sorgen und zur Verfügung zu stehen.
Ja, und da saß ich nun hier herum, wartete auf die Bestätigungen meiner vielen Kabel durch die Shellvertreter, und Bernd besuchte – wahrscheinlich auch nicht gerade mit der allergrößten Seelenruhe, aber immerhin – die unwiederbringlichen Olympischen Wettbewerbe. Rosemeyer, mein frisch gebackener Ehemann und meine Verheiratung war für die Leute um mich herum hier in Damaskus eine undurchsichtige Angelegenheit. Alle meine Papiere lauteten auf »Elly Beinhorn«, weil in der kurzen Zeit nicht alles hatte umgeschrieben werden können, insbesondere weil die meisten Genehmigungen aus dem Ausland gekommen waren. Und diese Fliegerin erklärte nun plötzlich, sie sei ja gar nicht mehr Fräulein Beinhorn, sondern eine gewisse Frau Rosemeyer. Na, und dann wenige Wochen nach der Eheschließung gleich einen solchen Flug ganz allein zu unternehmen ...
Mir war es zu mühsam, außerdem auf französisch, das alles aufzuklären, ich wollte nur so schnell wie möglich wieder zurück nach Hause, zu meinem Mann! Ein Offizier glaubte, mich etwas über die grausame Enttäuschung meiner Heirat hinwegtrösten zu müssen. Ich begriff erst eine ganze Weile gar nicht, was er eigentlich wollte, weil ich mit meinen Gedanken meistens einige tausend Kilometer weit weg war. Und er war so aufmerksam und nett! Er wurde jeden Tag noch netter, eigentlich zu nett, mit Bernds Augen zum Beispiel gesehen. Ei weh, wenn ich mir vorstellte, was mein Mann wohl für ein Gesicht machen würde, wenn er mich hier plötzlich mit meinem eleganten Fliegeroffizier untergehakt durch das orientalische Gewimmel würde spazieren sehen! Bernd konnte in solchen Sachen, auch früher schon, sehr »komisch« werden. Ganz schnell stellte ich die Dinge klar.

Elly, hast du dir denn nun auch nicht wirklich etwas reichlich viel vorgenommen mit deinem geplanten Drei-Erdteile-Flug in einem einzigen Tag? So fragte ich mich ein paarmal des Nachts, wenn ich schlaflos in der Augusthitze bei dem arabischen Gebrüll eines Riesenlautsprechers unter meinem Moskitonetz lag.
Auf der Karte sah das eigentlich ziemlich einfach aus. Um Mitternacht weg von Damaskus, Asien. Erste Landung Kairo, Afrika. Von da aus kam allerdings das dumme Stück nach Athen, wovon beinah tausend Kilometer über das Mittelmeer führten.
Ich war, alles zusammen genommen, schon viele Tausende von Kilometern über offenes Wasser geflogen. Aber an einem Stück... Also Athen, Europa. Von da kamen dann noch die restlichen zweitausend Kilometer über Berg und Tal – viele, viele Berge – nach Berlin mit einer Tankladung in Budapest.
Es hatten eine Menge Dinge zu klappen, bis ich am Abend des gleichen Tages in Berlin endlich meinen blonden Mann in die Arme nehmen konnte! Ein Glück nur, daß ich durch meine hautpsächliche Flugrichtung von Osten nach Westen zusammen mit der Drehung der Erde um die Sonne – so war's ja wohl? – beinahe zwei volle Stunden zu diesem Tag dazu gewann. Ganz abgesehen davon, daß mein Vogel hervorragend fliegen mußte, hing eben doch enorm viel von dem präzisen Einhalten der vorgesehenen Zeiten bei den Mußlandungen ab. Mir graute bei der Vorstellung, daß der Zollonkel in Kairo vielleicht trotz aller Anmeldungen so früh noch nicht aufstand – im Vertrauen auf die Unpünktlichkeit der Weiber. Aber – man würde es eben versuchen müssen.
Meine Güte, diese Hitze!
Beim Zündkerzenwechsel war eine Kerze abgebrochen, es mußte ein Spezialschlüssel angefertigt werden, um das Ende aus dem Gewinde des Zylinders herauszubekommen. Am Dienstagabend wurde mir dann probeweise die Nachtbeleuchtung des Platzes vorgeführt. Langsam kleckerten die Kabelantworten von Kairo und Athen ein. Ich konnte damit rechnen, in der Nacht vom Mittwoch auf Donnerstag starten zu können. Dann am nächsten Abend zu Hause in Berlin zu sein, kam selbst mir etwas unwahrscheinlich vor.
Am Mittwochmittag sammelte ich meine ersten Wettervorhersagen, die mir die Militärfliegerei vorbereitet hatte. Bis Athen würde es gut sein. Für den Balkan und dann weiter nördlich sah es weniger erfreulich aus. Da war ein Tief im Anzug. Naturgemäß interessierte mich der erste Teil des Fluges vorerst am meisten. Vor allem für den Nachtflug und die Wasseretappe mußte ich gute Bedingungen haben. Wenn ich dann erst einmal wieder Land unter den Rädern hatte, dann würde ich mich schon auf irgendeine Art nach Hause durchfummeln.
Als ich ins Hotel zurückkam, fand ich ein Telegramm vor:
»Einreiche sofort Scheidung wenn Du nicht kommst stop alle Hälse und Beine der Welt sei vorsichtig

Bernd.«

***

Donnerstag, den 6. August 1936. Nun sollte es endgültig losgehen. Ich brannte darauf, wegzukommen. Den Flug hatte ich seit dem Frühjahr geplant, und was hatte sich alles inzwischen ereignet, bis ich mich an seine Ausführungen machen konnte! Langsam wurde es Zeit.
Nachmittags um fünf ging ich bei einer Affentemperatur und wegen des albernen Lautsprechers, der über ganz Damaskus brüllte, bei geschlossenen Fenstern ins Bett. Auf alle Fälle hatte ich zwei Schlaftabletten eingenommen, wie ich es schon mit Erfolg auf meinem Konstantinopel-Flug im Jahr vorher ausprobiert hatte; denn ein

tiefer Schlaf, wie ich ihn unbedingt für den vor mir liegenden Tag brauchte, erschien mir bei all den Gedanken, die in meinem Kopf kreisten, so ganz ohne »Nachhilfe« doch zu ungewiß.
Ich schlief dann auch so schnell ein, daß keine Zeit mehr war, das Licht auszudrehen – was mir übrigens genauso im Jahr vorher in der Nacht vor dem Start nach Konstantinopel passiert war. Als ich dann gegen Mitternacht geweckt wurde, fühlte ich mich herrlich ausgeruht und frisch.
Eine eigenartige Atmosphäre herrschte bei der Fahrt zum Flugplatz. Nachts in den Vorstädten des nahen Orients, in den Lehmhäusern war es jetzt, um diese heißeste Jahreszeit, nicht zum Aushalten. Darum schliefen alle Männer auf einer Decke draußen in den Eingängen und Nischen. Hier wurde doch wenigstens manchmal die entsetzliche Schwüle durch einen Luftzug unterbrochen. Am Abend dieses Tages wollte ich in Berlin, in unserem wohltemperierten Deutschland, in einer anderen Welt sein!
Draußen auf dem Flugplatz waren tatsächlich alle aufgeblieben, um sich meinen nächtlichen Start anzusehen. Im Moment hätte ich nichts dagegen gehabt, selbst Zuschauer sein zu können! Bernd, lieber Bernd, ich will doch zu dir nach Haus. Ich komme ...
»Frei!«
Beinah zwei Uhr früh Damaszener Zeit war es doch geworden, als mein »Taifun« wie befreit nach einem geraden, kurzen Anlauf entlang der aufgestellten Laternchen schließlich vom asiatischen Boden abhob, um erst wieder in Afrika zu landen.
Herrlich diese Grenzen zwischen Kontinenten wie hier der Suezkanal!
Wie sich die schmale glänzende Mondsichel im Glas meines Kabinendaches spiegelte. Vor Reflexen kann ich beinahe keinen Horizont sehen! Und ausgerechnet mein Kompaß, das wichtigeste Instrument, hatte keine selbstleuchtenden Ziffern. Die Instrumentenbeleuchtung erwies sich als zu grell – gut, daß ich wenigstens die kleine Taschenlampe mithatte.
Elly, da bist du nun ganz allein schuld! Warum hast du dich so großartig aufgespielt mit deiner Riesenerfahrung von den vielen Weltflügen usw.? Man hätte eben alles doch noch mehr vorher erproben müssen und sich nicht einfach darauf verlassen, daß man ja schon so häufig nachts geflogen ist.
Verehrter Herr Wetteronkel, Sie haben sich geirrt: So unbeschreiblich schön, wie Sie es vorgegaukelt haben, ist das Wetter nun auch wieder nicht! Vorübergehend unerfreulich wurden die Verhältnisse, als sich nach einer Weile eine unabsehbare Bodennebelschicht unter meinen Flächen ausbreitete. Da gab es nur eines: stur Kompaß fliegen, in der Hoffnung, daß sich die Wolkendecke unter mir irgendwann, hoffentlich noch vor Kairo, in Wohlgefallen auflösen würde.
Ich weiß nicht, wie ich mich da ohne Funk zurechtfinden sollte. Die Schutzengel schienen wieder auf dem Posten zu sein, vielleicht hatte Bernd sie sogar bestochen. Jedenfalls konnte ich sie gut gebrauchen, besonders auf meiner Wasseretappe, trotz des aufblasbaren Gummiboots. Diese Bodennebelschicht mußte irgendwie mit dem See Genezareth zusammenhängen, den ich gerade überflog.
Wollte es denn nie wieder Tag werden? Immer wieder schaute ich nach Osten, ob sich nicht endlich mal ein rötlicher Schimmer zeigen wollte. Wie weit war es denn noch bis Kairo! Mir lag wenig daran, nach einem Nachtstart und -flug in Asien nun auch noch eine Nachtlandung in Afrika zu bauen!
Es blieb mir nicht ganz erspart; die erste Dämmerung hatte aber den Vorteil, daß der riesige, mit roten Lampen besetzte Kegel in Almaza, dem Flughafen von Kairo, noch voll brannte, so daß ich ihn schon auf dreißig Kilometer weit sehen und den Flugplatz schnurgerade ohne Zeitverlust trotz des schlechten Lichtes ansteuern konnte.
Fünf Uhr früh und schon über dreißig Grad im Schatten! Mein armer Motor! Was haben es doch die Motoren bei uns in Deutschland gut! Und dabei kam seine eigentliche Bewährung überhaupt erst.
Ein Glück, man erwartete mich. Einige Gestalten liefen herum. Auch der rotgelbe Tankwagen war zur Stelle.
»Good morning, Miß Beinhorn. Sie waren ja eine ganze Weile nicht hier. Sie müssen etwas warten, der Zoll ist leider noch nicht hier.«
Teufel noch mal, das ging ja gut an. Meine schöne Zeit, dafür war ich um Mitternacht aufgestanden! Der Zollonkel mußte her, um jeden Preis!
»Bitte, wo ist ein Auto? Wir müssen den Zollmann holen. Ich muß weiter, sonst kann ich es nicht schaffen.«
»Wollen Sie nicht erst einen Kaffee trinen?«
Herrje, die hatten vielleicht Nerven! Außerdem hatte ich mehrere Thermosflaschen mit Kaffee an Bord.
Ein Auto war da. Hinein und zur anderen Seite des riesigen Platzes, wo dieser im Moment für mich wichtigste Mann der Welt residierte.
Hat man Worte? Da stand dieser Mann eingeseift in seinem Häuschen vor dem Spiegel, um sich für mich den Bart abzunehmen! Erst als ich sehr dringend wurde, ließ er sich überreden, den Rest einfach stehenzulassen und mit zu meiner Maschine zu kommen. Da hätte ich noch eine ganze Weile warten können. Mir wurde es immer wieder schwer, mich darauf einzustellen, daß einige Breitengrade südlicher die Menschen viel mehr Zeit haben, als wir in unserem abgehetzten Mitteleuropa nicht zu haben glauben!

Das war für einige Jahre mein liebster Platz.

Meine Maschine war inzwischen vollgetankt und startbereit. Trotzdem hatte ich für diesen ersten Aufenthalt bereits eine Viertelstunde mehr Zeit verbraucht, als vorgesehen war. Nun fehlte nur ein stundenlanger, anständiger Steam von vorn, und dann war der Traum von drei Erdteilen an einem Tag ausgeträumt!
»Thank you. Good-bye, auf Wiedersehen.«
Ab in die Lüfte. Bernd, nun mußt du mir ganz fest deine Daumen halten! Gleich kommt das große Wasser...

* * *

Neben mir auf dem anderen Sitz lag, friedlich und auch etwas vertrauenerweckend, der Sack mit dem Gummiboot, das sich von selbst aufblasen sollte, wenn es aufs Wasser geworfen würde. Mindestens vierundzwanzig Stunden sollte es schwimmen. Ich hatte es mir von der Lufthansa ausgeliehen. Es war schon recht beruhigend so ein »en-tout-cas«, auf einer größeren Wasseretappe bei sich zu haben.
Von Kairo bis Alexandria hatte ich noch eine Gelegenheit, meinen Kompaß und die Windverhältnisse genau zu prüfen. Das Wetter war herrlich – aber heiß, unvorstellbar heiß! Ich kletterte auf zweieinhalbtausend Meter hinauf, um meinem Motor eine kleine Freude zu machen. Er dankte es mir. Wie der lief! Als ob er wüßte, wie sehr es jetzt darauf ankam.
Unter mir segelten kleine Wölkchen, der Horizont war

verwischt. Ganz schön anstrengend für die Augen auf die Dauer.
Wasserstrecken haben mich immer nur gestört, solange ich sie vor mir hatte. War ich einmal richtig vom Ufer weg, dann fühlte ich jedesmal eine Bärenruhe in mir, die mir die Überzeugung gab: Es kann nicht schiefgehen.
Ich hatte so furchtbar viel zu denken, ganz abgesehen von der unbeschreiblichen Vorstellung, abends bei Bernd zu Hause zu sein. Ach du, ich wünsche dir nur, daß deine Rennstrecke dir auch so viel gibt wie mir meine Luft!
Nach zweieinhalb Stunden begann ich mich aber trotzdem zu wundern, wo nun eigentlich die östliche Spitze der Insel Kreta blieb, die ich mit meinem Kompaßkurs ansteuerte. Kreta konnte doch nicht vom Meer verschluckt sein! Es gab nur zwei Möglichkeiten: Entweder hatte ich starken Gegenwind, oder mein Kurs stimmte nicht. Ich wurde ganz schön nervös. Auf alle Fälle drehte ich etwas westlich bei.
Nach über drei Stunden, die im wahrsten Sinne des Wortes »verflogen« waren, zeigten dicke Wolkenbildungen vor mir die Nähe von Land an. Meine Vermutung stimmte: Es war die Küste von Kreta, dick in Wolken gehüllt. Ich sah nur einen flüchtigen Schimmer von bergigem Ufer durch ein Wolkenloch und war beruhigt. Aber nur teilweise. Denn die bis hierher verflogene Zeit bewies, daß ich einen mächtigen Gegenwind genau auf die Schnauze hatte. Das konnte ja heiter werden auf meinen weiteren Tausenden von Kilometern!
Der Rest der Wasserstrecke war jetzt nicht mehr so aufregend. Überall lagen freundliche Inselchen in Sichtweite herum, die Zykladen; darunter Syros, Paros, Naxos – im Geiste repetierte ich schnell ein bißchen griechische Geschichte, was eben noch so von der Schule hängen geblieben war. Und wenn ich da hinunter mußte, würde man mich sicher rechtzeitig herausfischen.
Mit erheblicher Verspätung landete ich in Athen, rollte an die Halle und wollte mit doppeltem Tempo beim Tanken den Zeitverlust wieder aufholen.
»So können Sie unter keinen Umständen weiterfliegen. Sehen Sie sich dahinten an, wie das Blech in Fetzen herunterhängt. Ja, der Steinschlag hier beim Rollen auf unserem herrlichen Platz, der hat es in sich. Was glauben Sie, wer hier schon alles geflucht hat.«
War das das Ende? War damit der ehrgeizige Plan des Drei-Kontinente-Fluges gestorben? Herrgott, sollte denn alles umsonst gewesen sein, all die Mühen, Sorgen, der Aufwand, die Entbehrungen, das Risiko? Was würden alle sagen, die mir geholfen hatten? Und was würde Bernd sagen?
Ja, da hatten wir's. Bernd, der würde natürlich nicht locker lassen, solange es noch den Funken einer Möglichkeit gab. Na, und ich?
In meine Überlegungen hinein sagte der Vertreter der Lufthansa: »Passen Sie auf, meine Monteure schweißen Ihnen das. In einer Stunde können Sie weiterbrausen. Vielleicht schaffen Sie es noch. Das Wetter ist allerdings nicht berauschend.«
Während ich Brote aß und Kaffee trank, bekam mein »Taifun«-Schwänzchen einen provisorischen Verband. Ich sah auf die Uhr, rechnete und überlegte. Würde es noch klappen? Nur nicht nachdenken, was nun noch alles dazwischenkommen konnte – und diese Hitze? In solchem Moment kann man sich einfach nicht vorstellen, daß man so oft im Leben schon schrecklich unter Kälte gelitten hatte.
Fertig? Reparatur ausgeführt, Papiere geprüft, getankt – alles klar.
»Gehen Sie nach dem Start nicht genau auf Kurs, fliegen Sie um den Berg herum. Unsere dreimotorigen Jus hängen hier manchmal an heißen Tagen um die Mittagszeit wie die reifen Pflaumen in der Luft, soweit man da überhaupt noch von Luft sprechen kann.«
Gleich nach dem Start, als ich meine volle Motorleistung gebrauchte, um die ersten fünfhundert Meter zu schaffen, merkte ich, wie angebracht dieser Vorschlag hier war. Aber dann ging es besser, als ich gedacht hatte. Langsam wurde es etwas kühler, und das entsetzliche Brennen meiner Augen ließ ein wenig nach.
Allmählich wurde ich ruhiger. Alles lief wie am Schnürchen, und bei der Landung auf dem Budapester Flughafen Matyasföld klappte alles so ausgezeichnet, daß ich viel von der verlorenen Zeit wieder aufholte. Der Shellwagen stand neben dem Landekreuz, der Zollmann direkt daneben – ich brauchte nicht einmal bis zur Abfertigung zu rollen. Schon nach zehn Minuten war ich startbereit. Nur weiter! Lange hatte ich ja nicht mehr zu fliegen. Einmal ging ja auch dieser lange Tag zu Ende. Etwas brummte mir doch der Kopf von dem stundenlangen Gelärme meiner zweihundertundsiebzig Pferdchen.
Auf der letzten Etappe mußte ich an meinen Rückflug vom Eintagsflug nach Konstantinopel denken. War das ein Hundewetter gewesen! Bis zur Minute meiner Landung in Tempelhof wußte ich damals nicht, ob ich ohne Funk nach Berlin durchkommen würde, denn die Wolken hingen bei strömendem Regen bis auf den Boden herunter. Na, und erst mein Hinflug nach Damaskus?
Da hatte ich dieses Mal doch leichtes Spiel und konnte ein Fazit meines Fluges ziehen.
Als ich die deutsche Grenze überflog, rechnete ich mit mir selbst ab. Der Flug war ordentlich gewesen. Eine deutsche Sportmaschine hatte drei Erdteile im Laufe eines Tages angeflogen. Das war immerhin etwas. Die Öffentlichkeit würde nicht wesentlich Notiz von diesem Flug nehmen, denn in den ersten Tagen der Olympiade gab es Wichtigeres zu berichten. Darum ging es auch

nicht. Ich hatte diesen Flug machen wollen und hatte ihn durchgeführt – trotz aller Schwierigkeiten, die sich durch die Umstellung wegen meiner Heirat ergeben hatten. Die Fachleute und potentiellen Interessenten würden trotzdem erfahren, was die Maschine geleistet hatte, und das war ja das wichtigste bei meiner Arbeit. Es ist keine falsche Bescheidenheit, wenn ich sage: die Maschine; denn viele Piloten hätten genau denselben Flug gemacht, wenn sie die Möglichkeit dazu gehabt hätten. Was von mir kam, das war die Idee. Und wenn sich ein Kunde mehr wegen dieses Fluges eine deutsche Maschine kaufte, dann war der Zweck vollkommen erfüllt. Ich konnte zufrieden sein und – Fliegen ist ja so wunderschön!

Lieber, braver »Taifun«! Du hast deine Feuerprobe bestanden! Froh und dankbar flog ich in Tempelhof einen Ehrenkringel über den vielen blumenschwingenden Menschen, die mich erwarteten. Ich habe laut gesungen dabei.

Als ich nach dreitausendsiebenhunderfünfzig Kilometern am Landekreuz aufsetzte, rannte mir natürlich gegen alle Vorschriften der Luftpolizei quer über das Rollfeld mit wehenden blonden Haaren mein Bernd entgegen und sprang ohne Rücksicht auf den laufenden Propeller auf meine Fläche. Als er mich durch das offene Kabinenfenster halbtot gedrückt hatte, würgte er heraus: »Gratuliere! Aber jetzt darfst du nie wieder allein von mir wegfliegen.«

Berlin-Tempelhof. Wie schön, wieder zuhause zu sein!

SCUD. FERRARI
SCUD. FERRARI
SCUD. FERRARI

STANDARD
50

Siege über Siege

Langsam, aber sicher blieb uns beiden die Spucke weg, um mit unseren Berlinern Wahl-Landsleuten zu sprechen.

Gut, man konnte ein oder auch zwei, vielleicht sogar drei große Rennen in einer Saison gewinnen. Aber daß es so am laufenden Band weiterging mit den Siegen, das wurde uns beiden – durch viele Jahre Sport an Kummer gewöhnt – langsam unheimlich. Genauer: vor allem mir, denn Bernd stand zu sehr im Banne der Ereignisse. Jedesmal ging er wieder so »mit allem drin« in das nächste Rennen, daß er sich über diese unwahrscheinlichen Erfolge viel weniger Gedanken machte als ich oder Tausende mehr oder minder abseits Stehende. Trotzdem – als selbstverständlichen Lohn für seinen Einsatz nahm auch Bernd seine Siegesserie nicht hin. Gott sei Dank war er zu intelligent und rennerfahren, um immer vor Augen zu haben, daß ein Grand Prix im Automobilrennsport nicht allein durch die Fahrkunst und Einsatzbereitschaft des Fahrers gewonnen wird – o nein. Dazu gehörte außerdem vor allem erst einmal ein Motor, der bis zum Ende der letzten Runde durchhielt und – eine Riesenportion »Glück«. Ohne diese beiden Faktoren konnte der beste Fahrer der Welt Rennen fahren wie ein junger Gott und trotzdem nicht gewinnen!

Heute kann ich es ja sagen: Mir graute in dieser Saison manchmal vor dem Glück meines Mannes, und nur Bernd mit seiner lachenden Selbstverständlichkeit ließ mich nicht dazu kommen, lange über den möglichen Neid des Schicksals nachzudenken. Und je länger ich mit Bernd zusammenlebte, desto mehr zwang er mich zu der Überzeugung, daß Menschen wie er das Schicksal einfach meistern konnten, und immer wieder meinte er lächelnd: »Siehst du, ich hab' es doch gewußt und immer gesagt, daß du mir Glück bringen würdest. Hätten wir eher geheiratet, dann wäre die Ruhmesserie wahrscheinlich noch etwas länger gewesen.«

Also, dieses Jahr, in dem wir heirateten, hatte es in sich. Sieben Siege, einen zweiten und einen fünften Platz hatte Bernd nach Hause gefahren. Dazu kamen die drei Meisterschaften: die Deutsche Straßenmeisterschaft, die Deutsche Bergmeisterschaft und, als höchste aller Ehren, der Europameistertitel, der heute wohl dem Weltmeistertitel entsprechen würde. Das war eine ganze Menge!

Hinter diesen Titeln und Preisen verbargen sich viele Tausende von Meilen im Zweihundert-, Dreihundert-Kilometer-Tempo, manche Qualen und Leiden wie schmerzhafte Blasen an den zerrissenen Handflächen, angesengte Fußsohlen – gar nicht zu sprechen von der schier unvorstellbaren Zerreißprobe der Nerven. Denn geschenkt wurde einem auch damals nichts. Da wartete immer die Konkurrenz nur auf den Moment, in dem sie ihre Chance wahrnehmen konnte.

* * *

Mein »Taifun« hatte keine Zeit, sich lange auf seinen asiatisch-afrikanischen Lorbeeren auszuruhen. Bereits wenige Tage nach meiner Rückkehr starteten wir in Richtung Italien. Wir landeten in Ancona, da Pescara keinen Zivilflugplatz hatte. Es ging um die »Coppa Acerbo«, wo Bernd im Sommer vorher trotz eines kleinen »Umwegs« durch den Straßengraben den zweiten Platz gemacht hatte.

Auf dem Flugplatz erwartete uns Ludwig mit dem Horch. Spätabends kamen wir ziemlich kaputt in Pescara in unserem Hotel an.

Noch zu Hause hatte ich Bernd nach den Hotelverhältnissen dort gefragt. »Och«, hatte er gemeint, »ganz anständig; sehr gut sogar, ein großes Hotel liegt direkt am Strand.«

Das war vielleicht ein »Hotel«. Direkt vor der Nase befand sich das Zentrum des Nachtlebens, und die Zustände in den Zimmern selbst waren eine Zumutung!

Ich verhielt mich so, wie Rennfahrerfrauen sich nie verhalten sollten. Ich machte Krach und das vor einem solchen Rennen! Schließlich setzte ich mich durch und – wir zogen um.

»Mach, was du willst«, hatte Bernd nur geknurrt, aber dann war er wieder gut.

Kurz vor dem Rennen hatte Daimler-Benz seine Nennungen überraschend zurückgezogen. Die Wagen waren nicht in Ordnung, hieß es, und unser Hans Stuck hatte im Training einen aufregenden Unfall an einer »Schikane« gehabt und konnte wegen seiner Verletzungen nicht starten.

Gleich zu Beginn des Rennens setzte sich Nuvolari unter dem tosenden Jubel seiner Landsleute an die Spitze, dicht von Varzi und Bernd gefolgt. Aber bereits in der vierten Runde konnte Bernd am führenden Nuvolari vorbeigehen. Bis zum Schluß des Rennens, in dessen Verlauf er nur einmal zum Tanken an die Boxen mußte, blieb er unangefochten an der Spitze. Seine Reifen wechselte er in dem ganzen Rennen, das bei einer Bodentemperatur von 43 Grad Celsius über die Distanz von 412,8 Kilometern – bei einem Durchschnitt von 139,17 Kilometern – ging, nicht. Von den gestarteten zwölf Wagen kamen nur fünf ans Ziel. Die Plätze hinter Bernd belegten Delius und Varzi, ebenfalls auf Auto-Union.

Über 412 Kilometer ohne Reifenwechsel zum Sieg.

Dreifacher Auto-Union-Sieg in der Coppa Acerbo

Ergebnisse:

1. Rosemeyer (Auto Union) 2:57:57,4 Stunden = 139,174 km/st; 2. v. Delius (Auto Union) 3:04:18,0; 3. Varzi (Auto Union) 3:05:01,3; 4. Brivio (Alfa-Romeo) 3:05:06,4; 5. Rüesch (Alfa-Romeo) drei Runden zurück.

und belegten in der Reihenfolge Rosemeyer, v. Delius und Varzi die drei ersten Plätze. Während die Asse der Scuderia Ferrari, Nuvolari, Farina und Dreyfus, dauernd Anstände mit ihren Alfa-Romeos hatten, so daß sie schließlich bis auf den von Störungen

Anschließend gönnten wir uns zwei ruhige Tage in einem schönen Hotel am Lido! Dann flogen wir nach Bern zum Großen Preis der Schweiz.
Bernd freute sich auf dieses Rennen ganz besonders, weil die große Konkurrenz, Daimler-Benz, diesmal auch mit von der Partie sein würde. Ich hatte ein leises Grauen vor diesem Kurs, weil der schwere Unfall von Geyer hier vor zwei Jahren allen noch vor Augen stand. Die Strecke war unheimlich schnell. Diese so einfach aussehenden leichten Kurven, wurden mit über zweihundert Kilometern gefahren.
»Du, paß hier höllisch auf, denn wenn du bei dem Tempo koppheister gehst, kann ich dir nicht viel versprechen«, sagte Bernd vor Beginn des Trainings zu unserem »Kleinen«, Ernst von Delius, mit dem er jeden einzelnen Teil der Strecke durchging.
Die Rundstrecke im Bremgarten-Wald lag Bernd sehr, was sich schon in den hervorragenden Zeiten zeigte.
Am Abend vor dem Rennen meinte er zu mir: »Wetten, daß bei den 509 Kilometern mehr als die Hälfte auf der Strecke bleibt?« Ich verzichtete darauf, dagegen zu halten. Aber als das Rennen zu Ende war, hatte Bernd mehr als recht behalten. Von siebzehn gestarteten Wagen hatten schließlich nur ganze fünf das Ziel erreicht.

Der Start war auf 13.30 Uhr angesetzt, und wir hatten, wie alle andern Fahrer, rechtzeitig ein leichtes Essen im Hotel bestellt. An solchen großen Renntagen gehören die Hotels ausschließlich den Fahrern und allen, die zum Rennbetrieb gehören. Im Speisesaal saßen sie alle, diese Männer, denen die Frauenherzen überall zufliegen, in ihren Overalls mit den um den Hals hängenden Brillen bei Tisch.
Wir saßen mit einigen ausländischen Freunden und Delius zusammen. Bernd war unter der reichlich vergnügten wurschtigen Oberfläche sehr kribbelig und nervös. Ich wußte, ehrlich gesagt nicht recht, was ich mit ihm anfangen sollte.
Ich konnte mich doch nicht hinsetzen und seine Hände streicheln. Es lag Explosives in der Luft.
Ich versuchte so etwas wie Konversation an unserem Tisch aufrechtzuerhalten. Erzählte Einzelheiten vom Vormittagstraining.
»Erzähl doch nicht Dinge, von denen du nichts verstehst!« fuhr Bernd plötzlich so scharf, wie ich ihn noch nie gehört hatte, dazwischen.
Aus und vorbei war es mit meiner bisher mühsam bewahrten Ruhe. Mein Ton war nun auch alles andere als verbindlich. »Mein Lieber, wenn ich dir in Gegenwart anderer immer in die Parade fahren wollte, wenn du einen Fehler machst, dann würde nicht sehr viel von deiner Unterhaltung übrigbleiben.«
Der Satz war noch nicht heraus, da hätte ich viel gegeben, wenn ich ihn hätte ungesagt machen können. Aber nun war es passiert. Bernd verstummte, Delius und die anderen versuchten, den Eindruck unserer Auseinandersetzung zu verwischen – aber es war nicht mehr zu retten.
In meinem Kopf tobten die Gedanken. Wie kann Bernd mich so vor den anderen anfahren? Nein, das durfte ich ihm nicht durchgehen lassen, und wenn zehnmal ein Rennen bevorstand!
Schweigend fuhren wir durch die überfüllten Straßen zur Strecke, schweigend kamen wir in den Boxen an, wo Bernd mich schweigend verließ, um Kollegen und Presse, und was so alles da war, zu begrüßen. Sollte er! Ich dachte nicht daran, gegen meine Überzeugung nachzugeben, nur wegen des Rennens.
Die ersten Motoren donnerten los zum Probelauf. Gleich kam der Start. Natürlich würde Bernd sich noch verabschieden kommen. So konnte er doch nicht ins Rennen gehen! Das war unmöglich. Herrgott, wenn ihm was passierte!
»Die Rennfahrer werden gebeten, sich an ihre Wagen zu begeben«, verkündete der Lautsprecher. Ich suchte Bernd. Er stand vorn bei den Alfas, schon auf halbem Weg zum Start. Jetzt sah er mich, machte einige Schritte in meine Richtung, schüttelte den Kopf und kehrte um. Bernd, willst du das wirklich tun? Das kann doch nicht dein Ernst sein!
Weg war meine Vernunft. Ganz schnell lief ich an die Alfa-Box.
»Bernd, hör doch, du kannst doch so nicht ins Rennen gehen! Du, wegen so einer Albernheit kannst du doch nicht böse mit mir in den Rennwagen steigen!« Tief grub ich meine Nägel in seine Hände.
Schimmerte da nicht etwas Feuchtes in Bernds Auge? Und schon brach sein strahlendes Lachen schon wieder hervor. Nachdenklich sah er mich an, ganz durch mich hindurch. »Dank dir schön, halt mir den Daumen! Auf Wiedersehen nachher.« Mit beiden Händen winkend sprang er dann wie ein kleiner Junge zum Start.
Mir fielen Zentnerlasten von der Seele.

* * *

Bernd gewann den Großen Preis der Schweiz. Im Rennen hatten sich einige sehr erregende Momente ergeben.
Caracciola ging nach dem Start an die Spitze, und Bernd legte sich schon in der dritten Runde hinter ihn – mit einer Sekunde Abstand. Wir warteten gespannt auf die Meldungen von der Strecke, wann er ihn überholt haben würde. Zu unserer Überraschung passierten beide in derselben Reihenfolge die Tribüne. Bernd drohte heftig

»Bernd, ich drück' dir die Daumen!«

zum Zeichen des Protests. So ging es Runde für Runde weiter. Ich war ganz schwach vor Aufregung. Unser Rennleiter ging zu den Zielrichtern, um zu hören, was los war. Dort waren inzwischen von den Streckenposten telefonische Meldungen eingegangen, daß Carratsch die blaue Fahne, das Zeichen zum Vorbeifahrenlassen, bekommen hatte. Nun wurde ihm von dem Schweizer Leiter des Rennens noch einmal eine Fahne gezeigt, die bedeutete, daß er Bernd passieren lassen solle. Jetzt endlich ließ er ihn vorbei, schnell legte Bernd einen immer größer werdenden Vorsprung zwischen sich und seinen Verfolger. Caracciola mußte später ausscheiden.
Nach dem Rennen kam Bernd, noch kochend vor Wut, zu uns zurück. »Dem werde ich es sagen, das kann ich euch flüstern! Die Rennen sind doch gerade gefährlich genug, als daß man das Risiko noch künstlich vergrößern muß. Himmeldonnerwetter, das war nicht nötig.«
Ich erzähle diesen Vorfall nur, weil er für Bernd so typisch war. Er konnte nicht, und wenn er dafür hätte sterben müssen, ein ihm – wie er glaubte – angetanes Unrecht einfach hinnehmen und aus diplomatischen Gründen ein freundliches Gesicht dazu machen.
Als wir uns umgezogen und abends zur Preisverleihung hinunterfahren wollten, ergab ein unglücklicher Zufall, daß wir mit Carratsch und dessen Schwester im Fahrstuhl zusammentrafen. Auch er schien nicht gerade be-

Technischer Rückblick auf den schnellen Schweizer Grand Prix

Die Ergebnisse:

1. Bernd Rosemeyer (Auto Union) 3 : 09 : 01,6.
2. Achille Varzi (Auto Union) 3 : 09 : 54,2.
3. Hans Stuck (Auto Union) 68 Runden in 3 : 10 : 41.
4. Fagioli (Mercedes-Benz) 68 Runden in 3 : 11 : 04,8.
5. Ernst Hasse (Auto Union) 66 Runden in 3 : 11 : 02,8.

Ein kurzer Blick informiert den an den Entscheidungskämpfen der Rennwagen interessierten Beobachter dahingehend, daß der „Große Preis der Schweiz" auf der rund 7 Kilometer langen, kurvigen, aber fast flach verlaufenden Bremgartenstrecke in Bern im Jahre 1934 von Auto Union mit einem Durchschnitt von 140,1 Kilometer gewonnen wurde. Das Jahr 1935 brachte einen Mercedes-Benz-Sieg mit 144,7 Kilometer Durchschnitt des Siegers. Im Jahre 1936 gewinnt wieder die Auto Union mit 161,7 Kilometer Durchschnitt. Diese Durchschnittssteigerung gibt allerdings ein unrichtiges Bild. In den beiden Jahren 1934 und 1935 wurde der schweizerische Grand Prix zur Hälfte bei strömendem Regen ausgefahren. Dagegen brachte der diesjährige Rennsonntag trockenes Wetter und damit eine griffige Rennstrecke über die Gesamtdauer des Rennens.

Bernd Rosemeyer — heute der beste Rennfahrer der Welt!

phot. Schirner

Die schnellsten Runden auf der Berner Strecke lassen sich daher eher vergleichen, um die Steigerung der Fahrleistung unserer Rennwagen übersehen zu können. Im Jahr 1934 fuhr Momberger auf Auto-Union-Rennwagen 150 Kilometer Durchschnitt in seiner schnellsten Runde, die auf trockener Straße gefahren wurde. Im nächsten Jahr erreichte Caracciola auf Mercedes-Benz-Rennwagen 159 Kilometer Durchschnitt in der schnellsten Rennrunde und dieses Jahr konnte Rosemeyer auf dem Auto-Union-Rennwagen 169,6 Kilometer Durchschnitt in der schnellsten Runde erzielen. Die entsprechenden Rundenzeiten sind von 2,51 Minuten (1934) auf 2,41 Minuten (1935) auf 2,34,5 Minuten (1936) zurückgegangen.

Fünf Rennwagen haben das 500 Kilometer lange Rennen dieses Jahres im ganzen beendet, vier Auto-Union-Rennwagen auf dem ersten, zweiten, dritten und fünften Platz und ein Mercedes-Benz-Rennwagen auf dem vierten Platz. Alle übrigen Konkurrenten schieden wegen Maschinenschäden oder anderen Defekten aus, von denen weiter unten die Rede sein soll. Alle fünf deutschen Rennwagen liegen noch über dem Streckenrekord des Vorjahres und haben auch alle in ihren schnellsten Runden während des Rennens Zeiten unter der Rekordrunde des vorigen Jahres gefahren.

Bernd Rosemeyer, der bei diesem „Großen Preis der Schweiz" sein Meisterstück geliefert hat, schlug ein derartiges Tempo ein, als er an die Spitze des Feldes gelangt war, daß kein anderer Konkurrent mehr zu folgen vermochte. Rosemeyers Auto-Union-Rennwagen unterschied sich in nichts von den Wagen seiner Stallkameraden. Rosemeyer war aber der einzige, der ihn bis zur Grenze auszufahren vermochte. Wenn wir Caracciola als Fahrer mit Rosemeyer gleichsetzen (wogegen heute keiner von beiden etwas einwendet), so ergibt sich, daß Rosemeyer mit dem

geistert zu sein von dieser Zusammenkunft, und ich zitterte vor dem Kommenden.
»Na, Kleiner«, meinte Caracciola, »das hast du ja gut gemacht. Ich gratuliere auch.«
Das war zuviel für meinen Bernd. »So, finden Sie? Jetzt will ich Ihnen mal was sagen: Sie hätten mich schon viel früher überholen lassen müssen!« fuhr er los. Ich hätte mich in ein Mauseloch verkriechen mögen. Ich hatte das Gefühl, daß der elende Fahrstuhl überhaupt nicht weiterkam.
Sowie das Fahrstuhl-Gefängnis endlich anhielt, schoß ich sofort hinaus, während die Auseinandersetzung zwischen den beiden Männern noch eine Weile, Gott sei Dank ohne mich, weiterging.
Als Bernd später zu mir zurück kam, meinte er: »Das mußt du doch verstehen. Ich hätte das alles, was ich durch Runden hindurch geflucht habe, nicht hinunterwürgen können. Also, das kann ich nicht. Ich muß schon offen meine Meinung sagen können. Nun, jetzt weiß er wenigstens, wie er mit mir dran ist.«
Das war Bernd Rosemeyer. Aber gerade wegen seiner Schwächen – denn seine manchmal mangelhafte Beherrschung war eine Schwäche – hatte ich ihn so gern. Das war alles bei seiner einzigartigen Begabung – lange nicht nur auf dem Gebiete des Rennsports – zur Abrundung seiner Persönlichkeit nötig. Es sagte einmal jemand so treffend über ihn: »Er ist eben aus einem Stück.«
Oft unerhielten wir uns noch darüber, wie Bernd mich damals bei Tisch ungerecht angefahren hatte; und viel später sagte er einmal: »Weißt du, ich bin dir unendlich dankbar, daß du seinerzeit über deinen Schatten gesprungen bist. Ich hätte es in dem Augenblick nicht gekonnt, nicht für eine Million in Gold, und wenn sonst was passiert wäre.«
Ja, guter Bernd, du hast dir nie den Kopf darüber zerbrochen, nachdem du mich einmal bekommen hattest, daß auch ich vorher eigentlich immer mit Erfolg genau und ausschließlich das getan hatte, was mir Spaß machte...

Um die Geschichte mit Caracciola zu Ende zu bringen: ein halbes Jahr später, als wir uns nach einem Empfang, wo wir Rennleute alle an einem Tisch saßen, ließ Bernd der alte Streit keine Ruhe.
»Du, ich kann mit dem Rudi nicht an einem Tisch sitzen, wenn ich soviel gegen ihn hab'. Ich muß mit ihm sprechen. Es wäre ja doch noch schöner, wenn zwei deutsche Spitzenfahrer sich nicht vertragen könnten. Mensch, er kann doch so viel, und vielleicht hat er mich damals in Bern wirklich nicht gesehen.« Echt Bernd!
Die Auseinandersetzung endete am nächsten Morgen um sieben Uhr früh in unserer Wohnung. Und ich glaube, nicht nur wir unmittelbar Beteiligten, sondern auch Brauchitsch und Ernst Henne, die dabei waren, hatten das

Nach dem Sieg im Großen Preis von Bern.

Gefühl, daß hier eine Kameradschaft unter zwei Könnern geschlossen wurde, die das Heute und Morgen überdauern würde.

* * *

Dieser Rosemeyer, ließ mich aus den Überraschungen nicht herauskommen. Und alles, was er tat, machte er mit einer solchen Selbstverständlichkeit, daß man beim Danebenstehen das Gefühl hatte: Hier rollt eine Entwicklung und ein Menschenleben so unheimlich folgerichtig ab, daß alles einfach so sein mußte.
Am Sonntag nach Bern hatte er schon wieder im Großen Bergpreis von Deutschland zu starten, und Rennleiter Dr. Feuereissen sagte ihm abends, er möchte doch spätestens Donnerstag, möglichst aber schon am Mittwochabend, in Freiburg im Breisgau sein.
»Sie werden lachen, ich fahre morgen direkt mit meinem Horch hin. Dann lasse ich mir ein Motorrad kommen und wetze so lange den Berg rauf und runter, bis ich die

Strecke im Schlaf kenne. Bergrennen sind eine reine Trainigssache.«

Langsam bekam ich den Mund wieder zu. Das war ja großartig! Nun hatte ich mich so auf eine triumphale Rückkehr mit meinem Mann nach Berlin, beladen mit all den Silberpötten der letzten gewonnenen Rennen, gefreut – und Bernd hatte immer noch nicht genug!

Abends setzte mir Bernd auseinander: »Du hast Glück, daß ich dich freiwillig für zwei Tage nach Berlin gehen lasse. Außerdem mußt du mir allerlei Sachen mitbringen; da ich jeden Morgen um sechs draußen auf der Strecke sein werde und gar nicht weiß, ob und wann ich in die Stadt hereinkomme, kann ich dir beim besten Willen nicht zumuten, da herumzusitzen. Aber wehe dir, wenn du am Donnerstag nicht da bist. Dann geht das offizielle Training los, und da kann ich sowieso nur ein paar Stunden täglich fahren. Weißt du, ich habe fast keine Erfahrung in Bergrennen. Aber mir ist absolut klar, daß man die Sekundenbruchteile, um die es sich bei unseren gleichschnellen Wagen handeln wird, nur durch allergenaueste Kenntnis der Strecke und durch Training und immer wieder Training gewinnen kann. Und Vater Rosemeyers Jüngstem soll keiner nachsagen können, daß er erwartet hat, der Freiburger Bergrekord würde ihm in den Schoß fallen. Du, ich darf aber trotzdem nicht daran denken, wie gern ich mit dir kurz nach Berlin gekommen wäre. Aber das nützt nun nichts! Dienst ist Dienst.«

Interessant war, daß Dr. Feuereissen Bernds riesiger Eifer gar nicht mal so besonders begeisterte. Er hatte starke Bedenken, ob das »wilde Training« ohne Absperrung der Strecke nicht eine große Gefahr für seinen Schützling darstellte.

Aber Bernd ließ sich nicht von seinem Programm abbringen. »Gehen Sie nur ruhig inzwischen nach Zwickau, Feuerfresser. Ich fahre ganz vernünftig, bis die Strecke gesperrt ist; ich will mir doch nur jeden Meter genau einprägen. Und wenn ihr dann alle wieder da seid, dann zische ich euch einen vor, der sich sehen lassen kann.«

* * *

Ernst von Delius nahm mich beiseite: »Du, Elly, wenn Bernd nichts dagegen hat, würdest du mich dann im Flugzeug mit nach Berlin nehmen?«

»Klar, Ernst; aber Bernd muß einverstanden sein. Ich mag nicht gern so einfach über ihn weg arrangieren, er kann dann manchmal sehr komisch sein.«

Bernd fand unsere Idee, gemeinsam nach Berlin zu fliegen, ausgezeichnet und fuhr uns im Horch mit seinem Ludwig, fertig ausgerüstet für Freiburg, zum Flughafen.

Man hatte den Eindurck, als ob dieses märchenhafte Augustwetter nie aufhören könnte, und ich machte ein etwas dummes Gesicht, als die Wetterstelle mir den Bericht in die Hand drückte mit einfach hoffnungslosen Voraussetzungen nördlich des Mittelgebirges. »Ich glaube nicht, daß Sie es schaffen werden, es verschlechtert sich von Stunde zu Stunde. Aber Sie haben ja viel Erfahrung, wenn es nicht geht, werden Sie schon rechtzeitig landen oder umkehren.«

»Ach was, sie kommt durch«, meinte Bernd etwas unfreundlich zu dem besorgten Wetteronkel.

Und dann rauschten Delius und ich ab, nachdem ich noch schnell einen kleinen, zärtlichen Sturzflug auf Bernd in seinem Horch eingelegt hatte.

Ernst flog zum erstenmal in einer Privatmaschine. »Elly, Mensch, Bernd muß mich auf seiner Fliegerschule anmelden. Ich lerne auch fliegen. Du, das ist ja enorm! Man kann ja von Italien bis Deutschland sehen.« Die Szenerie war auch wirklich zauberhaft. Zum Greifen nah schien das Jungfrau-Massiv. Hinter uns lag der Montblanc, alle die Schneeberge bestrahlt von einer dunkel-goldenen Sonne, die sich im Neuchâteler See spiegelte.

Ernst von Delius war vollkommen hingerissen, und ich verstand ihn. Ich hatte solche Eindrücke auch selbst irgendwann zum erstenmal erlebt, und sie hatten in ihrer Wirkung auf mich bis heute nicht nachgelassen.

Aber nur war ich mir heute ziemlich klar, daß das dicke Ende nachkommen würde.

Im Laufe der nächsten Stunde wurde mein Fluggast wesentlich ruhiger. Denn mit der Sicht wurde es immer mäßiger. Schließlich kamen wir auch genau, wie der gute Wetterfrosch vorausgesagt hatte, an den südlichen Rand eines endlosen Frontalgewitters, das durch den Nordwind schon weiter auf uns zugeblasen worden war und uns südlich des Thüringer Waldes erreichte. An links fahrenden Autos wenige Meter unter uns konnten wir feststellen, daß wir uns über tschechischem Gebiet befanden. Gleichzeitig ging mein Benzindruck immer wieder auf Null zurück. Ich will es kurz machen. Es wurde ein schlimmes Wetter. Am ärgsten wurde es, als wir schließlich nach endlosem Herumfransen zwischen in Wolken liegenden Bergen das wegen des schwarzen Regenhimmels stockfinstere Elbtal erreichten. Ich hielt mich nur an eins, was mir der Wettermann in Bern auf die Seele gebunden hatte: »Wenn Sie nicht durchkommen, weichen Sie nur nach Osten aus.«

Ernst hatte, so glaubte ich, in diesem Moment sein Leben so ziemlich abgeschrieben. Aber es wäre übertrieben, wenn ich behaupten wollte, daß mir so besonders wohl zumute war. Das hing vor allem mit dem Benzindruck zusammen. Eine Störung wohl, denn Betriebsstoff hatte ich noch reichlich. Und eine Motorpanne hier im gewundenen Elbtal, keine hundert Meter hoch, war das, was uns gerade noch fehlte.

Bei strömendem Regen und tiefen Wolken schlängelten wir uns mühselig bis nach Dresden hindurch, wo man

wegen des finsteren Wetters schon die Beleuchtung auf dem Flugplatz angezündet hatte, und starrten beide wie gebannt auf den Benzindruckmesser. Jedesmal, wenn er so lange auf Null gestanden hatte, daß der Brennstoff nun eigentlich wegbleiben mußte, pendelte er plötzlich für eine Weile wieder auf Nullkommazwei. Es war nervenaufreibend!
Als wir endlich gelandet waren, meinte Ernst von Delius, aufatmend: »Du, dafür fahre ich lieber drei Große Preise! Aber schön war es doch. Und lernen muß ich das auch. Und nun laß uns mal überlegen, wen wir hier anpumpen können; oder hast du vielleicht noch deutsches Geld?«
Ich hatte keins, weil wir ja direkt von Bern nach Berlin hatten durchfliegen wollen, und so nahmen wir uns erst einmal ein Taxi auf Pump, bis uns eine freundliche Tante von Ernst aus der Patsche half.
Im Hotel, wo man mich von vielen Vorträgen kannte, fragten sie uns dann aufgeregt und begeistert: »Doppelzimmer für Sie und den Herrn Gemahl?«

* * *

Pünktlich, wie bestellt, landete ich am Donnerstagmittag auf dem Flugplatz in Freiburg, nachdem ich vorher einen kleinen Haken zum Schauinsland, wo die Rennstrecke lag, geschlagen hatte.
Ich war ganz schön überrascht, als mich auf dem Flugplatz ein zünftiger Bursch, mit Gamsledernen bekleidet, in die Arme schloß. Jesus, das war ja mein Mann! Älter und reifer schien er inzwischen auch nicht gerade geworden zu sein.
Bernd strahlte nur so. »Du, stell dir vor, ich Bergbaby hab' schon heute früh einen neuen Bergrekord mit 94,7 Kilometer Durchschnitt hier aufgestellt. Siehst du, es hat sich gelohnt, daß ich gleich hergefahren bin; jeden Morgen um sechs hab' ich angefangen. Der Hans, der wird staunen über das Kuckucksei im Freiburger Nest. Du glaubst nicht, wie ich mich freue, daß ich am Berg auch so schnell bin. Das ist nämlich eine reine Spezialität, und ein erstklassiger Rundstreckenfahrer kann hier volkommen versagen. Denn du mußt dir vorstellen, er fährt im Alleingang ohne Konkurrenz, nur gegen die Stoppuhr. Das ist verdammt schwer.«
Ernst von Delius war auch zurückgekommen. Er sollte den zweiten Wagen der Auto-Union fahren. Die große Klasse war schwach besetzt. Daimler-Benz hatte abgesagt, und nun startete außer unseren beiden nur noch Brivio auf Alfa Romeo in unserer Klasse. Hans Stuck, der bisherige Bergmeister, der sich in Freiburg einer unerhörten Popularität erfreute, startete dieses Mal leider nicht. Er mußte sich von den Nachwirkungen seines Sturzes in Pescara erholen.
Diesmal konnte es nach meinem Gefühl oder richtiger nach den Gesetzen des normalen Menschenverstandes nicht »hinhauen«. Es wäre zuviel verlangt, wenn Bernd nun nach all seinen Rundstreckensiegen auch noch eine unerwartete Meisterschaft auf der Bergstrecke beweisen sollte. Trotzdem war ich eigentlich ganz guter Dinge. Denn daß Bernd seinen Wagen in der Hand hatte, wußte nicht nur ich allein. Und da er im Alleingang hochfuhr, mußte es schon ganz dumm kommen, wenn ihm da irgend etwas passieren sollte.
Ärgerlich war, daß ich keinen richtigen Platz hatte. Ging ich zum Ziel hinauf, oder blieb ich unten am Start, dann sah ich nichts von seinem Fahren. Es konnte mir passieren, daß er, obgleich er als letzter hochfuhr, stundenlang oben warten mußte, bis alle anderen Rennteilnehmer wieder in derselben Reihenfolge heruntergerollt waren. Ich entschloß mich für die Mitte und keuchte mit einem Freund von uns, in der Fallinie den Berg hoch zur »Holzschlägermatte«. Da würden wir Bernd wenigstens ein ziemliches Stück zu sehen bekommen.
Ein dunkler Schatten war über diesen sonnigen, erwartungsfreudigen Tag gefallen: Der Beiwagenfahrer Schneider war tödlich verunglückt. Unsere unbekümmerte Freude war dahin. Er war ja auch einer von uns gewesen. Warum mußten wir immer wieder so brutal

Bernd in der »Gamsledernen«

daran erinnert werden, daß dieser Sport, den unsere Jungens manchmal wie ein groß angelegtes, ihres Mutes würdiges Spiel behandelten, so tragisch ausgehen konnte?
Ach, Bernd, einmal möchte ich mich in deine Seele während des Rennens hineinschleichen können, möchte wissen, ob du auch mit allem rechnest. Aber nein, es war ja heller Unsinn, was ich da dachte. Hatte ich nicht selbst so viele Situationen durchlebt, wo niemand mehr für mein Leben einen Pfennig gegeben hätte? Und nie hatte ich daran gezweifelt, daß es gutgehen würde. Es war auch immer wieder gut ausgegangen. Wenn wir uns nicht auf unser Glück verließen, dann würde so viel für die Entwicklung der Technik Notwendiges nie geschehen. Alles Drumherumgrübeln war sinnlos. Über das Leben eines Menschen wurde nicht durch unsere Entschlüsse entschieden!
Die Sonne meinte es reichlich gut, wir Zuschauer auf der »Holzschlägermatte« hatten das Gefühl, die Wagen müßten allmählich tiefe Spuren auf dem weichen Asphalt hinterlassen.
Etwas Leben kam wieder in die bedrückte Zuschauermenge, als der Lautsprecher ansagte, daß eben Conte Brivio, der erste in der Klasse für Rennwagen über 3000 Kubikzentimeter, unten gestartet sei. Und dann wurde Hans Stucks altem Rekord das Lebenslicht ausgeblasen, 88,7 Kilometer Durchschnitt war der alte absolute Straßenrekord von Hans auf der Schauinslandstrecke gewesen. H. P. Müller auf der Halbliter-DKW hatte ihn gerade eben aufgestellt mit 88,9 Kilometern. Dann kam zur allgemeinen freudigen Überraschung Ernst von Delius mit 89,8 Kilometern, und schließlich gelang es Bernd, obwohl er als letzter auf der weichen, zerfahrenen Strecke die schlechtesten Bedingungen hatte, einen neuen absoluten Rekord mit 90,1 Kilometern, aufzustellen.
Damit kam er allerdings lange nicht an seine im offiziellen Training gefahrene Zeit heran, wo er frühmorgens bei kühler Luft und fester, trockener Strecke ganz anders hatte draufdrücken können.
Über unsern kleinen Ernst wunderten wir uns am meisten. Donnerwetter, war der Junge schnell gewesen. Seine langjährige Trainingszeit auf den Rennwagen der kleinen Klasse mit den unzähligen Bergrennen hatte er nicht umsonst hinter sich.
Abends nach der stimmungsvollen Preisverteilung auf dem Freiburger Marktplatz erfuhren wir zum erstenmal vom Plan des schnellen Motorrad-Müllers, sich in der nächsten Saison auf dem großen Rennwagen zu versuchen. Bernd war auch vor gar nicht langer Zeit vom Motorrad gekommen. Sollte sich da noch einmal eine ähnliche Karriere vorbreiten?

Großer Bergpreis von Deutschland. Auf der »Holzschlägermatte«.

Freiburger Bergrekord 1936

Entgegen den Erwartungen wiederum neue Streckenrekorde

Jedermann und vor allem jeder genaue Beobachter der Bergrennen der letzten Jahre hätte verneint, wenn ihm die Frage nach der Aussicht auf neue Schauinslandrekorde entgegengehalten worden wäre. Und doch hat sie das Rennen selbst positiv beantwortet. Fast in allen Klassen gab es entgegen allen Erwartungen neue Streckenrekorde. Warum eigentlich „entgegen allen Erwartungen"? Weil wir bei den Krafträdern und den Rennwagen der großen Klasse an eine Grenze mit der Leistung gekommen sind, die den Fahrern nur noch zehntelsekundenlang den Einsatz der Motorkraft gestattet.

Man vergleiche die gefahrenen neuen Rekorddurchschnitte: Der Sieger der 250-ccm-Klasse erreichte 85 km Durchschnitt, der Sieger der 350-ccm-Klasse 86 km, der Sieger der 500-ccm-Klasse und Schnellste aller Krafträder fuhr 89 km Durchschnitt und der Rennwagensieger und Schnellste des ganzen Bergrekordrennens erreichte 90 km Durchschnitt! Die folgende Tabelle stellt in Reihenfolge der gefahrenen Durchschnitte die einzelnen Klassensieger zusammen. Es ist nicht uninteressant, sich das einmal vor Augen zu halten, denn schließlich kann der Sinn solcher Bergrennen, wie das Schauinslandrennen, nicht nur darin liegen, immer neue Streckenrekorde aufzustellen. Ein Sinn, ein neuer Gesichtspunkt käme vielleicht hinein, wenn auf gleichartige Fahrzeuge verschiedene Fahrer gesetzt werden, so wie das im übertragenen Sinn etwa in den Grand-Prix-Rennen der Rennwagen der Fall ist. Dort hat ein Sportausschuß den Automobilkonstrukteuren die Aufgabe gestellt, Fahrzeuge von bestimmtem Gewicht als Rennwagen zu bauen. Drei Haupttypen mit je vier und mehr verschiedenen Fahrern kämpfen da gegeneinander. Der Fahrer entscheidet die Leistung der Fahr-Maschine. — Nun die Zusammenstellung der Klassensieger des Freiburger Bergrekords:

Durchschnitt	Fahrer und Fahrzeug	Klasse und Motorgröße
90,1 km	Rosemeyer (Auto Union)	Rennwagen über 3 Ltr. (5,6 Ltr.; 16 Zylinder; 450 PS)
89,0 km	Müller (DKW)	Krafträder bis 500 ccm
86,3 km	Farina (Alfa Romeo) ..	Sportwagen üb. 2 Ltr. m. Kompr.
86,0 km	Fleischmann (NSU) ...	Krafträder bis 350 ccm
85,0 km	Geiß (DKW)	Krafträder bis 250 ccm
84,5 km	Bäumer (Austin)	Rennwagen bis 1,1 Ltr.
80,2 km	Tongue (ERA)	Rennwagen bis 1,5 Ltr.
79,0 km	Briem (Amilcar)	Sportwagen bis 1,1 Ltr. m. Kompr.
77,5 km	Stärkle (NSU)	Beiwagenmaschine bis 1000 ccm
76,4 km	Berg (Alfa Romeo)	Sportwagen bis 2 Ltr. m. Kompr.
76,0 km	Braun (DKW)	Beiwagenmaschine bis 600 ccm
73,7 km	Petzold (Ford V 8)	Sportwagen üb. 2 Ltr. o. Kompr.
73,3 km	Schweder (Adler)	Sportwagen bis 2 Ltr. o. Kompr.
71,0 km	Heinle (BMW)	Sportwag. bis 1,5 Ltr. o. Kompr.
68,0 km	Neumeier (BMW)	Sportwag. bis 1,1 Ltr. o. Kompr.

Man erkennt, daß die Durchschnittsspanne von 85 bis 90 km auf einer Bergrennstrecke, wie der Schauinslandstrecke, von Krafträdern bis 250 ccm und Rennwagen von 5,6 Ltr. und 450 PS gleichzeitig beherrscht wird. Das zeigt doch wirklich deutlich genug, wie nahe die absolute Grenze liegt. Sehr interessant

Elly betrachtet genau Bernd's frischgewonnenen Silberpokal. Auch der junge v. Delius (neben Rosemeyer) hat sich sehr dafür interessiert!

Den scharfe
herzlichst
Berli

Nuvolari

Im schnellsten Rennwagen der Welt

Eines Nachts waren wir früh schlafen gegangen, um einmal wieder »die Batterien aufzuladen«, was wir übrigens im Durchschnitt mindestens viermal in der Woche taten, da wir beide Schlaf viel nötiger hatten als Essen. In dieser Hinsicht erwies sich unsere Ehe als eine ideale Zusammenstellung. Ein Frühschläfer sollte überhaupt nie eine Nachteule heiraten, das kann nicht gutgehen. Ich erwachte plötzlich, und nachdem ich einigermaßen zu mir gekommen war, hörte ich Bernd laut erzählen und sich herumwälzen.
Selbst noch halb im Schlaf, setzte ich mich auf seinen Bettrand und sah in sein Gesicht. Die Stirn war böse zusammengezogen, darunter ein wütender Mund. Ich strich ihm über die Haare. Seine Züge entspannten sich, und mit noch geschlossenen Augen fing Bernd an zu sprechen, ganz leise, wie ganz weit fort. »Ich habe greuliche Sachen geträumt. Du warst weggeflogen, und ich war ganz allein, oh, so schrecklich allein. Und dann stand in den Zeitungen, du seiest über ein großes Wasser geflogen zu einem Erdteil, dessen Namen ich noch nie gehört hatte. Und ich konnte nicht weg, weiß nicht, warum, aber es ging nicht. Und nun bist du wieder da.«
Er öffnete die Augen. Seine Hände faßten meine Arme, daß es weh tat.
»Du, das sage ich dir! Wage so etwas nicht, niemals, du. Ihr Weiber mit der verdammten Selbständigkeit! Nie wieder laß ich dich allein irgendwohin wie damals nach Damaskus fliegen.«
»Bernd, ich würde und will ja gar nicht. Du müßtest mich schon besonders schlecht behandeln, bis du mich auf eine so billige Art loswerden würdest! Schlaf weiter. Morgen geht es ab nach Monza!«
Es war das erste Mal, daß Bernd ein Wort über meine frühere Selbständigkeit verlor. Noch nie hatte ich den Eindruck gehabt, die Tatsache, daß ich bis vor kurzem eine unabhängige Stellung im Leben gehabt hatte, würde auf ihn irgendwelchen Eindruck machen. Aber ich verstand ihn.
Ich selbst hätte mich nie geheiratet – wenn ich ein Mann wäre. Und mich konnte auch nur jemand heiraten, der so wie Bernd, ohne eine Spur rechts oder links zu schauen, mich einfach bei der Hand nahm und sagte: »So, von nun an gehst du deinen Weg mit mir!« Für ihn hatte es nie – wenigstens soweit ich wußte – auch nur den Schatten einer Überlegung gegeben, daß ich vielleicht Schwierigkeiten zu überwinden haben würde, um mich innerlich von meinen Aufgaben freizumachen. Er hatte sich auch nicht eine Sekunde überlegt, daß man unter Umständen sagen konnte: Der Mann von Elly Beinhorn. Nein, das alles kam für Bernd nicht in Frage.
Die Seele meines Mannes war klar wie ein Kratersee in den Bergen, und darum erschreckte mich dieser Traum. Ich war froh und glücklich, daß es tatsächlich keinen Zwiespalt in mir gab, wie viele unserer guten Freunde erwartet hatten – übrigens vielleicht gar nicht einmal so ganz zu Unrecht. Was diese Dinge betraf, lag die Zukunft glatt und einfach vor mir. Ich hatte so unendlich viel Erfolg mit meiner Arbeit gehabt, daß ich von jetzt an darauf verzichten konnte. Immer war mir bewußt gewesen, daß ich als eine unter Hunderttausenden auf dem Gebiet, das mir lag und mich interessierte, sehr viel erreicht hatte. Und darum konnte ich mich ohne schmerzliches Nachdenken über das, was ich fliegerisch noch alles hätte allein machen können, ganz unserem wunderschönen, so überaus reichen gemeinsamen Leben verschreiben. Bernd, ich habe mein eigenes Leben voll und bewußt gelebt und bin jetzt ganz und gar bereit, nun deins mit dir zu leben!

***

In Bernds elegantem Wagen IA 227227 – die Nummer erregte damals die ungeheure Begeisterung bei der ganzen Jugend – gondelten wir über die Alpen nach Monza zum Großen Preis von Italien. Ich mit triefender Nase und einem greulichen, entzündeten dicken Knubbel hinter dem Ohr. Und ich hätte so gern schön ausgesehen, gerade dieses Mal!
Bernd hatte hier bei einem seiner früheren Rennen eine sehr attraktive »Braut« zurückgelassen, auf die ich schon lange gespannt war. Bernd würde ja einen glänzenden Eindruck mit mir machen! Verflixt! Dazu brummte mir der Schädel, daß ich kaum geradeaus sehen konnte.
Spät am Nachmittag kamen wir in Mailand, wo alle Fahrer ihr Quartier hatten, an. Als erstes hörten wir, daß Brivio im Training gestürzt war und im Krankenhaus lag. Ausgerechnet der nette, charmante Brivio! Der hatte auch viel Pech in dieser Saison.
Im Mittelpunkt des Interesses stand Tazio Nuvolari, quasi Italiens Nationalheld, der natürlich dieses Rennen vor seinen Landsleuten unbedingt gewinnen wollte. Nach wochenlangem Training mußte er die Strecke wie seine Hosentasche kennen! Er hatte »Heimvorteil«! Trotzdem waren alle fest davon überzeugt, daß auch noch einige andere Fahrer ein Wörtchen mitzureden hatten ...
Um Bernd machte ich mir keine Sorgen. Da das Rennen am 13. September war, konnte ihm ja nicht viel passieren. An unsere Dreizehn glaubten wir beide fest, und Glaube hat bekanntlich schon immer Berge versetzt.
Im Training war Bernd nach einigen Versuchsrunden wieder einer der schnellsten und das, obwohl die »Braut« nicht beim Training erschien. Bernd war schon ein bißchen enttäuscht; denn er hatte mir zeigen wollen,

daß er schon immer einen guten Geschmack hatte. Ich war dagegen ganz froh, denn ich befand mich noch nicht ganz in »Bestform«: Meine Triefnase und meine Entzündung am Ohr waren erst am Abklingen. Trotzdem sah ich schon wieder erträglich aus. Sie hätte von mir aus schon kommen können.

* * *

Seit Monaten hatte Bernd auf eine Gelegenheit gewartet, mich einmal in seinen Wagen zu setzen. Da ein Trainingswagen frei war, der unter normalen Umständen, wenn keiner vorher Bruch machte, im Rennen nicht gebraucht wurde, sollte Monza mein Debüt im Rennwagen erleben!

Im ersten Moment war ich gar nicht so schrecklich begeistert, als Bernd mich, nachdem er sich die Einwilligung von Dr. Feuereissen geholt hatte, plötzlich vor diese aufregende Tatsache stellte. Zwar hatte ich mir schon immer glühend gewünscht, ein einziges Mal den schnellsten Rennwagen der Welt fahren zu dürfen – aber nicht hier auf der Bahn von Monza. Und das vor unseren Leuten und der gesamten internationalen Presse! Bernd mußte mir noch zureden, man stelle sich das vor! Aber nicht lange!

»Du mußt aber versprechen, daß du ganz langsam fährst. Bitte keinen falschen Ehrgeiz! Denk an die anderen, die schon alle rausgeflogen sind und auch daran, daß ich die Verantwortung für dich übernommen hab'.«

Schon saß ich drin in dem silbernen Ungetüm mit dem endlosen Heck, auf dem Kopf Bernds Kappe und seine Rennbrille.

»Nanu«, beugte sich einer der Reporter zu Bernd herunter, der mir gerade die letzten Anweisungen verpaßte,

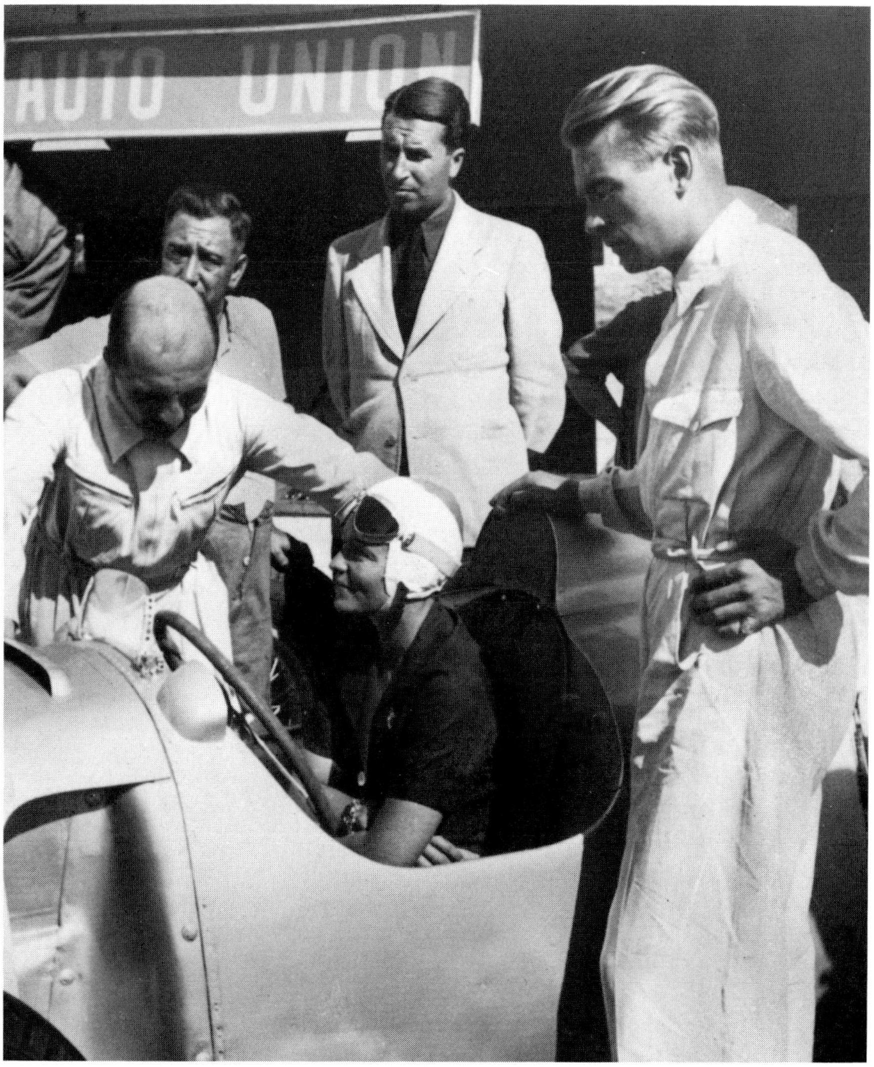

Während der Rosemeyer recht skeptisch dreinblickt, gibt mir Ernst v. Delius noch Ratschläge mit auf den Weg.

Bernd führte von der dritten Runde an.

»warum wollen Sie denn Ihre Frau so schnell wieder lossein, Rosemeyer?«
Die Monteure schoben mich an. »Kupplung rein« – es war richtig wie im Rennen! Vorsichtig tippte ich den Gashebel an. Brrrrr – fünfhundert Pferde zerrten vorwärts. Ich war direkt wie benommen. Es dauerte gut eine Runde, bis ich mich einigermaßen zurechtgefunden hatte. War das ein Auto! Und, o Wunder! Man konnte ja auch langsam fahren mit dem Ungetüm. Nicht so sehr langsam, aber immerhin. Und die Gänge ließen sich wunderbar schalten, ganz leicht. In den engen Schikanen mußte ich ganz schön aufpassen, daß ich mit dem Heckmotor unter dem Riesenschwanz nicht hängenblieb.
Herrgott, war das fabelhaft! Ich war wie verzaubert. Mein lieber Bernd, was muß das für dich bedeuten, aus so einem Wagen da das Allerletzte herauszuholen!
Trotz aller Versuchung drückte ich nicht so drauf, wie ich gemocht und wie ich mich eigentlich auch getraut hätte. Zu sehr standen mir die vielen Unfälle vor Augen, wo sich Anfänger bereits aus dem Start heraus gedreht und überschlagen hatten. Außerdem durfte ich nichts riskieren, es hätte ja sein können, daß der Trainingswagen doch noch im Rennen gebraucht wurde...
Nach einer zweiten, schon wesentlich flotteren Runde wurde ich wie ein Profi von der Box aus abgewinkt. Als ich den Wagen kurz danach zum Stehen gebracht hatte, hatte ich kleine Sprachschwierigkeiten:
»Bernd, ... es ... war ... herrlich!«
Worauf Bernd nur meinte: »Du, auf der Geraden hättest du ruhig noch einen anständigen Zahn zulegen können, damit du endlich auf dem Boden mal über zweihundert Kilometer gekommen wärst!«
Der alte Lümmel! Das hätte er mir eher sagen können! Erst beschwört er mich, ich soll langsam fahren, und dann lacht er mich aus wegen meiner Bummelei.
Trotzdem. Monza sollte die Delikatesse unter allen meinen »motorischen« Unternehmungen werden!

***

Im Rennen führte Bernd von der dritten Runde an und fuhr einen unangefochtenen Sieg heim. Obwohl er bei weitem nicht so schnelle Rundenzeiten erreichte wie im Training, war es schon vorher klargeworden, daß er bei der scharfen Konkurrenz verlieren mußte, wenn er sich hetzen ließ. »Paß mal auf«, meinte er zu mir vor dem Start, »wie Rosemeyer heute mit Köpfchen fahren wird. Wie ein Irrer losbrausen, ist hier nicht, mit dem Tazio hinten drauf. Der hat mir doch selbst zu oft seine eigene Methode vorgebetet. Wenn alles klappt, wirst du heute Freude an mir haben.«
Noch nie war ich mir in einem Rennen so als Sachverständiger vorgekommen wie hier im Park von Monza, wo ich über eigene Streckenerfahrungen im Rennwagen verfügte. Ich saß neben Paula Stuck in der Box. Wir nahmen wie immer die Zeiten, und Paula sagte einmal zwischendurch: »Du, wenn dieser Dreizehnte vorbei ist, hab' ich nichts dagegen. Ich kann dir nicht sagen, wie ich die Schikanen, alle diese gemeinen künstlichen Hindernisse auf der Rennstrecke, hasse!«
Ich sah Paula erstaunt an. Gerade sie, die um Hans' gefahrvolles Leben genauestens Bescheid wußte und mir immer durch ihre vorbildliche Disziplin Respekt abgenötigt hatte! Paula war nervös?
Als ob sie es geahnt hätte: In der sechzehnten Runde

passierte es. Wie oft hatten wir beide erlebt, daß unsere Männer nicht, wie erwartet, aus einer Runde zurückkamen, auf der Strecke aus irgendwelchem Grund liegengeblieben waren. Nie hatten wir beide eine Miene verzogen, bis Gewißheit bestand. Diesmal war es mit Paula anders. Sie mußte fühlen, daß etwas mit ihrem Hans nicht in Ordnung war. Verzweifelt blickte sie aus der Box in die Richtung, aus der die Fahrer kamen. Von Hans keine Spur. Da kam Trossi. Das Entsetzen stand ihm noch ins Gesicht geschrieben. Er machte ein Zeichen, daß ein Wagen sich überschlagen hatte. Es mußte Stuck sein – sonst fehlte keiner von den Fahrern. Nach Trossis Gesicht zu urteilen, mußte es sehr schlimm gewesen sein. Noch wußte man zwar nichts Genaues von der Strecke, aber man hörte, Stuck sei schwer verunglückt.
Paula lief mit starrem, ausdruckslosem Gesicht hin und her. Es war entsetzlich, dabeizustehen und im Moment nicht helfen zu können. Die nächsten zehn Minuten erschienen uns endlos, während die Rennwagen vorbeidonnerten.

Endlich kam Doktor Glaeser zurück. An seinem Gesicht sah man sofort, daß es nicht ganz so schlimm sein konnte.

»Frau Stuck, so etwas von Glück, wie der Hans gehabt hat, gibt es eigentlich nur in Büchern. Mir graut, wenn ich daran denke, was eigentlich alles bei diesem Sturz hätte passieren müssen. Hans hat es in der dritten Schikane herausgetragen, der Wagen ist gegen einen Baum gerast, hat sich in der Luft einmal ganz überschlagen, Hans ist vorher herausgefallen; der Wagen kam dann wieder

Auf dem Weg zum Sieg im Großen Preis von Italien. Das Foto widmete er Nuvolari am 30. Mai 1937.

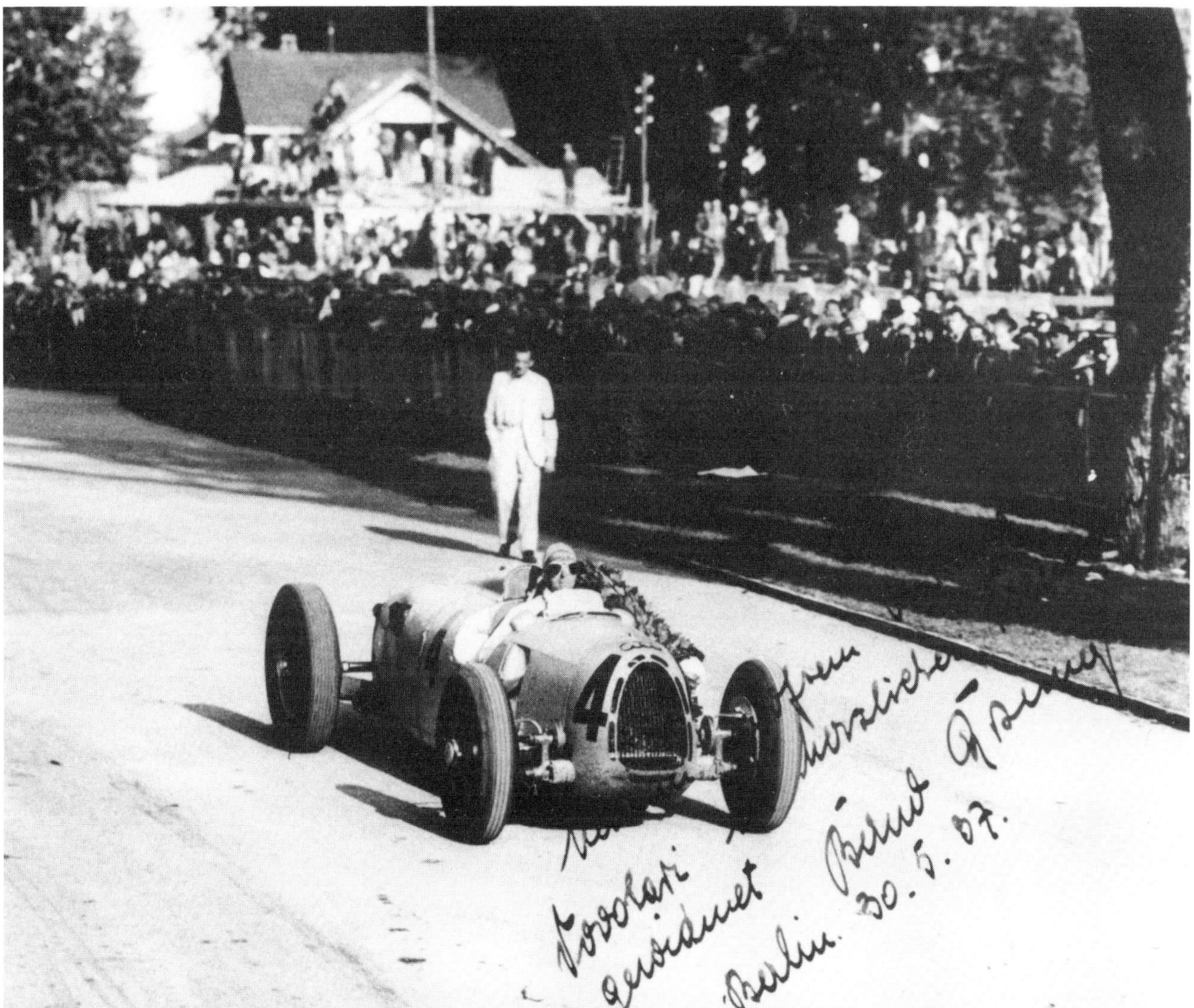

mitten auf der Bahn auf seinen Rädern zum Stehen, und Hans lag davor – mitten auf der Strecke. Trossi saß direkt hinter ihm und hatte auch allen Zunder drauf. Wenn der keine weißen Haare gekriegt hat!«
»Ja, und der Hans? Ist ihm was passiert?« stürmten wir alle auf Dr. Glaeser ein.
»Nein. Ihr braucht euch unter Garantie keine Sorgen zu machen. ›Hans im Glück‹ hat seinem Namen einmal wieder Ehre gemacht. Eine ganz leichte Gehirnerschütterung und kleine Prellungen, das ist alles!«

***

In Monza nach dem Rennen erlebte Bernd einen Begeisterungssturm, zu dem auch nur die temperamentvollen Italiener fähig sind. Es war unvorstellbar. Nuvolari war Zweiter geworden, und als sich die beiden oben auf der Tribüne umarmten und die Hände schüttelten, kannte der Jubel keine Grenzen.
Ich war heilfroh, als ich meinen Mann ziemlich mitgenommen und mit einem durchgefahrenen Hosenboden wieder in unserer Box hatte. Es verging viel Zeit, bis wir uns im Horch unter Bewachung von sechs Polizisten, einen engen Weg durch die begeisterte Menge bahnen konnten. Der berühmte italienische Pressefotograf Fumagalli fuhr eifrig knipsend vor unserer romantischen Fuhre her, die Polizisten klebten auf den Kotflügeln, Stoßstangen und Trittbrettern. Es war einfach unbeschreiblich, wie die Wogen der Begeisterung über uns hereinbrachen.
Am nächsten Tag fuhren wir für eine Woche ans Meer nach Viareggio. Bernd brauchte dringend etwas Ruhe bis zum nächsten »Termin«, dem Feldberg-Rennen. Das Echo dieses Sieges von Monza war in ganz Italien so ungeheuer, daß Bernd, wo wir auch auftauchten, um Autogramme bestürmt wurde. Das passierte uns sogar in den entlegensten Bergdörfern.
In Viareggio trafen wir Conte Brivio, der sich hier von seinem Unfall erholte. In seiner und seines Vaters Begleitung war eine sehr hübsche junge Dame. »Well!« sagte sie in akzentfreiem Englisch zu uns. »Wenn Tonio sich endgültig entschlossen hat, seine Freiheit aufzuge-

Eskortiert von sechs Polizisten gelang es uns, einen Weg durch die begeisterte Menge zu finden.

1936 — Auto Union-Rennwagen in Führung!

Der Große Preis von Italien

Ergebnisse:

1. Bernd Rosemeyer (Auto Union) 3:43:25 (135,352 km/st)
2. Tazio Nuvolari (Alfa-Romeo) 3:45:30,6 (134,096 km/st)
3. Ernst von Delius (Auto-Union) 3:44:07,2 (2 Runden zurück)
4. René Dreyfus (Alfa-Romeo) 3:44:59
5. Pintacuda (Alfa-Romeo) 3:44:40,4 (4 Runden zurück)
6. Dusio (Maserati) 3:45:13,4
7. Bianco-Trossi (Maserati) 3:44:59,8 (23 Runden zurück)

Rosemeyer hat in Monza wieder klar gesiegt. Der Große Preis von Italien hat allen einen richtigen Eindruck von der heutigen Ueberlegenheit der Auto Union über alle ihre Konkurrenten gegeben, darüber ist kein Wort mehr zu verlieren. Die Wagen aus Zwickau, die sich bei ihrem Erscheinen 1934 — obwohl unglaublich stark — nicht in der gleichen Weise unschlagbar zeigten wegen einiger, aus ihrer ungewöhnlichen Geschwindigkeit resultierenden Defekte, sind heute perfekt. Zwei Jahre lang haben Ingenieure und Mechaniker eifrig gearbeitet, damit bei zugleich steigender PS-Leistung die kleinen Defekte, die manchmal nicht erlaubten, die volle Leistung auszuspielen, ausgeschaltet wurden, und diese schwere und lange Arbeit muß jetzt anerkannt und bewundert werden, da sich ihr Ende mit dem Erreichen der Vollkommenheit vereinigt. Darüber können die Deutschen stolz sein!

Die Auto Union und Alfa-Romeo hatten sich für dieses letzte Rennen von 1936 sehr ernst vorbereitet. Schon zwei Wochen vorher hatte Jano sein Hauptquartier nach Monza verlegt und fuhr manchmal selbst einige Runden während der Probefahrten mit dem Zwölfzylinder, um persönlich festzustellen, wie der Wagen nach den letzten Aenderungen ging. Die Kühlungsschwierigkeiten, die plötzlich bei der Coppa Acerbo und dann [illegible]

ben, dann sitzen wir im nächsten Jahr zusammen in der Box und warten auf unsere Männer.«
Tonio hatte sich bereits entschlossen . . .

* * *

Beim Training hatten wir Mordsspaß gehabt. Bernd und Ernst hatten sich auf 250-ccm-Motorrädern herumgetummelt. Mal hatte Bernd rückwärts auf dem Sattel gesessen und alle die Mätzchen aus der Lingener Zeit ausprobiert, die ihm damals den Führerschein für eine Weile gekostet hatten.
»Also Kleiner, daß du mir keinen Mist machst. Wir sind allein in unserer Klasse; und bei dem Sauwetter bist du schneller draußen, als du denkst. Ich verspreche dir, daß ich ganz vernünftig, und ohne was zu riskieren, rauffahre. Du kannst dich darauf verlassen. Nun richte dich danach und mach mir keinen Kummer.« Bernd hatte gute Gründe, unseren kleinen, ehrgeizigen Ernst noch einmal ins Gebet zu nehmen, denn das Wetter am 27. September, dem Tag des Feldberg-Rennens, sah miserabel aus, als wir zur Strecke hinausfuhren.
Der Feldberg selbst hatte es vorgezogen, sein Haupt mit schmutzigen, grauen Wolken zu verhüllen.
Es ging um den entscheidenden Endlauf für die deutsche Bergmeisterschaft, in der mein Mann mit fünf Punkten führte. Der Titel war ihm eigentlich nicht mehr zu nehmen. Daimler-Benz startete nicht, und auch die Italiener hatten, was die große Klasse betraf, anscheinend die Lust auf den Feldberg verloren. Selbst ein zweiter Platz hinter seinem Stallgefährten von Delius würde Bernd noch genügen.
Die im Training erzielten Zeiten von Delius lagen weit hinter denen von Bernd. Da der Ernst aber kurz vor seinem Vertrag für die nächste Saison stand, lag ihm sehr daran, bei diesem Rennen einen möglichst guten Eindruck zu machen. Deshalb ging er gern auf Bernds Vorschlag ein. Wenn Bernd nicht so wild drauftrat, wäre der Zeitunterschied zwischen den beiden ja nicht so groß!
Ernstchen startete als vorletzter, zwei Minuten nach ihm Bernd, und wieder zwei Minuten später ich – mit dem Wagen der Rennleitung! Meine Herren, in welchem Zustand war die Strecke bei diesem Wetter! Wir rutschten

Bilder aus früheren Jahren: Das kostete Bernd einmal den Führerschein. So errang er als DKW-Werksfahrer seine ersten Erfolge.

nur so um die Kurven herum, außerdem sah man kaum hundert Meter weit! Wie die Lautsprecher mitgeteilt hatten, sollte weiter oben alles in Wolken gehüllt sein. 124 Kilometer durchschnittlich war Bernd im Training gefahren, weit unter dem alten Rekord von Hans Stuck. Diese Zeiten klangen einfach unwahrscheinlich angesichts dieses Wetters!

Strahlen-Augen wünschte ich mir beim Hinauffahren, um den Nebel durchdringen zu können. Ob sie wohl schon angekommen waren? Gott sei Dank, durch den wegen seiner Glätte besonders gefürchteten unteren Teil bis Kilometer acht waren sie schon. Dann, oh, mir stockte der Herzschlag für einen Moment. Bei Kilometer zehn vor uns lag einer unserer Wagen im Graben. Beim Heranfahren erkannte ich, daß es nicht Bernds Wagen war, sondern der von Ernst. So schlimm sah es nicht aus. Der Wagen hatte sich auch nicht überschlagen. Meine Spannung löste sich.

»Bitte, bitte, fahrt erst rauf, damit wir wissen, ob Bernd oben ist«, bat ich. Und auch Dr. Feuereissen interessierte sich jetzt zuerst einmal für das Ergebnis von Bernds Lauf. Durch dichte Wolken, die nicht einmal dreißig Meter Sicht zuließen, erreichten wir den Gipfel,

Wird das Wetter halten?

Die Strecke ist aufgeweicht

als oben der Lautsprecher verkündete: »Rosemeyer Deutscher Bergmeister!«

Als Dr. Feuereissen bei all dem Gewurschtel um uns herum die Zeit in Erfahrung gebracht hatte, meinte er: »Schade, neun zehntel Sekunden unter dem alten Rekord. Verdammtes Wetter! Trotzdem, Bernd kann mit diesem Sommer mehr als zufrieden sein. Oder was meinen Sie?«

Ich meinte gar nichts, sondern fühlte nur ganz drinnen einen stillen, tiefen Dank, daß diese Saison endlich zu Ende war. Die nicht abreißende Siegesserie hatte mich doch mehr mitgenommen, als mir zum Bewußtsein gekommen war. Manchmal hatte ich vor irgend etwas eine unerklärliche Angst gehabt. Jetzt war alles vorbei. Wie schön! Wie wunderschön! Wie glücklich war ich!

Die zahlreiche Rosemeyerei kam mir strahlend entgegen. Vater und Mutter waren nicht von Bernds Seite zu verdrängen. Die Rosemutter wieder einmal mit Glückstränen in den Augen.

Und auch ein kleiner trauriger Ernst war da oben, der schnell getröstet werden mußte.

»Mensch, Elly, ich war so gut in Schwung. Zu gut, wie ihr ja gesehen habt. Du, das war ein Gefühl, wie ich da plötzlich ins Freie brauste über den Graben weg. Gut, daß ich auf dem Baumstumpf hängengeblieben bin. Heulen könnte ich. Und gerade heute wollte ich einen besonders guten Schlußpunkt unter die Saison setzen.«
Ernstchen war ziemlich deprimiert. Was sollte werden, wenn die Auto-Union ihm keinen neuen Vertrag gab?
»Mach dir nicht so viel Sorgen. Kannst dich drauf verlassen, die haben nicht vergessen, wie du im Großen Preis von Deutschland mit deinen kaputten Händen durchgehalten und den Zweiten in Pescara und den Dritten in Monza gemacht hast. Bernd ist auch schon rausgeschossen. Das macht doch nichts. Hauptsache, daß dir nichts passiert ist. Und der Wagen hat ja auch nicht viel abgekriegt.«
Ernst lächelte schon wieder. »Ich kann dir sagen, bis ich rausflog, war ich aber schnell! Das wäre eine anständige Zeit geworden. Ich möchte mir selbst in die Nase beißen vor Wut. Aber was soll's! Bernd ist nun Bergmeister, und ich deutscher ›Straßengrabenmeister‹.«

* * *

Nachmittags im Hotel lag mein Meister auf seinem Bett und nahm übel. So böse hatte ich ihn noch nie gesehen.
»Du, das sage ich dir! Laß mir den Ernst unter die Finger kommen! Dem werde ich vielleicht einiges erzählen von Fairneß und so.«
Wie auf Bestellung öffnete sich die Tür, und unser lieber Freund kam herein. Eben hatten wir in unserem Reiseradio einen Sportbericht über das Feldberg-Rennen gehört. Und was man bisher nur als ein Gemunkel überall vernommen hatte, war uns anhand der offiziellen Zeiten bestätigt worden: bis zum Kilometer zehn, wo er hinausflog, war Delius eineinhalb Sekunden schneller gewesen als Bernd.
Ahnungslos setzte er sich auf Bernds Bettrand.
»Mensch, Bernd, so ein Pech. Ausgerechnet am Schluß der Saison«, plapperte Ernstchen drauflos.
Drohend richtete Bernd sich auf. Mir schien, als würde ich wieder einmal Zeuge einer unerfreulichen Auseinandersetzung.
»Mein Lieber, nun will ich dir mal etwas sagen. Wenn du glaubst, du kannst die Gelegenheit ausnutzen, wenn ich dir verspreche, langsam und vernünftig bei dem Sauwetter rauszufahren, um abzustechen wie ein Wahnsinniger und mich abzuhängen! Nee, du, nicht mit mir! Dir ist wohl klar, daß es mit unserer Freundschaft zu Ende ist. Wenn ich von allen erwartet hätte, daß sie so was mit mir machen – aber nicht von dir! Nun siehst du ja, wo du gelandet bist. Geschieht dir ganz recht. Und ich Dussel fahre noch extra verhalten, damit du nicht wieder mit einem Riesenabstand hinterherhinkst!«
Ernst von Delius wurde dunkelrot. Und auch mir verschlug es bei diesem Vorwurf den Atem.
»Bernd, bist du verückt? Du glaubst doch nicht im Ernst eine Sekunde, daß ich dich abhängen wollte? Nee, du, das kannst du nicht von mir denken.«
Auch ich fiel spontan ein: »Bernd, das hat er bestimmt nicht gewollt. Dazu ist Ernst doch nicht fähig.«
»Sei bitte ruhig«, fuhr Bernd mich an, »das kannst du nicht beurteilen. Ich bin doch nicht raufgebummelt, sondern ganz zügig hochgefahren. Jede Kurve hat gestimmt. Und darum kann Ernst nicht auch ruhig und vernünftig gefahren sein. Sieh dir doch die Trainingszeiten an! Seine schnellste Zeit war dreizehn Sekunden langsamer als meine. Ich weiß doch, was bei so einer glatten Strecke wie heute vernünftig und unvernünftig fahren heißt. Mit deiner Zeit bis zum Kilometer zehn mußt du abgestochen sein wie ein Irrer. Aber das sage ich dir, wenn du da unten nicht rausgeflogen wärst, oben in dem Nebel vorm Ziel hätte es dich garantiert erwischt. Und nun laß uns bitte allein. Mein Bedarf an deiner Gesellschaft ist vorläufig gedeckt!«
Die Tatsachen und Zahlen waren nicht wegzuleugnen.

Ernstchen v. Delius, der »Straßengrabenmeister«

Und mir blieb für einen Moment auch nichts anderes übrig, als mir zu überlegen, ob der Kleine es wirklich darauf angelegt haben könnte, Bernds Fahren ohne Risiko für seine Zwecke auszunutzen. Darin hatte Bernd recht, so sehr ruhig und vernünftig konnte er bei der Zeit und seinen Trainingsergebnissen nicht gefahren sein. Soviel verstand selbst ich inzwischen von diesen Dingen. Delius saß völlig erschlagen auf dem Bettrand. Sehr weit weg schienen auch die Tränen nicht zu sein.
»Bernd, ich gebe dir mein Ehrenwort. Das habe ich nicht eine Sekunde beabsichtigt. Du mußt mir das glauben. Bernd, wirf mir doch nicht unsere ganze Freundschaft vor die Füße. Ich gebe zu, es muß für dich komisch aussehen. Ich kann dir auch nicht sagen, wie es eigentlich gekommen ist, daß ich bis Kilometer zehn schneller war als du. Ich weiß nur, daß ich plötzlich das Gefühl hatte: Du bist entsetzlich langsam. Du mußt drauftreten, sonst hängst du über eine halbe Minute hinter dem Bernd. Und da habe ich allerdings etwas auf die Tube gedrückt.«
Ich kannte meinen Bernd viel zu gut, um nicht zu spüren, wie es in ihm rumorte. Der Gedanke, daß sein Freund und Kamerad ihn hatte hintergehen wollen, machte ihn richtig fertig. Dieser gerade und offene Mensch konnte alles ertragen, nur keine Unehrlichkeit.
Auch ohne Ernsts Ehrenwort war ich überzeugt, daß er nichts Unfaires beabsichtigt hatte. Man brauchte ihm ja nur in die entsetzten blauen Kinderaugen zu sehen. Nein, der Ernst log uns nicht an.
Bernd kämpfte mit sich. Da war das Ehrenwort. Eigentlich war damit die Sache erledigt. Aber man konnte doch nicht einfach ... Er suchte nach einem Ausweg. »Natürlich, Ernst, ich muß dir ja glauben. Aber ich kann mir nicht helfen. Wenn du überall mit denselben Gängen wie sonst gefahren bist, dann will mir nicht in den Kopf, wo plötzlich die Differenz zu deinen andern Zeiten herkommt. Ich bin doch auch nicht von gestern.«
»Ja, ich bin aber nicht mit den gleichen Gängen gefahren. Unten weißt du, da kurz vor vier hab' ich den dritten genommen, und überhaupt ich hab' allerlei andere Sachen ausprobiert. Den Erfolg habt ihr ja gesehen – Straßengrabenmeister!«
Mit einem Schlag war Bernds Gesicht verändert. »Ernst, ein Glück, daß du das gesagt hast; denn nun glaube ich dir ohne weiteres. Du, ich bin ja so froh, daß nun wieder alles so wie früher zwischen uns ist. Mich hat das ganz kaputtgemacht, zu denken, daß du meinen guten Willen gegen mich ausgenutzt hättest. Gerade du! Weißt du, es wäre nicht schlimm gewesen, wenn du mich abgehängt hättest. Ich wäre der erste gewesen, der dir gratulierte, wenn du es ehrlich verdient hättest. Mensch, aber nicht so. Als ob du das nötig hättest! Du machst deinen Weg ganz allein ohne solche Extratouren. Aber jetzt, wo du das sagst mit dem Schalten, ist mir alles klar. Sowie du irgendwo andere Gänge nimmst, ist natürlich das Bild vollkommen anders und die Zeiten auch. Ernst, ›Straßengrabenmeister‹, auf den Schrecken hin müssen wir einen trinken.«
Wir konnten alle drei einen vertragen. Hier hatte eben die Freundschaft und Kameradschaft von zwei Männern auf des Messers Schneide gestanden.

Empfang im Auto-Union-Werk in Zwickau

AUTO UNION
Das Siegesjahr 1936
der Beweis bewährter Qualität
Auto Union-Rennwagen
siegen in 9 der größten europäischen Rennen. – Bernd Rosemeyer wird Europameister, Deutscher Straßenmeister, Deutscher Bergmeister.
DKW-Motorräder
siegen in 38 der großen nationalen und internationalen Rennen. Sie gewinnen vier der fünf deutschen Meisterschaften - in allen vier Klassen, in denen sie starteten.
Serienmäßige Fahrzeuge
siegen in den schwersten Zuverlässigkeitsprüfungen des Jahres.
Diese überragenden Erfolge waren nur möglich dank dem Einsatzwillen der geschlossenen Gefolgschaft der Auto Union
Ihr oberstes Gesetz heißt:
Deutsche Wertarbeit!

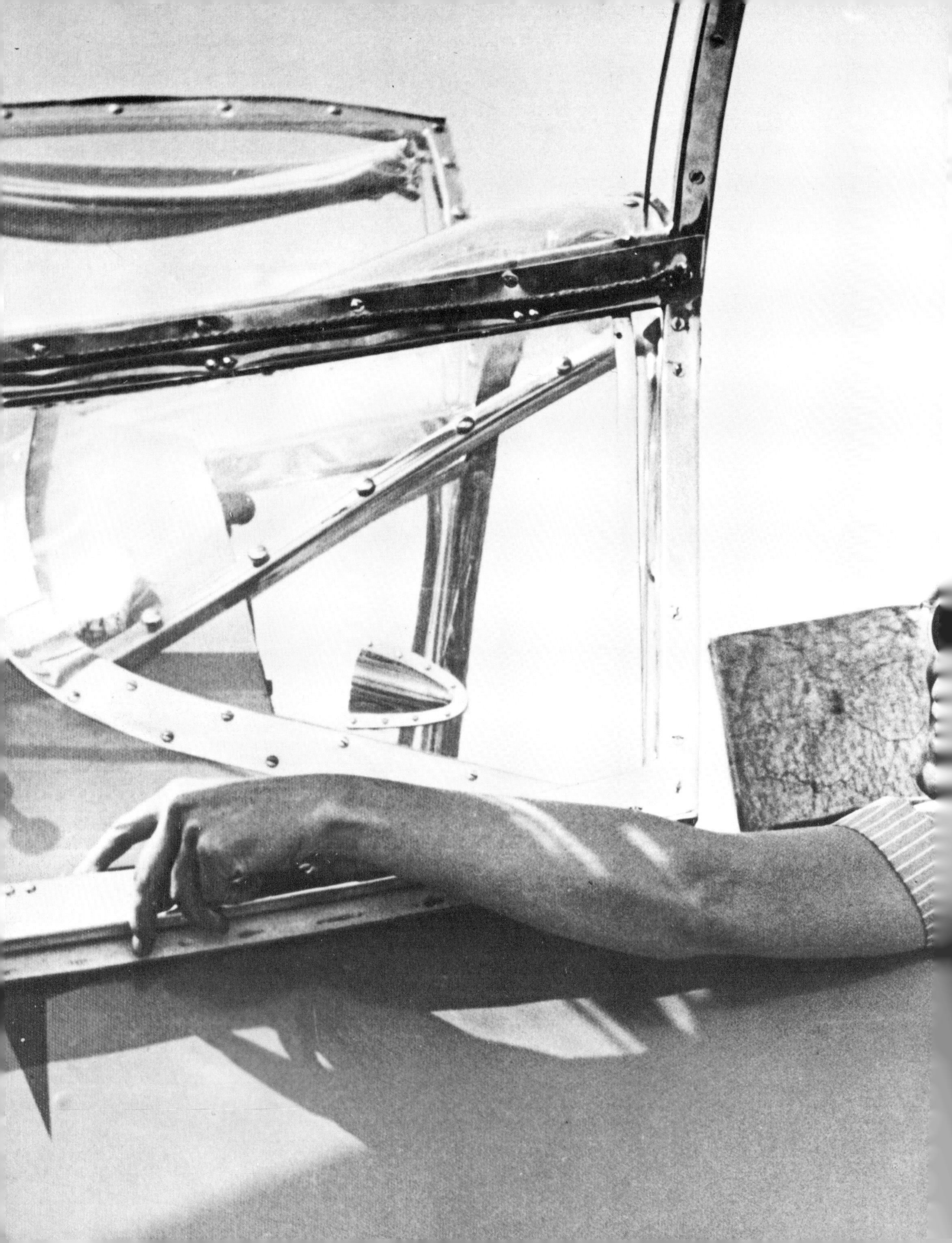

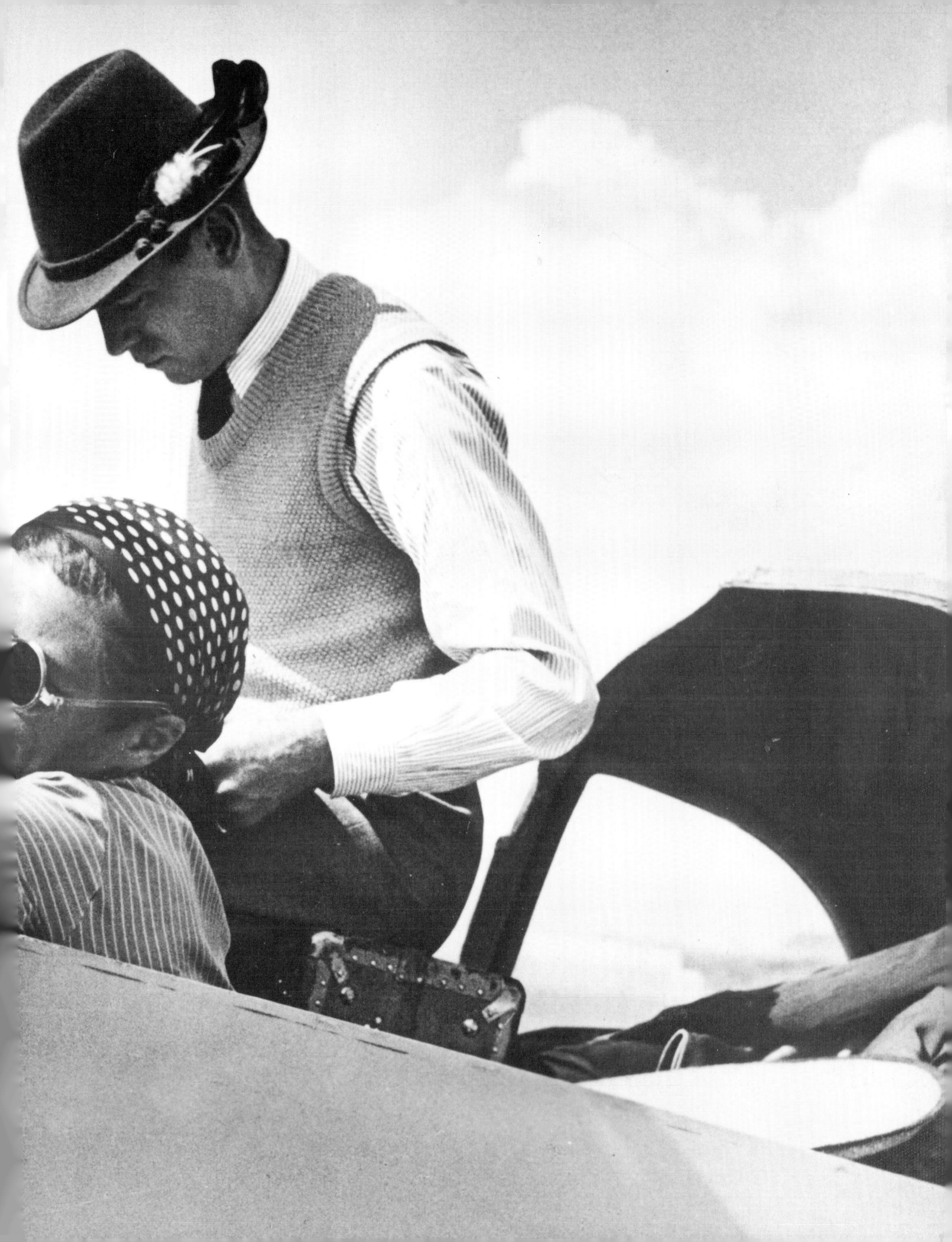

Mit Handikap auf Platz 5

Bernd stürzte ins Zimmer, fiel atemlos in einen Sessel, sprang wieder hoch und walzte mit mir wie ein Wilder durch die ganze Diele.

»Du, wir fliegen nach Südafrika! In vierzehn Tagen müssen wir weg. Ich kann dir sagen, das war ein Kampf, bis mir der Vorstand endlich erlaubt hat, mit dir im ›Taifun‹ zu fliegen. Sie haben sich mächtig gesträubt, besonders wegen der Wasserstrecke, und des Urwalds. Aber nun ist's geschafft. Ich hab' aber auch gebettelt! Nur, den kleinen Ernst dürfen wir nicht mitnehmen. Das Risiko, daß die beiden Fahrer der Auto-Union eventuell überhaupt nicht zum Rennen ankommen, war ihnen doch zu groß! Schade, zu dritt wäre der Flug im ›Taifun‹ doch so schön gewesen! Du, ich muß sofort zum Schneider, muß weiße Sachen und Shorts und so haben. Ich fress' dich auf vor Wonne.« Weg war er wieder.

Wenn ich nicht schon vor einem Monat, als ob ich es geahnt hätte, bei den Bayrischen Flugzeugwerken meinen »Taifun« für große Fahrt hätte fertigmachen lassen, und nicht für alle Fälle die ganzen Einfluggenehmigungen eingeholt hätte, dann wäre es mit dem Start in vierzehn Tagen nichts geworden.

Unsere Umzugspläne mußten wieder einmal zurückgestellt werden. Wir hausten noch immer in meiner alten, viel zu kleinen Junggesellenwohnung, Bernd schlief auf einer Bettcouch und alles stand schon übereinander, weil wir einfach zuviel Klamotten hatten. Eine Freundin von mir bemerkte einmal sehr treffend: »Ich hab' das Gefühl, die Wohnung wächst wie ein Urwald über euch zusammen. Wenn das so weitergeht, könnt ihr bald nur noch auf Tischen und Sesseln und allem, was da so herumsteht, umherlaufen.«

Als wir heirateten, hatte Bernd seine Zwei-Zimmer-Junggesellenwohnung beibehalten, denn wir fanden es sehr angenehm, daß jeder von uns zwei Freiheitsfanatikern, wenn es sein mußte, für sich allein sein konnte. In der Praxis aber hatte sich dieser Gedanke vom ersten Tag an als illusorisch herausgestellt. Bernd: »Ich bin jetzt verheiratet und bleibe selbstverständlich hier bei dir auf dem Kaiserdamm. Du glaubst doch wohl nicht im Ernst, daß ich als Ehemann abends mit meinem Koffer abziehe?«

Dafür fuhr er aber bald jeden Tag in seine Wohnung und brachte aus allen Nähten platzende Koffer mit, die er dann alle in meiner, schon viel zu vollen Wohnung auslehrte. Es waren entsetzliche Zustände. Als er mir dann nach kurzer Zeit mitteilte, daß Ernst von Delius seine Wohnung übernommen habe, war ich am Rand der Verzweiflung und nur zu beschwichtigen mit dem Hinweis auf die Winterruhe, die wir zum sofortigen Umzug benutzen wollten.

Das fiel ja nun wohl aus. Ebenfalls das erste gemeinsame Weihnachtsfest mit Schnee und Tannenbaum. Ich war nicht traurig darüber. Fliegen ging mir über alles – fast alles!

***

Am 4. Dezember 36 starteten wir in Tempelhof, nachdem kurz vorher Ernst von Delius und »Bastl«, Wilhelm Sebastian, der Dr. Feuereissen als Rennleiter vertrat, mit der Verkehrsmaschine abgeflogen waren. Ehrensache, daß wir, wenn irgend möglich und zu verantworten, die beiden unterwegs abhängen wollten.

Wir hatten Glück mit dem Wetter. Am ersten Tag kamen wir in vier Flugstunden ohne Schwierigkeiten nach Belgrad, am zweiten Tag mit einigen wegen des Wetters

Unterwegs nach Südafrika

kritischen Situationen in den Balkanbergen nach Athen und am dritten Tag planmäßig über das Mittelmeer nach Kairo. Ich war heilfroh, als ich meinen kostbaren Mann gut über die Wasseretappe gebracht hatte. Denn nun waren wir wieder auf der Strecke der Luftlinie, und da konnte mit diesem Argus-Motor eigentlich nicht mehr so schrecklich viel passieren.
Vergeblich warteten wir in der ägyptischen Hauptstadt auf unsere »Konkurrenz«. Wie wir erfuhren, verspäteten sie sich um einen Tag und würden, um den Zeitverlust wieder einzuholen, am übernächsten Tag von Alexandria nach Khartum durchfliegen.
Diesen Zeitvorsprung im Rücken beschlossen wir, einen Ruhetag bei den Pyramiden einzulegen, denn nun konnten wir von Delius und »Bastl« in dem langsamen »Hannibal« der Imperial Airways nicht mehr eingeholt werden. Mit der Filmkamera, die uns die Bayrischen Flugzeugwerke zur Hochzeit geschenkt hatten, bot sich jetzt die Gelegenheit, den Anfang unseres Reisetagebuches zu drehen.
Am übernächsten Tag hatten wir nicht vor, besonders zeitig wegzukommen, denn in Kairo war es im Dezember schon kühl und während des ganzes Tages ein angenehmes Fliegen. Der »Hannibal« war schon morgens um vier in Alexandria gestartet. Wir wollten auch bis Khartum durchfliegen, hatten aber viel Zeit. Bereits in Luksor hatten wir sie. Wie ein Riesenkäfer klebten sie im Wüstensand. Da wir keine Lust zu einer Zwischenlandung hatten, ließen wir unser Fahrgestell drin und brausten über die wie wild winkenden Delius und »Bastl« hinweg. Bei unserer Tanklandung in Wadi Halfa ließen wir beim Flugplatzleiter ein Briefchen mit einer Einladung zu einem kalten »drink« auf der Tagesetappe Khartum.
Als sie endlich total erledigt bei tiefer Nacht ankamen, waren wir schon lange da. Gut ausgeruht und in afrikanischer Ausrüstung empfingen wir sie.
Delius konnte vor Erkältung kaum aus den Augen sehen. »Kinder, um zwei Uhr heute früh haben sie uns rausgejagt. Und dann ist der ›Hannibal‹ mit tausend Zwischenlandungen und hundertdreißig Kilometer Durchschnitt mit uns durch halb Afrika geschlichen. Die Erkältung hab' ich mir gestern in dem dämlichen Flugboot von Brindisi nach Alexandria geholt. Ich sage euch, wenn da heut unter uns im Nil ein Krokodil geschwommen wäre, das hätte uns auch noch abgehängt.«
Bastl und Delius mußten am nächsten Morgen in aller Frühe wieder weiter. Da wir, wenn nicht gerade Außergewöhnliches passierte, immer noch lange vor Trainingsbeginn an Ort und Stelle sein würden, erlaubten wir uns, da, wo es uns gefiel, einen Ruhetag einzulegen.
Wie ich diesen Flug genoß! Bernd erwies sich als erstklassiger zweiter Pilot selbst für meine verwöhnten Ansprüche – von seinen nicht zu überbietenden Qualitäten

Mein »Schüler« Bernd

als Bordmonteur gar nicht zu sprechen. »Taifun« wurde von Bernd wie eine Geliebte gepflegt und verwöhnt, und jeden Tag erfand er etwas Neues, was er an ihm verbessern konnte. So kam der »Taifun« u. a. zu neuen Original-Tropenentlüftungen, die das Werk später für den Serienbau übernehmen sollte.
Meine Kapitänsrolle war ziemlich ausgespielt, und ich stand manchmal ziemlich dumm in der Landschaft herum. Aber ich muß zu Bernds Ehrenrettung sagen, daß er nicht mehr als unbedingt nötig seine naturgegebene Herrscherstellung ausnutzte. Unsere Arbeitsteilung hatte sich schnell musterhaft eingespielt, und es war mein erster großer Flug, an dem ich nicht jeden Tag endlose Zeit für die Instandhaltung meiner schwer hergenommenen Hände aufwenden mußte.
Ich empfand dieses erste Zusammenfliegen mit Bernd weit fort von zu Hause als so beglückend – ich kann es gar nicht sagen! Alles gemeinsam zu erleben, auszutauschen, zu genießen! Es war so unbeschreiblich schön!
Mein berühmter Mann bekam überall Autos zur Verfügung gestellt, und wir machten romantische Touren durch das Hochland von Kenya, weit weg von Farmen und Europäersiedlungen in einem Land, von dessen

Bernd scheiterte nie an einem praktischen Problem: Er »organisierte« ein Ochsengespann.

Eingeborenensprache wir keinen Schimmer hatten. Aber mit Bernd, der nie an einer praktischen Frage scheiterte, hätte ich sofort bedenkenlos die erste Expedition auf den Mond angetreten.

Meine Freunde vom letzten Mal, die Giraffen am Ngong, konnte ich Bernd vorführen, und nachts trieben wir uns mit dem Auto in den benachbarten Steppen von Nairobi umher und besuchten, während wir auf die Löwen warteten, unsere kleinen frischgeborenen Hyänen. Später aßen wir dann in einem raffinierten kleinen französischen Restaurant zu Abend! Es war die märchenhafteste Hochzeitsreise, die man sich denken kann! Nur ein bißchen kurz, denn die Rennen standen vor der Tür.

In zwei Etappen flogen wir dann nach Johannesburg. In der Gegend des Sambesi kamen wir in ganz übles Wetter und hatten ganz schön Schwierigkeiten, bis wir endlich aus den schrecklichen Regenwolken, die auf dem Urwald lagen, wieder hinausfanden.

Als wir in Johannesburg landeten, wurden wir jetzt mal zur Abwechslung von Delius und Sebastian empfangen. Bernd freute sich, dort auch seinen alten Direktor, Klaus von Oertzen, wiederzusehen, der seinerzeit für die Erlaubnis zum ersten Start, 1935 auf der Avus, ein sehr entscheidendes Wort mitgesprochen hatte. Während alle die anderen von dort aus eine Expedition von mehreren Tagen, jetzt mit kleinen DKWs, antraten, waren wir vier Stunden später mit unserem »Taifun« dort, wo als erstes Rennen der Große Preis von Südafrika ausgefahren werden sollte: in East London.

Am Weihnachtsmorgen trafen auch unsere Rennwagen und die Monteure, die mit dem Schiff um das ganze Kap herumgefahren waren, ein. Einen Teil des Weihnachtsabends verbrachten wir dann noch mit dem Kapitän, der Besatzung und unseren Leuten auf der »Hanau«, praktisch auf »deutschem Boden«.

Nach einem Bad im warmen Meer hätten wir nicht mit dem Kaiser von China tauschen wollen und waren nicht eine Minute traurig, das Weihnachtsfest aus dienstlichen Gründen hier verbringen zu müssen.

Weniger erbaut waren wir von der Rennstrecke und den

Handikaps. Die Auto-Union hatte die Zusage für ihre Wagen überhaupt erst gegeben, als man ihr via London ungefähre Sicherheiten in dieser Hinsicht gegeben hatte. Jetzt mußten wir erkennen, daß die Handikaps für unsere beiden Wagen doch noch ungünstiger als erwartet ausgefallen waren. Wir hatten praktisch überhaupt keine Chance, eines der Rennen hier unten zu gewinnen. Und das war bitter nach all dem Aufwand.
Unsere Wagen würden die letzten sein, die starteten, denn das Rennen war offen für alle Klassen. Der kleinste Ford fuhr etwa genauso um den Sieg wie unsere Grand-Prix-Wagen, nur durfte der eben viel früher starten. Dazwischen lagen all die anderen Eras, Ryleis und Alfas und wie sie alle hießen. Aber es wurde nicht nur nach dem Zylinderinhalt gehandikapt, sondern auch nach der Qualität der Fahrer. Also bekam zum Beispiel Bernd auf dem gleichen Wagen wie Delius noch mal ein Handikap von mehreren Minuten, weil er bisher der erfolgreichere Fahrer gewesen war. Es war recht eigenartig und nur zu verstehen, wenn man englische Rennverhältnisse kannte. Da dort viele Privatleute Rennen fahren und es keine großen Werkteams mit dementsprechenden Organisationen im Hintergrund gab wie bei uns, setzte man – übrigens mit Recht – voraus, daß der schnellere Fahrer auch den schnelleren Wagen vom Werk hat.
Nein, was sollte es! Wir waren nicht hergekommen, um zu meckern, sondern wie gute Sportsleute zu fahren und, wenn es sein mußte, auch mit Anstand zu verlieren.

Die Tribüne von East-London

Außerdem war es klar, daß dieses Rennen große Gefahren in sich barg. Denn auf der schmalen, aber sehr schnellen Strecke, mit den langen Geraden hatten unsere Fahrer ununterbrochen einen kleinen, langsamen Wagen nach dem anderen zu überholen. Und das mit »unseren« Geschwindigkeiten, die man in Südafrika noch nie erlebt hatte!
An diesem Rennen sollte auch eine junge Dame teilnehmen! Wie die Zeitungen berichteten, war sie vierund-

Bernds Rennfahrer-Kollegin Kay Petre

zwanzig Jahre alt, sehr hübsch, intelligent und eine ausgezeichnete Rennfahrerin. Wir waren alle miteinander ziemlich gespannt auf Mistreß Kay Petre, so ihr Name.
Die Schilderungen von ihr waren weiß Gott nicht übertrieben! Sie war einfach reizend! Nicht nur Bernd und Ernst waren sehr angetan von Kay. Sie brach reihenweise die Herzen aller Männer unserer Belegschaft, die sonst gar nicht so liebenswürdig gegenüber Sportweibern zu sein pflegten.
Schon das Training war mehr als aufregend. Mit der sehr knapp bemessenen Zeit, in der die Strecke dafür gesperrt war, konnten die Fahrer, deren Wagen zum großen Teil einen Transport von Europa hinter sich hatten, nicht auskommen. Darum wurde allgemein, wie man sagte »wild« trainiert.
Einmal flog ich mit einem unserer Monteure die Strecke ab, um zu filmen. Was ich da sah, ließ mir das Herz stocken! Viele Südafrikaner hatten ihren Rennbesuch mit einem Badeaufenthalt an der Küste von East London

verbunden und sich mit Auto und Zelt schon wochenlang vorher einen erstklassigen Platz an der Strecke gesichert. Dazwischen immer wieder Ochsengespanne, die teils neben teils auf der Strecke trotteten. Dann die daherschießenden Autos mit ihrem Höllenlärm! Wenn nur nicht die Ochsen …

Das Rennen selbst war eine Nervenprobe für uns alle, wie man sie sich nicht schlimmer denken kann. In der Praxis stellten sich die ewigen Überholvorgänge unserer schnellen Wagen als eine wirklich große Gefahr für alle Beteiligten heraus. Die kleinen, langsamen Wagen waren nie vorher mit einer solchen Geschwindigkeit konfrontiert gewesen und konnten diese nicht richtig einschätzen. Plötzlich saß dann mit zweihundert Sachen einer von uns hintendrauf, fand den Kleinen auf der verkehrten Straßenseite und mußte wie ein besessener in die Bremsen steigen! Bernd machte auf diese Weise drei Protektoren, das ist der Gummibelag auf der Leinwand des Reifens, fertig und Ernst zwei. Einmal flog Bernd sogar bei über dreihundert Kilometer in einer ganz leichten Kurve der Gummi weg! Gott sei Dank sahen wir an der Box nichts davon. Bernd zeigte uns später die Spuren, wie er dreimal kreuz und quer über die ganze Strecke rutschte, ehe er den Wagen wieder in der Gewalt hatte – auf die Böschung und auf der anderen Seite durch den Graben – alles bei diesem Tempo! Mit der blanken Leinwand versuchte er in einem nicht gerade schlechten Tempo das Depot zu erreichen, da platzte ihm kurz vor uns, vor den Zuschauerreihen, der Reifen. Wir an der Box und die schreiend zurückweichenden Zuschauer starrten wie gebannt auf den Kampf des Mannes mit seinem ausbrechenden Wagen, der immer noch über hundertfünfzig Kilometer draufhatte! Bei all der Dramatik hatte ich nicht eine Sekunde Angst, daß der Rennwagen Bernd ernstlich außer Kontrolle geraten würde. Er schaffte es! Allen Widrigkeiten zum Trotz und ohne Rücksicht auf die Gefahr der ihm dauernd um die Ohren fliegenden Protektoren kämpfte Bernd – ja, wie eben nur Bernd Rosemeyer kämpfen konnte. Kurz vor Schluß, nachdem er in jeder einzelnen Runde Streckenrekord gefahren war, erkundigte ich mich beim Rundfunk nach Bernds Placierung. Durch das Handikap wußte keiner mehr, was vorn und hinten war, weil alles, groß und klein, langsam und schnell, durcheinanderfuhr.

»Your husband is just going to get the fifth place.«

Was, fünfter Platz? Ihr seid wohl wahnsinnig! Das kann doch nicht euer Ernst sein!, hätte ich am liebsten geschrien.

Da kam schon Bernd und sah uns alle erwartungsvoll an. Ich merkte sofort, daß mein Mann überzeugt war, gewonnen zu haben. Klaus von Oertzen schüttelte ihm die Hand und beglückwünschte ihn zu seinem schneidigen Fahren, und wir alle vergaßen unsere Enttäuschung.

»Also das kann ich euch sagen«, meinte Bernd dann, »so viel wie heute hier hab' ich noch in keinem Rennen riskiert, aber die Auto-Union soll nicht umsonst zum erstenmal deutsche Rennwagen nach Südafrika geschickt haben, solange Rosemeyer noch pusten kann!«

Ich verzichte auf eine Schilderung dessen, was Bernd sagte, als wir ihm allmählich beigebracht hatten, daß er nur Fünfter geworden war; es wäre nicht druckreif gewesen. Aber sein Toben und die Versicherung, nie wieder in einem Handikap-Rennen zu fahren, stellte er sofort ein, als Oertzen ihn darauf aufmerksam machte, daß es hier nicht um seinen persönlichen Ruhm ging, sondern darum, daß deutsche Fahrer, wenn es sein mußte, auch mit Haltung verlieren konnten. Abgesehen davon hätten wir uns ja mit der Ausschreibung einverstanden erklärt.

Rosemeyer in Südafrika

Rekordfahrt des Auto-Union-Wagens

Bei herrlichem, aber recht heißem Wetter, kam der Große Auto-Preis von Südafrika bei East-London in Kapland am Neujahrstag zum Austrag. Gut 50–60000 Zuschauer folgten dem spannenden Vorgabe-Rennen auf der 19 Kilometer langen Rundstrecke; aller Augen waren auf die beiden Deutschen, Rosemeyer und von Delius auf ihren Contibereiften Auto-Union-Wagen gerichtet. Was man bei der Zumessung der Vorgaben bereits hatte voraussagen können, traf auch ein, es gelang Rosemeyer trotz einer Rekordfahrt nicht ganz, die unheimlichen Vorgaben ganz wettzumachen. Während Delius, auch günstig im Rennen liegend, wegen eines Schadens weit von jeder Reparaturstelle weg, aufgab, erkämpfte sich Bernd Rosemeyer den zweiten Platz.

Die bestehenden Rekordzeiten wurden von Rosemeyer und v. Delius wiederholt überboten. In der 5. Runde schraubte der Europameister den bestehenden Rundenrekord auf nicht weniger als 181,817 Kilometer-Stunden, was bei der schwierigen Strecke und den ständigen Kehren viel besagen will. Wenn trotzdem der Endsieg den deutschen Farben nicht teilhaftig wurde, so lag dies an der Eigenart der Durchführung der Prüfung, deren Bewerber — mit Ausnahme von Rosemeyer — sämtlich mit Vorgaben bedacht wurden, die als teilweise viel zu hoch angesehen werden mußten. So mußte sich Rosemeyer hinter dem 28 Minuten 13 Sekunden vor ihm abgegangenen Engländer Pat Fairfield (1500 ERA) mit dem zweiten Platz begnügen. Seine reine Fahrzeit betrug 2:06:21, die einem Durchschnitt von 161,60 Kilometer-Stunden entspricht und einen neuen Streckenrekord darstellt. Die Fahrzeiten für die drei Erstplazierten stellen sich einschließlich der Vorgaben wie folgt: 1. Pat Fairfield-England (ERA) 2:13:37 (152,8 Klm.-Std.) 28:13 Vorgabe; 2. Bernd Rosemeyer-Deutschland (Auto-Union) vom Mal 2:34:31 (reine Fahrzeit 2:06:21 (161,6 Klm.-Std.); 3. Chiappini-Kapstadt (Riley) 2:36:48.

Am 16. Januar werden die beiden Deutschen im Grosvenor-Preis bei Kapstadt über 273 Kilometer und am 30. Januar in Johannesburg über 331 Kilometer starten.

Das war eine bittere Pille für Bernd, praktisch ohne die geringste Gewinnchance in das nächste Rennen zu gehen.

* * *

Nach dem Großen Preis von Südafrika, den übrigens Pat Fairfield, der bald darauf tödlich verunglückte, gewann, begab sich die ganze Meute mit Dampfer, Auto oder wie wir mit dem Flugzeug nach Kapstadt, wo gut vierzehn Tage später der Grosvenor Grand Prix unter ganz ähnlichen Bedingungen stattfinden sollte.
Zwischendurch tobten wir uns richtig aus, badeten im Indischen Ozean – Bernd demonstrierte am Strand, wie man mit dem Auto schleudern kann . . .
Dann kam das Rennen, das mit einem völlig unerwarteten Ergebnis endete: Delius gewann, und Bernd wurde Zweiter im Grosvenor Grand Prix! Überflüssig zu sagen, daß beide ein ganz großes Rennen fuhren – allerdings war Bernd Delius gegenüber durch mehrere Minuten gehandikapt.
In diesem Rennen hatten wir viel dem Sandsturm zu verdanken. Denn er blies den anderen, kleineren Wagen den Sand in alle Teile des Motors so daß sie reihenweise

Wir verfolgen das Training der Konkurrenz.

Sandsturm beim Großen Preis von Kapstadt.

Unser eingespieltes Team bewährte sich auch in Afrika.

Der Sieger des 2. Afrikarennens

Mit einem deutschen Doppelsiege endete das Automobil-Rennen um den Großen Preis von Kapstadt in Südafrika. Ernst v. Delius und Bernd Rosemeyer, die beiden Rennfahrer der Auto-Union, setzten sich nicht nur gegen 14 Fahrer durch sondern gegen ein Handicap-System, dessen Ueberwindung für fast unmöglich gehalten worden war. Dazu kamen die Tücken einer reifenmordenden Rennstrecke. In einem an spannenden Kämpfen reichen Rennen belegten Ernst v. Delius und Bernd Rosemeyer auf deutschen Auto-Union-Rennwagen mit deutschen Continental-Reifen die beiden ersten Plätze, wobei die beiden Erstplacierten in ihren Durchschnittsgeschwindigkeiten mit 132,9 und 132,5 Kilometer-Stunden nahezu gleichmäßig waren. Für v. Delius wurde für die 335 Kilometer lange Gesamtstrecke 2 : 31 : 14, für Rosemeyer eine Zeit von 2 : 31 : 39 gemessen. Den dritten Platz besetzte der Engländer Earl Howe (Era) in 2 : 41 : 51 vor seinem Landsmann Pat Fairfield (Era), dem Sieger von East-London. Das Rennen war also eine glänzende Revanche für den Großen Preis von Südafrika. Eine begeisterte Menge — auch der deutsche und der italienische Gesandte hatten sich eingefunden — huldigten den beiden deutschen Siegern. Die Hakenkreuzflagge stieg am Siegesmast hoch als der Verteidigungsminister Pirow dem Sieger v. Delius unter dem endlosen Beifall der Menge den wertvollen Ehrenpreis überreichte.

Das genaue Ergebnis: Großer Preis von Kapstadt, 335 Kilometer: 1. Ernst v. Delius-Deutschland (Auto-Union) 2 : 31 : 14 (132,9 Stundenkilometer); 2. Bernd Rosemeyer-Deutschland (Auto-Union) 2 : 31 : 39; 3. Earl Howe-England (Era) 2 : 41 : 51; 4. Pat Fairfield-England (Era) 2 : 43 : 57.

ausfielen. Da Ernst, der Stallgefährte, vor ihm lag, hatte Bernd dann auch kein Interesse mehr, sein Tempo besonders zu forcieren. Denn wir hatten beim Training hinreichend erlebt, daß die Reifen auf dem schlechten Streckenbelag nur ein bestimmtes Tempo aushielten.

Unsere ewigen Reifenprobleme waren schon sprichwörtlich geworden, und einige Zeitungen verbreiteten das Gerücht, daß die Deutschen hier weitab von den neugierigen Augen der Konkurrenz Versuche mit ihrem vielgepriesenen Kunstgummi machten.

Als wir überlegten, ob und wie man dem entgegentreten konnte, kam unser Mechaniker Fritz auf eine glänzende Idee.

»Herr Rosemeyer, kaufen wir doch einfach passende amerikanische oder englische Rennreifen, je eine Garnitur. Und dann werden wir bzw. die anderen ja sehen!«

Oertzen nahm sich die gesamte Presse, mit der er ausgezeichnet stand, vor und schlug ihnen vor, daß folgendes Experiment unter ihrer Kontrolle gemacht werden sollte: fünf Runden mit einem neuen Satz unserer Contireifen, dann jeder Fahrer fünf Runden mit einem Satz Ausländer. Da zeigte sich's dann. Unsere Reifen hielten fünf scharfe Runden durch, die andern nur drei! Ernst und Bernd hatten eine kindliche Freude, wie sie einmal ganz ohne Rücksicht auf Verluste um die Kurven rauschen konnten, diese großen Jungs!

* * *

Nach Kapstadt konnten wir uns alle recht zufrieden wieder auf die Heimreise begeben. Wir machten unseren »Taifun« klar. Unsere Stimmung und Verfassung war genau die zweier Schulkinder, die erstmals selbständig auf Ferienfahrt gehen, als wir jetzt der Einladung von meinen alten Freunden nach Windhuk folgten.

Ich hatte Bernd von meinem geliebten Südwest, das ich 1933 auf meinem Afrikaflug nachhaltig ins Herz geschlossen hatte, so viel vorgeschwärmt und ihm gedroht, der Teufel solle ihn holen, wenn er es nicht auch lieben würde.

Am Flugplatz von Windhuk, der Hauptstadt unseres ehemaligen Schutzgebietes parkte Auto an Auto, und eine schier unübersehbare Menschenmenge winkte mit Blumensträußen zu uns herauf, während ich meine diesmal besonders schneidigen Begrüßungsrunden drehte und Bernd sich eifrig mit der Filmkamera betätigte.

Als ich Bernd nach der Landung mit unseren Gastgebern, Doktor Hirsekorn und seiner Frau Lille, bekannt machte, gab mir ein Bote zwei Telegramme, die ich, obwohl sie an mich adressiert waren, an Bernd weitergab, während ich unzählige Bekannte von damals begrüßte. Als ich mich nach Bernd umdrehte, um ihn jemandem vorzustellen, hielt er mir wortlos mit entsetzten Augen ein Telegramm entgegen. Es war von seinem Vater: »Mutter schwer erkrankt – abwartet weitere Nachricht.«

Inzwischen hatte Bernd schon das andere Telegramm geöffnet, in dem stand, daß seine geliebte Mutter gestorben war. Bernd und ich waren wie benommen. Im nächsten Moment rief ein Journalist mit seiner Kamera: »Herr Rosemeyer, lachen Sie doch bitte mal, das Bild geht nach Deutschland!« Es war entsetzlich!

Bernd hatte nur den einen Gedanken: »Wir müssen sofort morgen früh weiter, ich muß zu Vater.« Alles lag dunkel und trostlos vor uns. Die Mutter, an der Bernd mit aller Liebe gehangen hatte, die wir noch relativ jung und gesund zurückgelassen hatten, war nicht mehr. Nie wieder würde sie über einen Sieg ihres Jungen, der dies unbändige Sich-freuen-Können von ihr geerbt hatte, jubeln. Und der Vater! Ich konnte Bernd verstehen, daß er ihm jetzt zur Seite stehen wollte in diesem großen Schmerz.

Und trotzdem war mir sofort klar, daß es das Verkehrteste war, was wir machen konnten, wenn wir nun heimwärts hetzten, um zur Beisetzung doch zu spät zu kommen. Aber jetzt war kein Gedanke daran, sich mit Bernd darüber zu unterhalten.

Zufällig ergab es sich, daß wir sowieso nicht gleich wegkonnten, weil auf den nächsten Flugplätzen auf denen wir zwischenlanden mußten, unser Benzin, das wir für Wochen später bestellt hatten, noch nicht eingetroffen war. Ganz abgesehen davon setzte am Tag nach unserer Landung die Regenzeit mit einer Wucht ein, wie ich sie nie für möglich gehalten hätte. Über die Straße zum Flugplatz führten mehrere »Reviere«. So nennt man in Südwest die Flußbetten, die sich in reißende Ströme verwandelt hatten. Und der Boden selbst war so weich, daß ein Start hier auf der Höhe von 1800 Metern höchst riskant gewesen wäre.

In der kommenden Woche, die wir noch gezwungen waren zu bleiben, gaben sich unsere deutschen Freunde im ganzen Land unendlich viel Mühe, Bernd seinen Schmerz und seine Trauer etwas vergessen zu machen. Und wenn er auch äußerlich nach einigen Tagen ziemlich gefaßt wirkte, so kannte ich ihn doch viel zu gut, um zu wissen, daß ihn der Gedanke an seine Mutter und seinen Vater nicht losließ.

Ich war so froh, ihn wenigstens so weit zu haben, daß er mir versprach, nicht so schrecklich nach Hause zu hetzen. Aber es war vollkommen klar, daß das Schöne dieses Fluges, auf das wir uns beide so gefreut hatten, nun vorbei war, ehe es richtig angefangen hatte.

Es sollte eine Woche vergehen, bis wir Südwest verlassen konnten. Bernd war das Land in diesen Tagen sehr ans Herz gewachsen. Er versprach mir, unter anderen Umständen bald wieder mit mir hierher zurückzukommen.

* * *

Von Windhuk flogen wir nach Livingstone, um auf dem Heimflug noch einen Blick auf die weltberühmten Viktoriafälle zu tun, die ich auch noch nicht gesehen hatte. Vor der Strecke hatte man uns, weil sie damals nicht beflogen wurde und darum auch auf über tausend Kilometer keine Flugplätze eingerichet waren, dringend gewarnt. Aber wir vertrauten auf unser erstklassiges Flugzeug mit einem tadellosen Motor und einem sehr großen Aktionsradius.

Unterwegs, während wir Stunde um Stunde über den niedrigen Busch flogen, in dem wir kein Zeichen menschlicher Besiedlung fanden, wurde uns klar, daß die Warnungen ihren Grund hatten. Eine Notlandung hätte im günstigsten Fall eine wochenlange Abwesenheit von jeder Zivilisation bedeutet. Aber ein solches Risiko

mußte man damals bei jedem Langstreckenflug in Kauf nehmen, und man war auch gern bereit, einen solchen Preis für diese grandiosen, herrlichen Eindrücke zu zahlen.
Allein der Anblick der Viktoriafälle aus der Luft belohnte uns für den komplizierten Anflug. Denn ich fand Livingstone nicht auf Anhieb nach über tausend Kilometern ohne Orientierungsmöglichkeit. Dazu kam, daß die Karten von diesem Winkel der Erde nicht korrekt waren. Aber Gott segne die Eisenbahnen! Gerade als es wegen des allmählich zur Neige gehenden Benzins brenzlig zu werden begann, »erwischte« ich die Bahn nach Salisbury...
Von nun an flogen wir ziemlich zügig weiter, und es schien, als ob wir das Tempo bis zu Hause durchhalten könnten. Da bekam unser Propeller infolge eines Steinschlags einen Riß. Als ich mir das Malheur ansah, war ich entschlossen, abzuwarten, bis ein Ersatzpropeller von zu Hause eintraf. Aber da hatte ich nicht mit meinem Mann gerechnet. Bernd und aufgeben!
Wieder einmal entwickelte er ungeahnte Fähigkeiten. Plötzlich war er, ohne sich jemals vorher damit beschäftigt zu haben, ein perfekter »Propellerarbeiter«, der es mit Hilfe von Firnis und Kitt und Kaltleim und Leinwand tatsächlich schaffte, den Propeller so weit hinzubekommen, daß wir wenigstens bis nach Nairobi fliegen konnten.
Mir war gar nicht wohl bei den nächsten Etappen, weil die gekittete Luftschraube alles andere als vibrationsfrei lief. Als nun auch noch infolge dieser Vibrationen mein Kompaß anfing auf fast allen Tourenzahlen Karussell zu fahren, da hätte ich am liebsten gestreikt. Aber mit so etwas kam man bei Bernd nicht durch. Ich mußte weiter, ob ich wollte oder nicht. Und merkwürdigerweise machte ich mit, obwohl es eigentlich gegen meine Überzeugung war.
Ich war heilfroh, als wir in Nairobi, genau wie Bernd vorausgesagt hatte, ohne besondere Probleme gelandet waren. Da aber auch hier die Reparatur meines Propellers nicht einwandfrei gelang, schickte ich ein Telegramm nach Hause, daß man mir einen neuen nach Kairo schikken sollte. Das Risiko, das Mittelmeer zu überqueren mit einem angeschlagenen Gerät, war mir dann doch zu groß.
In Juba, unserem nächsten Landeplatz, gab es wieder einen unvorhergesehenen Zwischenfall. Beim Rollen zum Start brach mir in einem Loch das Spornrad. Bernd arbeitete einen ganzen Tag lang wie ein Berserker. Ich sehe ihn noch vor mir, daneben zwei Schwarze das Schmiedefeuer anblasend. Die Hitze war unerträglich, und ich konnte mich kaum auf den Füßen halten, während ich ihm immer wieder einen Becher mit eisgekühlter Zitronenlimonade aus der Thermosflasche reichte.
Für mich war klar, daß wir unsere geplante Etappe nach Khartum heute wegen der herannahenden Dunkelheit nicht mehr durchfliegen könnten.
Bernd war gerade fertig geworden und strich sich seine feuchten Haare aus der Stirn. »So, nun aber schnell los!«
»Bernd, nach Khartum, das geht heute nicht mehr. Laß uns hierbleiben oder in Malakal landen. Wir können doch nicht in stockfinsterer Nacht landen. Wie stellst du dir das in Afrika vor?«
»Was, ist das dein Ernst, daß du jetzt nicht mitmachst? Und dafür hab' ich wie ein Verrückter den ganzen Tag in der Hitze geschuftet!«
Ich machte mit. Wieder einmal. Bernd war der einzige Mensch in meinem Leben, der es geschafft hat, daß ich etwas tat, was ich nicht ganz richtig oder unbedingt nötig fand. Ich konnte nicht anders. Also wir landeten bei stockdunkler Nacht und brennenden Fackeln im Wüstensand von Khartum, und es klappte glänzend. Genausogut hätte es aber auch schiefgehen können. Nach der Landung erfuhr ich, daß Nachtlandungen für Sportmaschinen strikt verboten seien...

Bernd, der ideale Bordmonteur

Am nächsten Abend waren wir in Luksor, sahen uns die Königsgräber an und am Tag darauf in Kairo, wo wir den neuen Propeller montieren ließen. Dann machten wir uns auf die Wasserstrecke, über das Mittelmeer, zurück nach Europa.
In Athen, oder vielmehr in Saloniki, wohin wir am selben Abend noch flogen, hatten wir das Gefühl, praktisch wieder zu Hause zu sein. Und schon stand für uns fest, daß wir die nächste Nacht in unserm Heim in Berlin verbringen würden.
Aber die olympischen Götter meinten es nicht gut mit uns. Dieser 11. Februar, den wir als Tag der Heimkehr vorgesehen hatten, fing schon so kompliziert an. Der Zollonkel war nicht da, und die Soldaten, die uns helfen mußten, die Maschine herauszuschieben, waren noch nicht aufgestanden. Außerdem war es kalt. Dann saßen wir beim Anrollen zum Start so hoffnungslos bis an die Achsen im aufgeweichten Boden fest, daß wir erst nach mehrstündiger Arbeit mit Hilfe eines Traktors wieder frei kamen. Endlich glückte der Start.
In Budapest wollten wir zum Tanken zwischenlanden.

Wir konnten immer noch rechtzeitig in Berlin sein, wenn alles klappte. Aber es klappte nichts.
Hinter Belgrad blieb plötzlich mein Motor weg. Benzinmangel, obwohl in dem Tank, auf dem ich oder vielmehr Bernd gerade flog, noch gut zwanzig Liter sein mußten. Ich schaltete auf einen anderen Tank um, der Motor war wieder da. Die Zuleitung zu dem einen Tank war anscheinend verstopft. Trotzdem hoffte ich, mit den anderen Budapest zu schaffen. Aber es langte nicht. Kurz vor der ungarischen Hauptstadt über den Ausläufern der Pußta war es plötzlich aus, aber restlos.
Das Wetter war inzwischen schlecht geworden, und wir mußten in knapp zweihundert Metern bei sehr mäßiger Sicht fliegen. Bernd hatte gerade noch Zeit, das Fahrgestell herauszukurbeln, während ich verzweifelt nach einem Platz suchte, wo ich eine Chance hatte, unsern »Taifun« heil herunterzubekommen.
Ich sah zu Bernd hinüber. Der saß mit erwartungsvollem Gesicht pomadig da und freute sich wie ein Kind, daß ich mit ihm an Bord nun endlich mal eine richtige Notlandung bauen mußte. Bums, krach! Schon waren wir unten. Es hatte heftig gescheppert, denn der von mir angepeilte Platz war alles andere als ideal. Aber der »Taifun« und vor allem sein Fahrgestell hatten alles gut überstanden. Als wir uns von unserem ersten Schreck erholt hatten, knobelten wir aus, wer sich von uns auf die Suche nach Menschen machen sollte, denn das Flugzeug durfte man nicht allein lassen. Ich mußte bleiben und fror mich, gerade frisch von Afrika kommend, in den vielen Stunden, bis Bernd endlich zurückkam, halbtot. Er brachte einen starken Mann und Benzin vom Budapester Flughafen mit.
Ich holte erst einmal tief Luft, ehe ich Gas gab. Und ich schaffte es, auf dem hügeligen Sturzacker, der ganz weich getaut war. Spät abends landeten wir in Budapest. Doch wir waren noch nicht zu Hause. Am nächsten Tag war das Wetter ganz »bescheiden« geworden, und wir hatten Mühe, am Spätnachmittag wenigstens bis Wien zu kommen. Nachdem bisher alles wie am Schnürchen geklappt hatte, schien nun der Teufel los zu sein. Die Wetterstelle meldete: hoffnungslos für die nächsten Tage. Aber trotzdem kleckerten wir wieder weiter bis Dresden, mußten da aber über Nacht bleiben. Am nächsten Mittag mußte Bernd in Berlin sein. Da half nun nichts mehr, und traurig setzte er sich, da ich ohne Funkgerät keine Starterlaubnis bekam, in eine Lufthansa-Maschine, mit der er knapp vor mir in Berlin eintraf, da ich schließlich doch eine Erlaubnis bekommen hatte.
In Berlin am Flughafen begrüßte uns Ernstchen Delius, der junge Sieger von Kapstadt. Er war sofort nach dem Rennen wieder zurückgeflogen. Sein junger Ruhm stand ihm gut! Für die kommende Rennsaison versprach er, Bernd eine gute Unterstützung zu werden.

AG TANK
CONTIN
3

NTAL · REIFEN

Bernd geht in die Luft

Bernd war nicht mehr zu halten. Er wollte seinen B-Schein machen, und zwar sofort. Es war für ihn unerträglich, daß er mit meinem »Taifun« nicht allein fliegen durfte. Wie ein Wilder stürzte er sich in die Prüfungsvorbereitungen. Da ihm die 28000 Kilometer durch Afrika als zweiter Pilot angerechnet wurden, mußte er nur noch Ziellandungen, Höhenflug, Nachtlandungen und den Überlandflug auf einer B-Maschine machen – für ihn keine großen Probleme mehr, da er in den vergangenen Monaten schon alles mitbekommen hatte.

Ich sah meine Vorherrschaft in der Luft langsam, aber sicher dahinschwinden. Es mußte bei uns wohl alles so sein. Es war schier unausdenkbar, daß mein Mann auf irgendeinem Gebiet, das ihn interessierte, hinter mir zurückstand. Daran hatte ich mich inzwischen auch gewöhnt und war sogar allmählich froh darüber.

Obwohl es Bernd bei irgendwelchen Gelegenheiten passieren konnte, daß ihm die hellen Jungenstränen über die Backen kullerten, war er für mich der männlichste Mann, dem ich in den fünf Erdteilen begegnet bin. Dazu kam, daß er in kürzester Zeit mehr verdiente als ich in Jahren intensivster und auch erfolgreicher Arbeit, was für unser verheiratetes Zusammenleben keineswegs bedeutungslos war. Überflüssig zu sagen, daß keiner von uns beiden jemals den Lebenspartner nach wirtschaftlichen Erwägungen gewählt hatte. Trotzdem, man soll den Erfolg im Leben nicht unterschätzen. Außerdem hatte ich immerhin jahrelang den Aufwand für mein Leben mit Auto, Flugzeug und herrlichen Reisen selbst aufgebracht. Aber das waren neben der persönlichen Leistung Dinge, die einem Rosemeyer nicht imponierten. Er konnte es besser – in jeder Hinsicht!

Der Umzug in eine vernünftige Wohnung stand nun endlich auch unausweichlich vor der Tür, nur uns beiden war völlig schleierhaft, wann und wo wir die Zeit dazu hernehmen sollten. Nachdem wir Bernds Vater besucht hatten kam die Automobil-Ausstellung, wo Bernd einige Tage sein mußte. So zwischendrin war er dann fliegen, und nun waren wir schon wieder auf dem Sprung, nach Monza zu fahren. Dort fanden Versuche für die kommende Rennsaison statt. Außerdem hatten wir beide noch einen Winter-Urlaub vor. Bernd brauchte ganz dringend etwas Erholung, bevor die Rennen wieder anfingen. Und ich hatte noch einige vom vorigen Jahr wegen der Heirat liegengebliebene Vortragsverpflichtungen einzuhalten. Ich wagte gar nicht, darüber nachzudenken, wie das alles vor dem ersten Rennen in Tripolis geschafft werden sollte.

Bernd fuhr mit dem Auto nach Monza, während ich inzwischen einige Vorträge hielt und ihm dann mit der Lufthansa in den Vorfrühling Oberitaliens nachflog. Als die Maschine zur Landung ansetzte, klopfte mir das Herz bis in den Hals hinauf. Irgend etwas war anders als früher, ganz neu für mich – für uns. Als mich Bernd in die Arme nahm, hatte ich Mühe, die Tränen hinunterzuschlucken. Und als er mich eine ganze Weile wortlos mit einem verlorenen Lächeln ansah, glaubte ich, daß er wußte, was in mir vorging.

Am Tag darauf fuhren wir mit unserem Ernst, der alle Probleme der vergangenen Saison längst vergessen zu haben schien, in die Berge, um, bis die Versuche begannen, noch Skiurlaub zu machen.

Bernd gehörte zu den Menschen, die sich von allem Unangenehmen, was ihnen begegnet, unglaublich schnell wieder erholen. Der Tod seiner Mutter beschäftigte ihn innerlich nach wie vor sehr. Aber das Bewußtsein, daß er seines Vaters wegen jetzt besonders dafür sorgen mußte, seine Nerven gut beieinander zu haben, brachte ihn dahin, daß er jeden Erholungstag voll und bewußt ausnutzte.

Von morgens bis abends tobten wir drei in der herrlichen Höhenluft und im Pulverschnee der Dolomiten herum und verbesserten uns immer mehr im doch so schwierigen Christiana, dem damals den Telemark ablösenden Skischwung.

Doch es waren uns nicht einmal drei Tage Urlaub vergönnt.

Wir lagen noch im Bett, als der Page von »Tre Crocci« anklopfte und mir einen Zettel mit einem telefonisch aufgegebenen Telegramm hereinreichte. »Sie sollen uns doch wenigstens die paar Tage mal mit dem dienstlichen Quatsch in Frieden lassen«, fuhr Bernd hoch, während ich den verklebten Zettel aufriß. Was ich las, war so grausam, daß ich im Moment fast die Fassung verlor: »Job im Auto tödlich verunglückt.« Bernds einziger, älterer Bruder Job! Nein, das durfte nicht wahr sein!

Job, Bernds einziger Bruder! Oh, mein Gott!

Job hatte Bernd in seinen ersten Rennjahren auf dem Motorrad gemanagt, jeden Brief geschrieben, jeden Vertrag hatte er gemacht, das Startgeld ausgehandelt – Bernd hatte seinem Bruder viel zu verdanken. Daß sich die beiden in den letzten Jahren etwas auseinandergelebt hatten, änderte nichts an der Grundeinstellung zum Bruder. Ich fand keine vorbereitende Form, um Bernd die Nachricht beizubringen. Die Tragik des Geschehens war so ungeheuer. Bernd mußte es sofort erfahren.

»Bernd, Job ist verunglückt, mit dem Auto.«

»Himmeldonnerwetter, ich hab' ihm immer gesagt, er soll nicht schneller fahren, als er kann. Ist ihm was passiert?«

Ich weiß nicht, was ich gegeben hätte, wenn ich hätte sagen können: »Er hat sich ein Bein gebrochen.« Aber ich brauchte dann nichts mehr zu sagen. Bernd nahm das

Telegramm. Als er es fortlegte, zitterten seine Hände ganz leicht. Einige Minuten sagte er nichts, kein Wort. Mit zusammengezogener Stirn saß er bewegungslos da.
Schließlich sagte er müde: »Du mußt die Koffer packen. Wir müssen zum Vater. Ich habe Angst davor, ihn zu sehen. Gerade erst Mutter und nun Job. Du weißt doch, daß Job in zwei Wochen zurückkommen sollte nach Lingen, um zu Vater ins Geschäft zu gehen. Vater brauchte ihn unbedingt. Wie soll er nur damit fertig werden? Wie gut, daß er seinen Glauben hat! Der wird ihm auch das tragen helfen.« Es klang ganz trostlos, als er diese Worte sprach.
Während ich schon anfing, das Notwendigste in die Koffer zu werfen, sagte Bernd plötzlich zu mir herüber: »Weißt du, wir müßten wirklich bald einen kleinen Sohn bekommen! Sonst ist ja überhaupt kein männlicher Rosemeyer von Vaters direkter Linie mehr da.«

In Lingen erfuhren wir, wie es passiert war. In einer Kurve war er ins Schleudern gekommen und gegen einen Baum gefahren. Wenige Augenblicke später, als man ihn fand, war er schon tot.
Einige Tage danach begleiteten wir Job hinaus auf den Friedhof von Lingen, wo er an die Seite seiner Mutter gebettet wurde.
Nur ein einziges Mal sagte Vater Rosemeyer: »Bernd, willst du nicht das Rennfahren aufgeben?«
»Vater«, erklärte Bernd, ohne zu überlegen, »du weißt, daß dieser Beruf zu meinem Leben gehört wie die Luft zum Atmen. Außerdem glaube ich, man braucht mich noch. Ehe nicht Jüngere, Bessere da sind, kann und darf ich nicht aufgeben. Und wenn ich sterben muß, dann ist es auch ohne Rennwagen zu Ende. Du weißt, daß ich nicht leichtsinnig bin. Ich habe nie etwas gemacht, was ich nicht verantworten konnte – und jetzt werde ich doppelt vorsichtig sein, schon auch Ellys wegen. Um mich brauchst du dir keine Sorgen zu machen. Und du weißt ja, Unkraut vergeht nicht!«
Einen Moment leuchtete es im Auge des Vaters auf. »Nein, Junge, ich weiß, daß du den Wagen in der Hand hast. Ich will dich auch nicht mit meinem Kummer belasten; du brauchst deine Nerven. Und der liebe Herrgott wird dich beschützen ...«
»Lieber Vater, eins verspreche ich dir heute: Wenn ich jemals auch nur ein bißchen nervös oder unsicher sein sollte, will ich mich nie wieder in den Rennwagen setzen. Darauf kannst du dich verlassen.«

* * *

Inzwischen wartete die Auto-Union in Monza schon wieder auf Bernd. Er sollte nach den inzwischen gemachten Verbesserungen noch einige Probefahrten absolvieren, ehe es zur Feuerprobe nach Tripolis ging. Die wenigen Tage danach waren eigentlich keine Erholung, die jetzt im Grunde noch viel nötiger geworden war.
Als wir nach Berlin zurückkamen, war der Umzug im großen und ganzen gemacht. Tagelang waren wir dann beschäftigt, Möbel umzustellen, Bilder an die Wand zu nageln, wieder umzuhängen und – Trophäen, und zwar von uns beiden, zu plazieren. Es war eine Arbeit, die uns viel Freude machte. Endlich hatten wir Platz für die vielen schönen Dinge, die bisher in Ecken und Schränken ein trauriges Dasein gefristet hatten. Bernd kämpfte wie ein Löwe um die bessern Plätze für seine Sachen.
»Dein überhebliches Junggesellentum hat jetzt aufgehört. Warte mal ab, wenn ich mit allen meinen Schätzen, die noch in Lingen sind, ankomme; dann kannst du mit deinen paar Pötten einpacken«, drohte er.

Vor den Probefahrten in Monza

Am 9. April machte Bernd seinen Überlandflug auf einer B-Maschine und hatte damit alle Prüfungen hinter sich gebracht. Nun hatte er auch das geschafft, im Handgalopp gewissermaßen, wie alles, was ihm lag. Als wir mit einer Flasche Champagner, abends den funkelnagelneuen B-Schein begossen, trug ich gewissermaßen auch meine letzte Vorherrschaft zu Grabe. Infolge unserer ehelichen Gütergemeinschaft konnte ich Bernd nun auch nicht mehr verweigern, bei passender Gelegenheit mit meinem geliebten »Taifun« einmal allein zu fliegen. Mir grauste vor dem Tag, wenn ich einsam unten am Flugplatz stand und zusehen mußte, wie er mit meiner Maschine herumtobte.

Für unseren Flug nach Tripolis hatte Gott sei Dank Bernds B-Schein vorerst nur theoretische Bedeutung, weil keine Zeit mehr war, ihn auf den »Taifun« umzuschulen. Und er gab ohne weiteres zu, daß ausländische Flughäfen nicht unbedingt geeignet waren, um dort seine ersten Start- und Landeversuche auf der schnellen Maschine zu unternehmen.

Der B- sollte dem A-Schein bald folgen

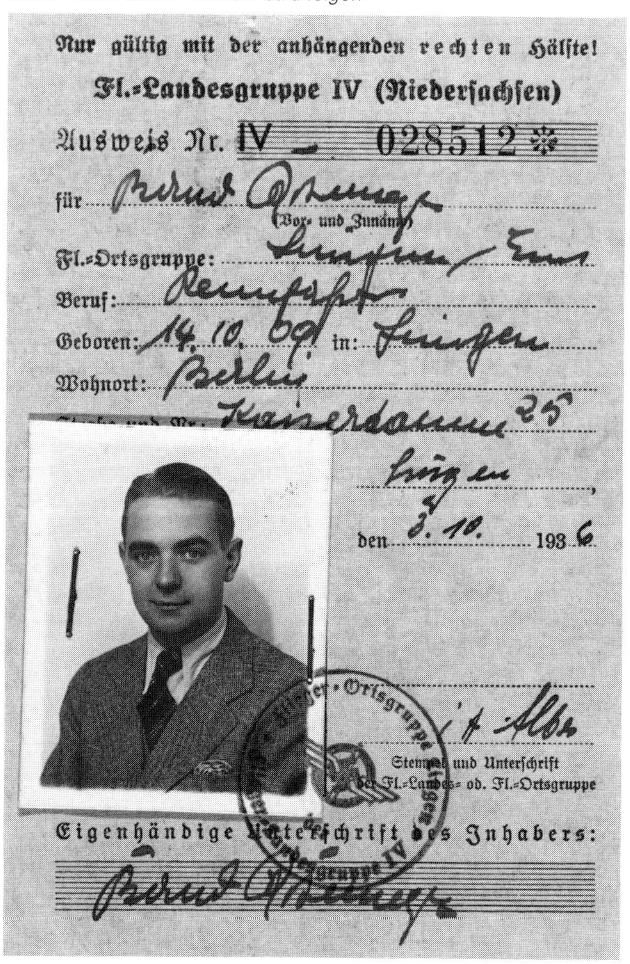
Nur gültig mit der anhängenden rechten Hälfte!

Fl.-Landesgruppe IV (Niedersachsen)

Ausweis Nr. IV – 028512

für ...... (Vor- und Zuname)

Fl.-Ortsgruppe: ......

Beruf: ......

Geboren: 14.10.09 in: Lingen

Wohnort: Berlin

Straße und Nr.: Kaiserdamm 25

Lingen, den 3.10. 1936

Stempel und Unterschrift der Fl.-Landes- od. Fl.-Ortsgruppe

Eigenhändige Unterschrift des Inhabers:

Das Wetter auf dem Flug nach dem Süden war scheußlich. Sogar die Verkehrsmaschinen blieben einen Tag lang in Neapel hängen. Davon ausgehend, daß die Wetterwarten bei Sportfliegern die Lage immer noch etwas schwärzer malten, als sie wirklich ist, brausten wir am zweiten Tag munter und unbeschwert von Rom los gen Afrika.

Es kam ganz schlimm! Ein Unwetter tobte, und die Wolken hingen bis auf den Boden hinunter, daß wir gezwungen waren, an der Küste entlangzufliegen. Der Regen schüttete nur so herunter. Ich fühlte mich lebhaft an meine ersten tropischen Regenzeiterfahrungen in Niederländisch-Indien erinnert.

Nach endlosen Stunden, in denen ich mindestens zehnmal ernsthaft an eine Notlandung dachte, hatten wir uns endlich durch die Straße von Messina bis nach Catania auf Sizilien durchgemogelt, wo ich sowieso hatte landen wollen.

Da saßen wir nun trübselig trotz des Wonnemonats Mai – und das im südlichsten Europa – frierend auf dem Flugplatz herum, denn die Wettermeldungen von der afrikanischen Küste waren alles andere als ermutigend.

Als es Nachmittag wurde und die Wettermeldungen sich nicht besserten, gab ich mir einen Stoß: »Was meinst du Bernd, sollen wir es mal versuchen? Mehr als umkehren können wir ja nicht. Außerdem können wir um ganz Sizilien außen herumfliegen, und hinüber nach Afrika sind sowieso keine Berge. Fragt sich nur, wie wir Tunis finden, wenn drüben an der Küste tatsächlich noch Nebel ist.«

Mein lieber Mann atmete erlöst auf: »Na, Gott sei Dank, endlich ist der Groschen gefallen. Ich wollte ja nichts sagen. Aber dies Herumsitzen ...!«

Bis wir in Tunis wieder festen Boden unter den Rädern hatten, sollten wir noch einiges mitmachen. Das Wetter über dem Wasser war gräßlich gewesen! Colonel Davet, der Kommandant der Militärfliegerei, früherer Ozeanflieger, an den uns Wolfgang von Gronau empfohlen hatte, nahm uns in Empfang. Nach einem reizenden Abend landeten wir am nächsten Mittag in Tripolis auf dem Flugplatz, der direkt an der Mellaha-Rennstrecke liegt.

Neben uns im Uaddan-Hotel wohnten Hans und Paula Stuck, mit denen wir bis Donnerstag, als das Training begann, unheimlich viel Spaß hatten. Jeden Morgen fanden verbissene Wasserschlachten statt, bei denen Bernd einmal in seinem Kampfeseifer so stürzte, daß er aus mehreren Wunden blutete. Paulas sämtliche wohlriechende Flakons flogen durch die Gegend, und während unseres wilden Kampfes wurde sogar die Brausenarmatur aus der Wand gerissen... Es waren herrlich unbeschwerte Tage!

* * *

Am ersten Tag des Trainings kam Hühnlein von Deutschland herübergeflogen und brachte eine Nachricht mit, die uns alle erstarren ließ.
Das Luftschiff »Hindenburg« war bei der Landung in Lakehurst explodiert und völlig ausgebrannt, viele Mitglieder der Besatzung und Passagiere waren tot. Der Tag war wie verdunkelt. Die Gefahren der schnellen Strecke traten im Moment in den Hintergrund, weil alles der »Hindenburg«-Katastrophe gegenüber bedeutungslos erschien. Ich kam erst zur Besinnung, als Bernd einmal mit gut dreihundert Kilometern beim Überholen durch den starken Wind von der asphaltierten Bahn auf den Sand hinausgetragen wurde.
Am nächsten Tag war Marschall Balbo in seinem Sonderflugzeug von Rom zurückgekehrt und bewegte sich in seiner liebenswürdigen, ungezwungenen Art mehrere Stunden unter den Fahrern an den Boxen. Ich war ziemlich stolz, daß mein berühmter Kollege so vieles von meinen Flügen wußte, und freute mich sehr, als er mir sein Foto mit einer freundlichen Widmung schenkte: *»Aviatrice tedesca Elly Beinhorn.«*
Dies Bild entfachte den Neid meines Mannes, der gerade Balbo besonders in sein Herz geschlossen hatte. »Gib es sofort zurück!« forderte Bernd. »Elly Beinhorn war einmal. Die ist in Amerika verschollen.«
Am Samstag vor dem Rennen war kein Training mehr. Wir fuhren hinaus an den Strand. Endlich war es etwas wärmer geworden; das Wetter hatte es mit uns bisher nicht gut gemeint. Abends waren wir in ganz kleinem Kreise mit den Stucks bei Marschall Balbo und seiner Frau im Gouverneurspalast eingeladen, und aufs neue bezauberte uns die natürliche Liebenswürdigkeit unseres Gastgebers.
Klar, daß der Tag des Rennens selbst der erste wirklich heiße Tag in diesem Jahr war! Außerdem drohte ein heraufziehender »Gibli«, der gefürchtete Sandsturm, während des ganzen Vormittags! Aber das hatte alles keinen Einfluß auf das Millionenrennen von Tripolis.
Die vielen Tausende von Zuschauern, weiß und schwarz schon durcheinander, jubelten, als der Gouverneur die Strecke abfuhr. Um fünfzehn Uhr fiel der Startschuß und 17 Rennwagen brausten, gehüllt in eine Sandwolke, die erste schnelle Gerade hinunter. Es war entsetzlich aufregend! Im Nu waren die Fahrer hinter den Palmen verschwunden. Nach knapp dreieinhalb Minuten hatten die Schnellsten bereits die 13,1 Kilometer lange Runde hinter sich und kamen, angeführt von Caracciola und Bernd, wieder an der riesigen freitragenden Tribüne vorbeigerast.
Es sollte sich bald zeigen, daß Tripolis bei der Bodentemperatur von siebenunddreißig Grad ein Rennen der Reifen werden würde, Stuck hatte das Pech, gleich in der dritten Runde einen Reifen wechseln zu müssen, und fiel

Bernd mit der landesüblichen Kopfbedeckung während des Trainings.

weit zurück. Bernd erwischte es in der fünften Runde. Auch er war zu scharf gefahren. Er fiel auf den fünften Platz zurück.
Die Götter hatten sich ausgedacht, daß Bernd den Großen Preis von Tripolis nicht gewinnen sollte – vielleicht, um ihn nicht übermütig zu machen; wer weiß. Hermann Lang auf Daimler-Benz fuhr ihn nach Hause.
Aber Bernd, der als Zweiter mit knapp zehn Sekunden Abstand das Ziel durchfuhr, machte es ihm nicht leicht. Schon hatte er sich wieder herangearbeitet bis an die Spitze. Er übernahm sie, als Lang zum Tanken hielt, und gab sie erst wieder ab, als er selbst halten mußte, weil schon wieder ein Reifen verschlissen war. Und da passierte das Malheur: Die Tankanlage hatte just zu diesem

Zeitpunkt, wegen drei außer der Reihe aufgetankter Auto-Union-Wagen keinen Sprit mehr, und Bernds Aufenthalt an der Box dauerte eine Minute fünfundvierzig Sekunden! Ich hielt mich ganz weit im Hintergrund, um das Toben meines Mannes nicht hören zu müssen ...
Damit war es vorbei mit der Chance. Bernd konnte den Vorsprung, den Lang, der ein phantastisches Rennen fuhr, gewonnen hatte, nicht mehr aufholen. Während ihm dauernd die Protektoren um die Ohren flogen, hatte es Lang nicht mehr nötig, sein Tempo zu forcieren, mit dem Risiko, selbst noch einen Reifen zuschanden zu fahren. Auf den letzten Runden konnte er einen unangefochtenen Sieg in diesem Millionenrennen (so benannt nach der damit verbundenen Lotterie mit mehreren Millionengewinnen) nach Hause fahren. Trotz seines Pechs freute sich Bernd ehrlich über den ersten großen Erfolg seines jungen Rennfahrer-Kollegen.
Abends war Gartenfest bei Gouverneur Balbo. Wir waren mit ungefähr fünfzig Personen im Palast zum Essen eingeladen. Es war wie in einem Märchen von tausendundeiner Nacht. Noch am nächsten Morgen glaubten wir an einen Traum.

Vorerst wollte es in dieser Saison bei Bernd nicht so recht klappen. Auch das schnelle Avus-Rennen mit der neuen Kurve, für das er eigentlich prädestiniert war, wurde ebenfalls von Hermann Lang gewonnen. Im Training war Bernd mit seinem Stromlinienwagen zwar enorm schnell gewesen – eine Runde hatte er mit dem unglaublichen Durchschnitt von 282 Kilometern gefahren, das bedeutete auf der Geraden 360 Kilometer –, aber im Rennen selbst hatte er Pech. Er fuhr einen Reifen durch, und Wasser lief in den Motor. Trotzdem wurde er noch Vierter. Überflüssigerweise war ihm noch literweise heißes Öl über die Beine gelaufen. Er sah aus wie eine Ölsardine. Da gab es für mich nichts anderes als: Kombination herunter und Hemd aus! Ich steckte alles in Benzin, und in zehn Minuten sah er wieder menschenähnlich aus.
Nuvolari, der wegen der Aussichtslosigkeit für die Alfas auf dieser Strecke nicht gestartet und als Zuschauer bei uns an den Boxen war, konnte nicht genug kriegen, als er den mit seidenen Unterhöschen bekleideten Rosemeyer begeistert immer wieder fotografierte. Wir hatten alle einen riesigen Spaß, obwohl es bei Bernd wieder einmal nicht so recht geklappt hatte.

Boxenstopp in der 5. Runde

Deutscher Triumph in Tripolis

Mercedes-Benz (Lang) siegt in Tripolis

Acht deutsche Wagen auf den acht ersten Plätzen

Ergebnisse: 1. Hermann Lang (Mercedes-Benz) 2:27:57,67 (216,3 Benz, neuer Streckenrekord); 2. Bernd Rosemeyer (Auto Union) 2:28:07,32; 3 Ernst v. Delius (Auto Union) 2:29:11,85; 4. Hans Stuck (Auto Union) 2:29:39,59; 5. Luigi Fagioli (Auto Union) 2:29:42,58; 6. Rudolf Caracciola (Mercedes-Benz) 2:29:53,02; 7. Richard Seaman (Mercedes-Benz) 2:32:07,55; 8. Rudolf Hasse (Auto Union) 2:33:16,66; 9. Dr. Giuseppe Farina (Alfa Romeo) 1 Runde zurück; 10. Marchese Antonio Brivio (Alfa Romeo) 1 Runde zurück; 11. Raymond Sommer (Alfa Romeo) 1 Runde zurück; 12. Mario Tadini (Alfa Romeo) 3 Runden zurück; 13. Laszlo Hartmann (Maserati) 5 Runden zurück. — Wagen nicht über 1500 ccm: 1. Dreyfus (Maserati) 34 Runden in 2:33:35 (173,7 Benz); 2. Cortese (Maserati) 34 Runden in 2:36:51; 3. Francesco Severi (Maserati).

Bernd sollte den Großen Preis von Tripolis nicht gewinnen.

Am Sonntag Avusrennen!

Bilder: Presse-Bild-Zentrale (3), Atlantic (1)

Die neuerbaute Tribüne an der Ostseite der Steilkurve

Das Verwaltungsgebäude mit dem Turm, von dem man einen herrlichen Blick auf die Kurve und Gerade hat

Die neue Haupttribüne an der Westseite der Kurve, auf der sich auch die Pressetribüne befindet (Die Presse dankt)

Beginn des Rennens: 13 Uhr

Dafür hatte unser »kleiner« Ernst, der mit viel Selbstbewußtsein aus Südafrika zurückgekommen war, sogar den zweiten Platz hinter Lang geschafft. Zu seinem Kummer hatte er fürs Rennen keinen Stromlinienwagen bekommen und fühlte sich gegenüber Carratsch, Bernd, Brauchitsch, Lang und Fagioli benachteiligt. Als aber alle Stromlinier außer Lang ihre Pannen hatten, bekam er plötzlich mit seinem »langsamen« Rennwagen seine Chance. Mit nur 180 Meter Abstand hinter dem Sieger fuhr er über die Ziellinie. Bernd war ganz stolz auf ihn.

* * *

Für Anfang Juli war Bernd zusammen mit Ernst von Delius für den Vanderbilt-Pokal nach Amerika gemeldet worden. Das war an sich herrlich, wir hatten uns schon einmal im Jahr vorher vergeblich wie die Kinder auf eine solche Amerikareise gefreut! Aber ich hatte so meine Bedenken, ob ich mitfahren sollte, wenn auch Bernd davon nichts wissen wollte. Erstens war für die ganze Reise nur drei Wochen Zeit, einschließlich Hin- und Rückfahrt; zweitens mußten wir meine Reise selbstverständlich selbst bezahlen, und das lohnte sich eigentlich nicht für die kurze Frist; und drittens fragte ich mich, ob mein Gesundheitszustand bei diesem Hetztempo für meinen Mann nicht eher eine Belastung denn eine tatsächliche Unterstützung darstellen würde.
Aber noch war es nicht soweit. Als nächstes kam erst mal das Eifel-Rennen dran! Außerdem in der Rennfahrerei soll man keine Pläne auf zu lange Sicht machen ...

Rennwagen über 1500 ccm, Endlauf, 151,833 Kilometer (8 Runden + 545 Meter): 1. Hermann Lang (Mercedes-Benz) 35 : 30,4 (261,7 km/std.); 2. Ernst v. Delius (Auto-Union) 35 : 32,2 (261,5 km/std.); 3. Rudolf Hasse (Auto-Union) 36 : 06,2 (257,4 km/std.); 4. Bernd Rosemeyer (Auto-Union) 36 : 37 (253,9 km/std.); 5. Richard Seaman (Mercedes-Benz) 36 : 50,2 (252,2 km/std.). Zwei Runden zurück: 6. Laszlo Hartmann-Ungarn (Maserati) 36 : 05,1. Schnellste Runde: Bernd Rosemeyer (Auto-Union) in 4 : 11,2 (276,4 km/std.). Acht gestartet, sechs am Ziel.

Bernd im Stromlinienwagen mit der Nr. 31

Trotz seiner Pechsträhne ging Bernd wieder, wie immer, mit Mumm und Überzeugung an die Sache heran; außerdem, was konnte ihm beziehungsweise uns schon passieren, das Eifel-Rennen wurde an einem 13., dem 13. Juni, ausgefahren!

Da die Auto-Union-Rennwagen nicht so ganz in Schuß waren, hatte Dr. Feuereissen Bernd und Ernst Anfang Juni noch einmal zu Versuchsfahrten auf den Nürburgring bestellt. Bei uns zu Hause war so viel zu erledigen, daß ich einfach nicht mit konnte. Bernd war erstaunlicherweise gar nicht so traurig, wie ich erwartet hatte.

»Weißt du was, dann bitte ich einfach Buecker, mir einen ›Jungmann‹ zu borgen, und ich fliege eben hinüber. Schade, daß du nicht wegkannst. Aber ich fahre ja auch nur ein paar Runden.«

Oh, du mein scheinheiliger Bernd!

Mittags klingelte das Telefon: »Paß mal auf, ich bin hier direkt am Ring gelandet. Du weißt doch, da ist so ein kleiner Segelflugplatz an der Quiddelbacher Höhe, nicht sehr doll, aber er hat gelangt. Eigentlich durfte ich ja nicht, und das Luftamt hat auch schon angerufen. Aber außerdem meckerte ein Zylinder. Nun haben wir die Maschine einfach über den Ring auf der Rennstrecke entlang ans Sporthotel gerollt. Unsere Monteure nehmen den Zylinder ab, und morgen starte ich direkt hier vom ›Ring‹ weg. Übrigens hab' ich 'ne Runde mit 9,54 Sekunden gefahren.«

Das war wieder mal so typisch Rosemeyer! Was hieß denn das? Mir war nur zu klar, daß es ihn schon lange gejuckt hatte, endlich einmal seinen Leuten vorzuführen, daß er sich inzwischen auch zu einem selbständigen Flieger ausgewachsen hatte!

Am nächsten Tag startete er dann zur großen Begeisterung der anwesenden Presseleute, die wieder einmal ein Husarenstück Rosemeyers melden konnten, tatsächlich direkt von der Tribüne weg! Und nachmittags war er wieder strahlend und stolz in Berlin. Ganz aufgeregt erzählte er mir von einem Zwischenfall, der sich noch vor seinem Start auf dem Ring ereignet hatte.

Unser »kleiner« Ernst hatte sich bei den Versuchsfahrten auf dem Nürburgring überschlagen, verursacht durch einen Spatz, der ihm in die Brille flog. Wie durch ein Wunder war er mit einem Bluterguß am Oberschenkel dabei weggekommen.

Nicht zu beschreiben aber war unsere Überraschung, als noch am selben Abend plötzlich Delius ganz vergnügt, nur etwas humpelnd, vor unserer Tür stand und meinte, nun müsse er endlich mal etwas Anständiges in die Knochen kriegen. Gleich nach seinem Unfall hatte er beschlossen, es sei wohl nicht das Richtige, da oben in der Eifel den kranken Mann zu spielen. Im Auto hatte er sich nach Köln bringen lassen und war mit der Lufthansa sofort nach Berlin geflogen, wo er sich auch verarzten lassen wollte.

»Kinder, schade, daß von dem Spatz nicht mehr viel übriggeblieben ist. Den hätte ich mir gerne als Talisman präparieren lassen«, das war alles, was er über diesen »Vorfall« von sich gab.

Start zum Eifel-Rennen. Links Bernd mit der Nr. 1

Start der Rennwag

Start Nr. 6 Caracciola, 8 von Brauchitsch, 1 Rosemeyer, 4 Hasse, 7 Lang, 12 Farina, 11 Nuvolari, 2 von Delius,

Bernds Paradestart auf dem Nürburgring. Rechts der erste Volkswagen

Unser 13. hielt uns die Treue, ebenso eine ungeheuer große, treue Anhängerschaft, die sich Bernd mit der Zeit erworben hatte. Es war überwältigend wie ihm die dreihunderttausend Menschen am Ring bei seinem »come back« wieder zujubelten. Wie oft hatte ich mich mit meinem Mann über das Thema Publikum unterhalten und mußte daran denken, daß er sagte:
»Laß nur, heute heben sie dich in den Himmel, und

Photo: Urban, Koblenz

ım Eifelrennen 1937

5 Müller, 10 Kautz, 16 Hartmann, 9 Seaman, 18 Ruesch, 15 Soffietti, 24 Carraroli, 21 Mandirola, 19 Balestrero, 23 Festetics

Dieses Rennen ließ sich der Rosemeyer nicht nehmen.

morgen pfeifen sie auf dich, wenn du keinen Erfolg hast, selbst wenn du nichts dafür kannst. Sie haben ja keine Ahnung, was es heißt, einen Grand Prix von fünfhundert Kilometern zu gewinnen!«

Das Eifel-Rennen am 13. Juni ließ sich der Rosemeyer nicht nehmen. Von der vierten Runde ab führte er. Seine Monteure brachten die Glanzleistung fertig, ihm in absoluter Rekordzeit von 25 Sekunden beide Hinterräder zu wechseln.

Abends bei der kleinen Siegesfeier in Daun herrschte dann endlich einmal wieder eitel Freude und Seligkeit in unserem Lager. Uns allen war ein Stein vom Herzen gefallen, daß »wir« nun zur Abwechslung auch mal wieder drankamen!

Unser Vorstand, der vollzählig vertreten war, hatte nicht die Absicht, Bernd lange auf seinen Lorbeeren ausruhen zu lassen. Er gab bekannt, daß der Originalmotor, der das ganze Rennen durchgehalten hatte unter Zeugen plombiert und in den großen Stromlinienwagen eingebaut werden würde, damit Bernd noch vor der Amerikareise auf der Reichsautobahn Rekordversuche unternehmen

Nuvolari hatte in diesem Rennen keine Chance. Er wurde 5.

Eifel-Rennen 1937

Ergebnisse:

Sportwagen bis 1100 ccm, ohne Kompressor, 4 Runden = 91,240 km: 1. Regies (MG Midget) 59 : 33,4 (91,9 Benz); 2. K. Haagner (NSU-Fiat) 59 : 36,3; 3. W. Zinn (NSU-Fiat) 59 : 46,3. — Bis 1500 ccm, ohne Kompressor, 4 Runden = 91 km: 1. Dr. F. Werneck (BMW) 56 : 33,3 (96,8 Benz); 2. Roese (BMW) 57 : 38; 3. E. Krings (BMW) 57 : 38,3. — Bis 2000 ccm, ohne Kompressor, 5 Runden = 114 km: 1. A. F. P. Fane (BMW) 1 : 03 : 05,3 (108,4 Benz); 2. U. Richter (BMW) 1 : 03 : 17,1; 3. P. Heinemann (BMW) 1 : 04 : 29,3. — Ueber 2000 ccm, ohne Kompressor, 5 Runden = 114 km: 1. Teagno (Alfa Romeo) 1 : 12 : 43,4 (94,2 Benz). — Bis 2000 ccm, mit Kompressor, 5 Runden = 114 km: 1. H. Berg (Alfa Romeo) 1 : 04 : 30,2 (106,1 Benz); 2. R. Kohlrausch (MG) 1 : 10 : 19,2; 3. R. Fleischanderl (Amilcar) 1 : 11 : 51,4. — Ueber 2000 ccm, mit Kompressor, 5 Runden = 114 km: 1. Lazlo Hartmann (Alfa Romeo) 1 : 03 : 51,1 (107,1 Benz); 2. L. Castelbarco (Alfa Romeo) 1 : 04 : 24,3; 3. H. Wimmer (Bugatti) 1 : 10 : 30,4.

Rennwagen: 10 Runden = 228 km: Ueber 1500 ccm: 1. Bernd Rosemeyer (Auto-Union) 1 : 42 : 11,1 (133,5 Benz, beste Zeit des Tages, neuer Eifel-Rekord); 2. Rudolf Caracciola (Mercedes-Benz) 1 : 43 : 01,4 (133,0 Benz); 3. M. v. Brauchitsch (Mercedes-Benz) 1 : 43 : 56,4 (131,9 Benz); 4. Rudolf Hasse (Auto-Union) 1 : 45 : 35 (131,0 Benz); 5. Tazio Nuvolari (Alfa Romeo) 1 : 45 : 46; 6. Hermann Lang (Mercedes-Benz) 1 : 48 : 06,1; 7. H. P. Müller (Auto-Union) 1 : 48 : 35,1; 8. Hans Ruesch (Alfa Romeo) 1 : 48 : 44,1; 9. Christian Kautz (Mercedes-Benz) 1 : 49 : 38,4; 10. E. v. Delius (Auto-Union) 1 : 50 : 43,3. Eine Runde zurück: 11. Soffietti (Maserati); 12. L. Hartmann (Maserati).

Rennwagen müssen mit 250 km/st*) übers Grasbankett fahren können

Es ist schade, daß die großen Tribünen des Nürburgrings da oben an den beiden Geraden zur Südschleife liegen. Gewiß, der Eindruck des Tempos der Rennwagen ist dort gewaltig. Aber wer von den Zuschauern eines Nürburgrennens hat schon einmal in der Poststraßenkurve gestanden, dort, wo sich die schwarze Straße plötzlich senkt und immer steiler ins Tal hinunterfällt, in die Fuchsröhre?

Fast — denn die wirkliche Gerade führt dreimal über die vorspringenden Grasbankette weg, die jeweils die Kurveninnenseite bilden. Für Bernd Rosemeyer und für den Auto-Union-Rennwagen bildeten jedoch diese Grasbankette keinerlei Hindernisse. Wie ein Sturzbomber heulte der graue Rennwagen dort in die Tiefe, links ein Staubwirbel — das erste Bankett — rechts ein

Rosemeyer siegt im 11. Eifelrennen

Caracciola zweiter vor v. Brauchitsch

dnz. Nürburgring, 14. 6. (Eigenbericht)

Wieder einmal hat die deutsche Kraftfahrzeugindustrie in heißer Schlacht ihre Ueberlegenheit und Leistungsfähigkeit bewiesen. Das Internationale Eifelrennen auf dem Nürburgring stellt einen Höhepunkt sportlicher und technischer Entwicklung dar, der nur noch seine Bestätigung durch die großen Preise von Deutschland für Räder und Wagen erhalten wird. Gleichzeitig war das Eifelrennen die Vorprüfung für die Entwicklung der Rennwagen nach der für 1938 gültigen Rennformel. Rennwagen, Sportwagen und Krafträder bestritten die Rennen. In allen Gruppen gingen deutsche Fahrer und Fahrzeuge mit den Bestleistungen und Bestzeiten übers Ziel. Bernd Rosemeyer siegte in neuer Rekordzeit mit 135. km/std spann sich zwischen Caracciola und Rosemeyer ein erbitterter Kampf um die Führung, die mehrfach wechselte. Aus der zweiten Runde kam Caracciola mit etwa 100 m Vorsprung vor Rosemeyer, der aber in der nächsten Runde erfolgreiche Angriffe auf den Mercedes-Benz-Mann unternahm und sich kurz vor Beginn der vierten Runde die Spitze sicherte. In Abständen von je 300 m lagen Caracciola und v. Bauchitsch hinter ihm, weiter zurück folgte Lang vor Hasse und Nuvolari. Ausgeschieden ist bisher schon der Engländer Seaman infolge Motorschadens. Die wilde Jagd ging weiter, Rosemeyer wurde von den Mercedes-Benz-Fahrern ständig scharf getrieben, konnte aber trotzdem seinen Vorsprung auf rund 500 m ausdehnen. Nach der Hälfte des

konnte. Überflüssig zu erzählen wie selig Bernd war, endlich einmal ganz, ganz schnell fahren zu dürfen! Schon als Junge hatte er ja immer davon geträumt, im schnellsten Wagen der Welt zu sitzen ...

Als der Generaldirektor der Auto-Union, Doktor Bruhn, im Laufe dieses Abends von meiner Absicht hörte, Bernd allein nach Amerika fahren zu lassen, reagierte er spontan: »Rosemeyer, das kommt ja gar nicht in Frage. Ihre Frau hat Ihnen doch immer Glück gebracht, die muß mitkommen nach New York, dann sind Sie mir auch ruhiger. Das lassen Sie uns mal machen. Jedenfalls werden morgen gleich Schiffskarten für sie mitbestellt.«

»Ich finde ja auch, daß sie keinen Grund hat, zu Hause zu bleiben und sich zu drücken. Und nachdem ich heute hier gewonnen habe, hätte ich Elly sowieso nicht hiergelassen«, meinte Bernd nur lakonisch.

Ich führte einen Freudentanz auf.

Herrgott, ist die Welt schön! Wir fahren nach Amerika!

NORGE
NORGE

Weltrekord und Vanderbilt-Cup

Selten hatten wir unseren Ruf als »schnelles Ehepaar« so redlich verdient wie in der Woche zwischen dem Eifel-Rennen und der Abreise in die USA. Das Tempo war selbst für uns atemberaubend!
Bernd hatte natürlich – wie sollte es anders sein – den größten Anteil an der Geschwindigkeit. Er war am Boden schon schneller gewesen als ich in der Luft. Und jetzt wollte und sollte er noch schnell vor Amerika den absoluten Geschwindigkeits-Weltrekord fahren!
Vorübergehend mußte ich recht unsportlich an meine Schneiderin denken. Dieses Mal war es viel wichtiger als je zuvor, daß ich meine Sachen einigermaßen in Schuß bekam – meine immer so zuverlässig schlanke Linie hatte etwas gelitten!
Am Montagmorgen mußte mein Mann noch einmal zurück zum Nürburgring, um für einige Filmaufnahmen zu fahren. »Du, paß auf, das ist eine Gelegenheit! Du setzt dich einfach auf den Rand von meinem Sitz, und ich fahre ganz vorsichtig. Damit du mal eine Ahnung bekommst, wie das ist, wenn ich um die Kurven steche!«
Klasse, ich war begeistert. Aber mit meinem Enthusiasmus war es schon nach den ersten Kurven vorbei, als ich in jeder Kurve kurz davor war, im hohen Bogen hinauszufliegen. Bernd wollte sich ausschütten vor Lachen: »Und dabei hab' ich Einfahrkerzen drin und kann überhaupt nicht schnell fahren. Du, mit dem Tempo würde es nicht mal für einen zehnten Platz langen!« Ich muß sagen, ich war ganz schön beeindruckt nach diesen wenigen Kilometern, die ich mit Bernd im Rennwagen gefahren war. Es bestätigte mir wieder einmal, wie unendlich viel mehr Schneid zum Beruf meines Mannes gehörte als zu meiner Fliegerei.
Mit meinem in Bonn geparkten »Taifun« flogen wir dann schnell hinüber nach Frankfurt/Main, wo auf der Reichsautobahn die Rekordversuche in den nächsten Tagen unternommen werden sollten, wenn das Wetter mitmachte.
Noch in der Nacht nach dem Eifel-Rennen war der Motor aus Bernds Rennwagen unter Zeugen plombiert worden

Mit Bernd im Rennwagen. (Dieses Foto ist natürlich eine Fotomontage.)

und nach Zwickau ins Werk gegangen, wo er in fieberhafter Arbeit in den Stromlinienwagen eingebaut wurde. Schon am Dienstag traf der Rekordwagen auf der Reichsautobahn ein. Nicht ohne Grund hatte die Auto-Union festgelegt, die Versuche zu diesem Zeitpunkt anzusetzen. Die Strecke war nämlich sowieso für den englischen Major Gardner, der auch Weltrekordversuche unternehmen wollte – allerdings in einer andern Klasse – gesperrt. Das bedeutete für uns keinerlei besondere Organisation. Bernd brauchte nur zu kommen und zu fahren; alles war vorbereitet, Streckentelefone gelegt, und was sonst dazu gehört.
Die Wettermeldungen am Dienstagabend ließen für den nächsten Morgen auf geeignetes Wetter hoffen, und bereits um neun Uhr lagen wir im Bett. Bernd war sofort eingeschlafen. Bei mir dauerte es etwas länger, weil ich in Gedanken schon beim nächsten Tag war.
Bereits vor sechs standen wir fröstelnd in der kalten Morgenluft an der Autobahn Frankfurt–Darmstadt. »Willst du mit mir wetten, daß ich einige von den alten Kamellen abschieße?« lachte Bernd übermütig.
Mir war nicht nach Wetten zumute. Mir wurde erst wohler, als Bernd nach seiner ersten Versuchsfahrt zurückkam. Dann ging alles Schlag auf Schlag. Und tatsächlich, Bernd sollte recht behalten: Die Rekorde purzelten nur so, daß es eine wahre Pracht war! Mit einigen Bekannten war ich über die für den Verkehr offene Seite der Reichsautobahn hinunter nach der Moerfelder Brücke gefahren, um Bernd in voller Aktion zu sehen. Da kam er schon angeschossen. Diese bisher nie erlebte Geschwindigkeit war so atemberaubend, daß ich mich erst zur andern Seite der Brücke herumdrehte, als der Wagen schon hinter einer mehrere Kilometer entfernten Kurve verschwunden war. Beklemmung befiel mich bei dem Gedanken, daß in diesem rasenden Projektil ausgerechnet mein Mann saß. Da fielen mir Bernds Worte vom Tag vorher ein: »Weißt du, Rekorde fahren ist eine ruhige, runde Sache; du hast die Straße vor und hinter dir für dich ganz allein und bist nicht von dem Unfug abhängig, den ein anderer Fahrer macht, oder von seinem Pech, wenn ihm ein Pneu platzt und er vor dir kreuz und quer über die Straße schlittert. Hier heißt es: Selbst ist der Mann, und

Bernd im Rekordwagen

Rekord der Rekorde

Eine Woche Bestleistungen — und wie sie zustande kamen

Zwar war die Internationalität der ONS-Autobahn-Rekordwoche nicht ganz so ausgefallen, wie wir es erwartet hatten, nur der englische Rekordmajor Gardner vertrat mit seinem 1100-ccm-MG die internationale Seite, und durch den Ausfall von BMW- und Mercedes-Bestleistungen gab es auch einige Enttäuschungen, — trotzdem aber wurden die Frankfurter Tage zu einem vollen Erfolg sowohl der deutschen Kraftfahrzeugtechnik als auch unserer Autobahnen! 33 neue Bestleistungen standen nach fünf Rekordtagen, und die Auto Union war es, die sich daran den Löwenanteil sicherte und nicht weniger als 29 Bestleistungen für sich verbuchte. Ein wirklich überragender Erfolg, der kaum in einer solchen Ziffer, aber auch nicht in einer solchen Qualität der Leistungen vorher zu erwarten gewesen ist! 15 Rekorde stellte Rosemeyer neu auf, und unter diesen internationalen Klassenrekorden zwei absolute Weltbestleistungen. Da nach Angabe der Auto Union zu diesen Rekorden der „serienmäßige" Grand-Prix-Motor „mit nur geringfügigen Aenderungen" verwendet wurde, stellt diese Leistungsserie einen grandiosen Abschluß der vier Jahre 750-kg-Formel für die Sachsen dar.

14 Weltrekorde aber konnten Kluge und Winkler mit einer 175er und einer 250er DKW aufstellen, so daß nun DKW in diesen beiden Klassen alle Kurzstrecken-Bestleistungen vom Kilometer bis zur Zehnmeilen-Distanz hält! Auch das ein wirklich stolzer Erfolg!

Das Rekordfahrzeug der Auto Union. Wundern Sie sich über den spiegelnden Lack? Das ist ein Speziallack, der das an und für sich poröse Leichtmetall völlig glatt und windschlüpfig und den Wagen auf diese Weise etwa fünf Benz in der Spitze schneller macht Foto v. Stavenhagen

du hast nur auf dich ganz allein aufzupassen. Und das ist genau das Richtige für Vater Rosemeyers Bernd.« Ich wußte nicht so recht, ob ich diese Ansicht teilen konnte. Ehe ich so richtig zur Besinnung kam, war schon alles vorüber. Es war unglaublich. Ich traute meinen Ohren nicht: Bernd hatte fünf internationale Klassenrekorde und einen *Weltrekord* in der kurzen Zeit aufgestellt.
»Bernd, du lieber, greulicher Bernd! Wenn dich jemand wirklich bewundert, dann ist es ausgerechnet deine eigene Frau! Aber sag mal, du siehst ja so käsig aus? War es schlimm?«
Er lachte schon wieder, beinah etwas unzufrieden mit sich selbst.
»Ich sage dir, bei den zehn Meilen – nee, das war doll! Ich habe einen Moment gedacht, nun ginge es nicht mehr. Du, diese Geschwindigkeiten sind doch allerhand. Wenn du unter einer Brücke durchfährst, ist für einen winzigen Augenblick der Motorenlärm vollkommen weg und kommt dann wie ein Kanonenschlag wieder, wenn du durch bist. Ich glaube, selbst für dich trotz deines bekannten Mumms wäre das nichts!« Ich glaubte es auch.
»Aber es ist schade«, fuhr Bernd fort, »so ganz heimlich hatte ich doch gehofft, über die Vierhundert-Kilometer-Grenze zu kommen. Und nun waren's doch nur dreihundertdreiundneunzig Kilometer. Elly, stell dir vor, als erster Mensch auf einer normalen Straße vierhundert zu fahren! Du, das muß ich schaffen. Schade, daß der Wind so stark wird. Diesmal ist keine Zeit mehr dazu wegen Amerika. Aber immerhin, ich möchte ganz gerne das Gesicht von Herrn Campbell sehen, wenn er von diesen Zeiten hört! Wer weiß, vielleicht gehen wir in einiger Zeit tatsächlich noch an den absoluten Geschwindigkeits-Rekord heran. Und vielleicht brauchen wir dann noch nicht einmal mehr die amerikanischen Salzwüsten dazu!«
Erst bei Tisch, bei dem kleinen improvisierten Festessen mit all den Helfern von der Organisation und der Presse ging mir im einzelnen auf, was sich an diesem Tage eigentlich abgespielt hatte: Bernd hatte die internationalen Klassenrekorde über einen, fünf und zehn Kilometer sowie eine und fünf Meilen – alles mit fliegendem Start – ganz erheblich verbessert. Sie lagen nun alle nicht mehr weit unter der Vierhundert-Kilometer-Grenze. Die zehn Meilen mit fliegendem Start hatte er auf 360,3 Kilometer hinaufgeschraubt. Das war Bernds erster Weltrekord! Mir wurde ganz schwindelig von all den Zahlen und Rekorden.
In diesem Moment überkam mich das Gefühl, ich müßte mich zur Abwechslung auch einmal wieder etwas betätigen. Mein »Taifun« hätte sicherlich nichts dagegen! Wie schnell ich diesen Gedanken von mir schob! Ehefrauen hatten die Rekorde andern zu überlassen, und außerdem war man ja »bedient« mit den sogenannten Pflichten.

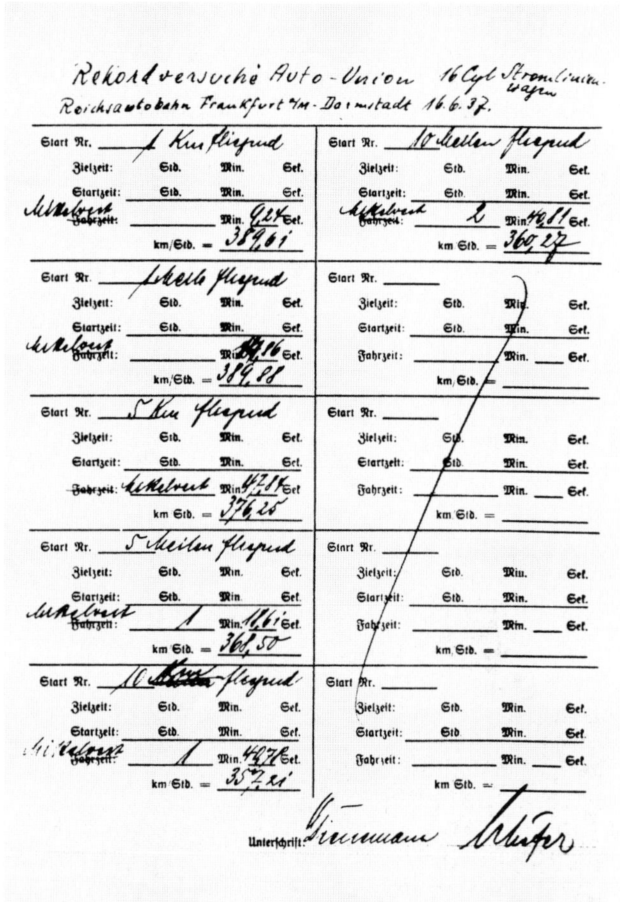
Rekordversuche Auto-Union 16 Cyl Stromlinienwagen
Reichsautobahn Frankfurt/M.-Darmstadt 16.6.37.

Start Nr. 1 Km fliegend
Zielzeit: Std. Min. Sek.
Startzeit: Std. Min. Sek.
Mittelwert: Min. 9,24 Sek.
km/Std. = 389,61

Start Nr. 1 Meile fliegend
Zielzeit: Std. Min. Sek.
Startzeit: Std. Min. Sek.
Mittelwert: Min. [illegible] Sek.
km/Std. = 389,88

Start Nr. 5 Km fliegend
Zielzeit: Std. Min. Sek.
Startzeit: Std. Min. Sek.
Mittelwert Min. 47,84 Sek.
km/Std. = 376,25

Start Nr. 5 Meilen fliegend
Zielzeit: Std. Min. Sek.
Startzeit: Std. Min. Sek.
Mittelwert: 1 Min. 18,61 Sek.
km/Std. = 368,50

Start Nr. 10 Km fliegend
Zielzeit: Std. Min. Sek.
Startzeit: Std. Min. Sek.
Mittelwert: 1 Min. 40,78 Sek.
km/Std. = 357,21

Start Nr. 10 Meilen fliegend
Zielzeit: Std. Min. Sek.
Startzeit: Std. Min. Sek.
Mittelwert: 2 Min. 40,81 Sek.
km/Std. = 360,27

Unterschrift:

Als wir am Abend des nächsten Tages wieder in Berlin im Bett lagen, tönte eine schläfrige Stimme herüber: »Du hör mal, ich wünsche mir was für meine Rekorde. Bekomme ich es?«
Entgegen meiner sonstigen Vorsicht gegenüber meinem durchtriebenen Gemahl sagte ich spontan und ohne Vorbehalt: »Ja.« Hatte er doch auch wirklich etwas verdient!
Da kam's auch schon: »Laß mich morgen deinen ›Taifun‹ allein fliegen!«
Ich wußte es ja: Das hatte kommen müssen.
»Ich hab's dir ja schon versprochen ... Nun ja, wenn du es gar nicht mehr abwarten kannst ... Ist ganz gut gewählt, der Zeitpunkt: Wenn du sie hinschmeißt, kann sie wenigstens – hoffentlich – repariert werden, bis wir aus den USA zurück sind.«
Pfui, Elly, schäm dich! Aber ich mußte es sagen. Meine schöne, schnelle Maschine mit den einziehbaren Beinchen war doch das letzte aus meiner alten Welt gewesen, was mir bisher noch ganz allein unterstanden hatte. Das sollte nun auch vorbei sein. Ich wußte schon aus vielen gemeinsamen Flügen, als Bernd noch den zweiten Pilot

gespielt hatte, daß mein berühmter Mann auch in meinem »Taifun« ganze Arbeit leisten würde.
Am nächsten Tag stand ich einsam und verlassen unten auf dem Rollfeld, als Bernd ganz selbstverständlich den Gashebel meiner »D-IMXA« übermütig nach vorn schob und nach einem erstklassigen Start genauso erstklassig wieder landete. Das war mein ganz persönliches Geschenk: Ich hatte ihm mein letztes Reservat geöffnet. Und dabei hatte ich doch unter gar keinen Umständen einen Flieger heiraten wollen ...

***

Die letzten Tage vor unserem Aufbruch nach Amerika herrschte ein unbeschreiblicher Trubel, und ehe wir uns versahen, hatte die »Bremen« mit uns an Bord Deutschland verlassen. Herrgott, war das ein Schiff! Obwohl ich schon einige Schiffsreisen hinter mir hatte, so einen feinen Dampfer hatte ich noch nie betreten. Dazu kam noch, daß wir uns um die leidige Finanzierung nicht zu sorgen brauchten. Junge, Junge, war das schön!
Bernd warf sein grünes Hütchen mit der lustigen Feder in die Luft und tanzte mit mir in unserer Kabine herum: »Kleines, wir fahren wirklich und wahrhaftig nach Amerika. Kannst du dir das überhaupt vorstellen?«
Mit beinah dreißig Knoten Durchschnitt stampfte die »Bremen« über den Atlantik der Neuen Welt entgegen. Der Luxusdampfer gehörte für einige Zeit uns. Wo wir auch hintraten, trafen wir überall auf einen unserer Leute oder die aus der Daimler-Benz-Mannschaft. Der Kapitän und die Besatzung taten uns zuliebe alles, um uns diese Überfahrt zu einem großen Vergnügen zu machen. Wohl selten hat die »Bremen« so begeisterte Gäste des Schwimmbades, der Schießbude, des Gymnastikraums und des Sportdecks erlebt wie uns. Zwischen den beiden deutschen Teams, an der Spitze Carratsch und Seaman, Delius und Bernd, herrschte ein herzliches Einvernehmen. Dafür sorgte vor allem Direktor Werlin.
Caracciola benutzte diese Schiffsreise gleich als *»ho-*

Auf der »Bremen«. Auch Rosemeyer junior ist mit dabei!

neymoon-trip« mit seiner ihm eben angetrauten jungen Frau. Es war blendende Stimmung überall bei uns.
Bei dem riesigen Tagesprogramm, das mit Schwimmen vor dem Frühstück begann und mit der letzten Runde des Billard-Turniers nach dem Abendessen beschlossen wurde, reichte es zum Leidwesen der anwesenden Damen selten dazu, nach Mitternacht oben auf dem Sonnendeck zu der hinreißenden Zigeunerkapelle zu tanzen.
»Sei nicht traurig«, vertröstete mich mein Mann, »wenn wir zurückkommen, dann können wir feiern, soviel wir lustig sind. Das Rennen da drüben wird nicht einfach, und da muß ich in Form sein.«
Mit unserer ausgelassenen Ferienstimmung war es schlagartig aus, als die amerikanische Küste am 28. Juni in Sicht kam. Langsam fuhren wir an Long Island entlang. Die ersten Wolkenkratzer und die Bauten des weltberühmten Vergnügungspark Coney Island tauchten vor uns auf.
Mit dem Lotsen kamen eine ganze Horde von Reportern auf das Schiff, die alle am Rennen Beteiligten sofort unter großem Hallo in der Bar für die ersten Blitzinterviews in Beschlag nahmen. Unter ihnen traf ich eine ganz Reihe von alten Bekannten wieder, wie selbstverständlich übernahm ich den Dolmetscherdienst. Denn selbst die Englischsprechenden unter uns hatten Mühe, im ersten Augenblick mit dem amerikanischen Akzent zurechtzukommen.
Für die amerikanische Presse waren die »Flitterwöchner« Caracciola und wir, das Renn-Flieger-Ehepaar, natürlich die beliebtesten Attraktionen.
»Hallo Bernd« – machte der ein etwas dummes Gesicht, von einem wildfremden Reporter gleich mit seinem Vornamen angeredet zu werden – *»give me a nice story about your speed-record in Frankfort!«* So, die Rekorde hatten sich also schon bis New York herumgesprochen!
In dem Trubel trat plötzlich ein unbekannter Reporter auf mich zu: »Wissen Sie schon, daß Nuvolari gestern auf der ›Normandie‹ die Nachricht bekommen hat, daß sein schwer herzleidender Sohn gestorben ist?«
Unser armer, Tazio! Bernd wollte, sofort nachdem ich ihm die Nachricht übersetzt hatte, von weiteren Interviews nichts mehr wissen. »Stell dir vor«, sagte er niedergeschlagen, »und nun soll er unter diesen Voraussetzungen seinen Vanderbilt-Pokal verteidigen. Komm, laß uns aufhören; die machen einen ja weich mit ihrem Gefrage. Ich möchte ihn besuchen.«
Nuvolari war völlig verstört. Er wirkte so abwesend und gleichgültig, daß wir nur hoffen konnten, er würde seinen Start nicht absagen. Nur der unausbleibliche Trubel vor dem Rennen könnte ihn vielleicht aus seiner Lethargie aufwecken und auf andere Gedanken bringen.

»Golfturnier« an Bord: Mercedes-Benz gegen Auto-Union

Ankunft in New York

* * *

Das Rennkomitee, dessen Mitglieder wir schon zum Teil aus den Vorverhandlungen in Deutschland kannten, hatte Sorge getragen, daß wir alle in großen Zimmern im Waldorf-Astoria untergebracht waren. Bernd und ich hatten eine elegante Flucht von drei Räumen mit Flur im zwölften Stock reserviert bekommen. Als wir in einem der Lifte dieses Gebäudes, in dem so viele Menschen wie in einem kleinen Ort hausten, zu unserem *»floor«* förmlich hinaufschossen, sah ich meinen Bernd von der

Seite an. Er schien nicht besonders beeindruckt von den Ausmaßen und dem Tempo dieser Stadt.
Die Anzüge und Kleider durfte ich natürlich nicht sofort in die Schränke hängen. Nein, das kam gar nicht in Frage: »Wir fahren selbstverständlich gleich zur Rennstrecke hinaus«, bestimmte Bernd, und auch Delius hatte nur diesen Wunsch.
Wir hatten uns alle miteinander eine hochmodere Rennbahn in der Art von Tripolis vorgestellt, vielleicht sogar eine noch aufregendere als dort. Immerhin fand dieser Cup im Land des Autos, in den USA statt! Da wurden wir allerdings enttäuscht. Bernds Gesicht wurde immer länger, als er den schmalen, kurvenreichen Kurs abfuhr, mit den teilweise recht primitiven Tribünen an der Strecke. Das kam unseren Wagen nicht gerade entgegen! Für einen Teil der Zuschauer allerdings war diese Bahn, die direkt neben dem durch Lindberghs Ozeanstart berühmten Roosevelt-Field lag, geradezu ideal, war doch von der großen Tribüne die ganze Strecke zu übersehen.
Als wir die Strecke mit einem Privatwagen einige Male abgefahren waren und in den Boxen standen, schob Bernd sein grünes Hütchen, das die Reporter morgens sehr aufgeregt hatte, in den Nacken und lutschte nachdenklich auf seinem Steckerleis herum. »Mensch, Ernst, ich sehe schwarz. Du, die Kurven, und die Hitze! Das heißt ja nur immer bremsen und wieder beschleunigen. Die viel zu kurzen Geraden können uns auch nicht retten. Wenn die Zeit stimmt, die der Amerikaner Rex Mays mit dem hergerichteten Alfa, den die Italiener hier im vorigen Jahr nach dem Rennen verkauft haben, gefahren haben soll, dann müssen wir uns verdammt ranhalten, wenn wir einen Blumentopp gewinnen wollen. Und wenn es dann noch regnet bei den nicht überhöhten Kurven – na, vielen Dank für die Blumen! Ich sehe uns noch nicht mit dem Pokal nach Hause fahren. Was meinst du?«
Ernst war auch nicht recht von unseren Siegeschancen überzeugt.
»Was machst du denn hier bei der Hitze mit deinen Händen! Ich fresse einen Besen, daß sie wieder in Fetzen sind bei mir, wenn die 90 Runden zu Ende sind.«
»Ja, Kleiner, wenn wir auch 35 Grad haben – ohne dicke Handschuhe ist nichts zu machen, und feste Puder hinein. Außerdem, was glaubst du, wie schnuppe mir kaputte Hände sind, wenn ich das Rennen gewinnen kann!«

* * *

Die nächsten vier Tage bis zum Rennen verbrachten wir beinahe ausschließlich draußen in Long Island beim Training auf dem Roosevelt Raceway. Wir hatten keine Minute zu verschenken. Jede Trainingsrunde brachte neue Erkenntnisse für die Fahrer und Material.
Bernd bekam so nur einen flüchtigen Eindruck von New

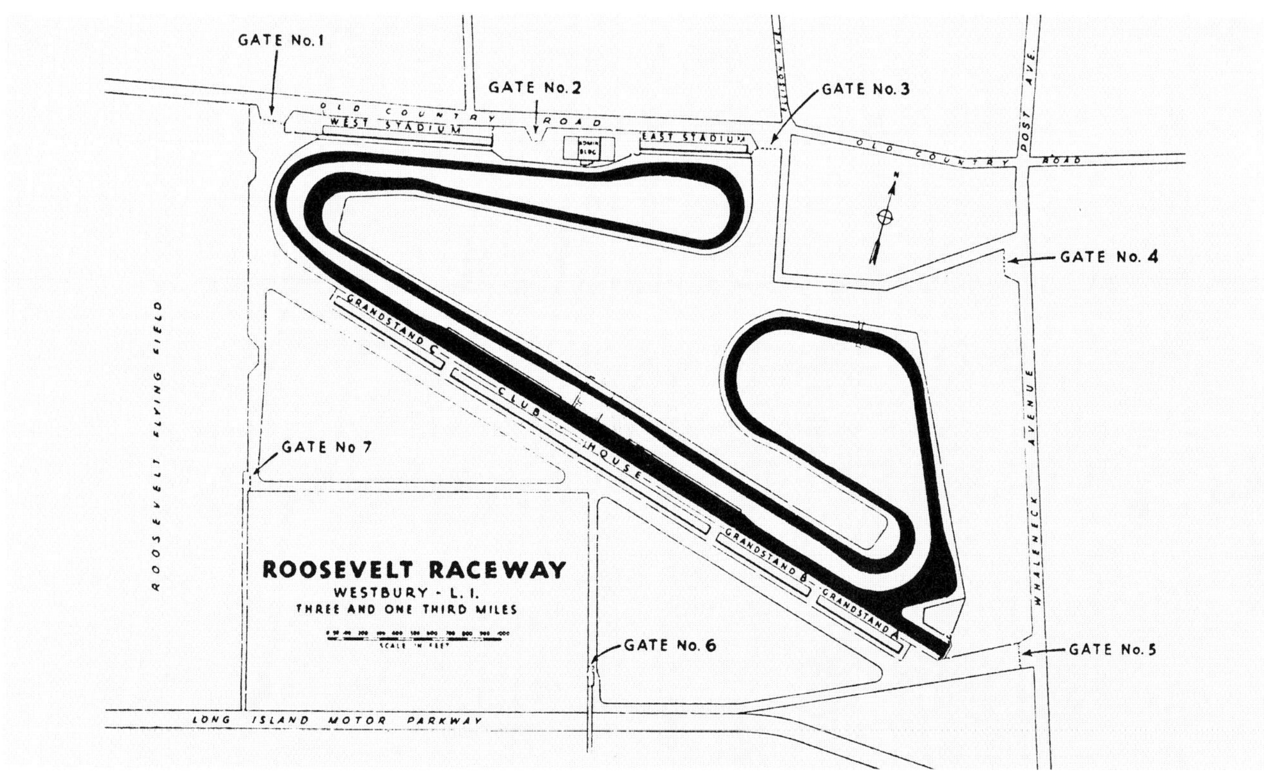

York, das ihm doch ziemlich imponierte. Wenn wir abends die über dreißig Kilometer im schier endlosen Vorortverkehr vom Rennkurs zurückfuhren, hatte Bernd nicht mehr viel Lust, noch etwas zu unternehmen; sondern war froh, wenn er sich nach dem Essen hinlegen konnte.
Obwohl der Roosevelt-Raceway unseren langen Wagen mit dem Heckmotor nicht gerade entgegenkam, hatte sich Bernd nach wenigen Trainingsrunden an die Spitze der Trainingsschnellsten gesetzt. Er legte einen Streckenrekord nach dem andern hin. Zwischendurch wurde er von Rudi Caracciola abgelöst.
Jeden Tag brachten die Zeitungen spaltenlange Berichte mit Fotos, und es bestand kein Zweifel, daß Bernd sich zum Liebling der Amerikaner unter den ausländischen Fahrern des »Vanderbilt-Cups« ausgewachsen hatte. Neben seinen aufsehenerregenden Runden bot er ihnen auch täglich Stoff für ihre »stories«. Da war einmal das grüne Hütchen, das immer wieder auffiel, und dann zog er am zweiten Tag wegen der Hitze auch noch Wadenstrümpfe und Shorts an, ein in New York kaum gebotener Anblick. Die Blicke der Leute auf der Straße schien er nicht zu bemerken. Dazu brachte er eine – in Amerika schon bekannte – fliegende Frau mit und war eine Geschwindigkeit gefahren, wie sie in den USA außer auf dem Salzsee von Utah noch nie erreicht worden war. Jeden Tag gab es etwas anderes über den »blonden Boy« auf dem »silbernen Geschoß«, wie sie seinen Wagen nannten, zu berichten. Bernd war mit seinem selbstverständlichen Auftreten so recht nach dem Geschmack der Amerikaner.
Eines Morgens nahm ich mir wieder einmal bei der Fahrt zum Training die Zeitung vor.
»Kinder hört zu, da ist wieder was von Bill Corum. Seine berühmte Spalte.
Paßt auf: Tazio Nuvolari scheint sich nach dem tragischen Tod seines Sohnes wieder gefangen zu haben.«
Ich übersetzte: »Der Rasende von Modena, hat auf unserer brezelartigen Rennbahn nach seinem Vorjahressieg sicher wieder große Chancen. Ob nicht sein Training mit den heimatlichen Spaghetti ihn gerade für unseren Kurs prädestiniert?«
Ich übersetzte gleich weiter: »Diese Familie Rosemeyer hat es schon verdammt eilig! Er fährt mit beinahe 400 Kilometern auf der Autobahn, sie fliegt mit nicht viel weniger um die Welt; was soll werden, wenn die beiden eines Tages einen Sohn haben? Dem wird dann wohl nichts anderes mehr übrigbleiben, als auf einer Rakete auf den Mars zu fliegen!«
Über meine Zeitung hinweg sah ich zu Bernd hinüber, der meinen Blick nur reichlich verdutzt erwiderte. Ernstchen platzte vernügt heraus: »Das ist allerhand! Ich glaub', hier in Amerika nennt man so etwas einen ›shot in

Mit seinem grünen Hut ein Liebling der Amerikaner.

the dark‹, einen Schuß ins Dunkle, was der Herr da schreibt. Ich könnte mich kringeln, wenn ich mir ausgerechnet euch mit kleinen Babys vorstelle!«
Wir enthielten uns jeder Stellungnahme.
Am Tag vor dem Rennen wurden in einer Rundfunksendung alle Englisch sprechenden Rennfahrer interviewt. Ernst von Delius wurde dabei gefragt, ob er versprechen wolle, im nächsten Jahr wieder in die USA zum Rennen herüberzukommen.
Delius überlegte nicht lange: »Wollen schon, o yes, aber für einen Rennfahrer ist ein Jahr eine endlos lange Zeit. Und man soll keine Versprechen geben, wenn man nicht sicher ist, sie halten zu können...
Ach, wie schrecklich gern kommen wir alle wieder!«

Der Vanderbilt-Cup sollte an einem Samstag, dem 3. Juli gefahren werden. Ein Sonntag kam für New York nicht in Frage, war da doch die ganze Stadt unterwegs auf Weekendfahrt.
Die Wagen standen bereit am Start, da fing es plötzlich an zu regnen. Die 32 Rennwagen, deren Motoren schon warmgelaufen waren, wurden wieder in die Boxen geschoben. Nach einigen Beratungen wurde das Rennen auf den Montag verschoben, ein Entschluß der zweifellos zu begrüßen war. Denn es war klar, daß es bei Regen auf dieser Strecke nicht ohne Unfälle abgehen konnte.
»Schade«, stellte Bernd betrübt fest, »ich kann aufgeschobene Sachen nicht leiden. Außerdem sind nun auch die letzten zwei freien Tage, auf die ich mich so gefreut hatte, zum Teufel. Problematisch wird die Sache allerdings, wenn es am Montag auch regnet. Dienstag ist nämlich unweigerlich unser letzer Termin für die Rückreise, sonst schaffen wir den großen Preis von Deutschland nicht!«
Am Montag tröpfelte es zwar einige Male, aber ansonsten waren die Verhältnisse für ein Rennen in Ordnung. Als der Start erfolgte, stand ich mit Dr. Porsche und einigen andern Leuten von uns oberhalb unserer Box auf einem kleinen Turm, von dem aus wir wie von der Tribüne die ganze Strecke übersehen konnten.
O du mein Güte, war das ein Rennen! Ich könnte es nie vergessen, und wenn ich hundert Jahre alt würde. Dadurch, daß man die ganze Strecke übersehen konnte, gab es überhaupt keine Ruhepausen, die sonst zwangsläufig zwischen dem Passieren der Wagen in jeder Runde eintreten. Direkt vor unserem Turm befand sich eine Haarnadelkurve, durch die mein lieber Bernd immer wie ein Ungewitter hindurchschlitterte, höchstens bis zehn Zentimeter an der Betonmauer vorbei! Da das Rennen über 90 Runden ging, mußte ich mir das neunzigmal ansehen, wobei ich jedesmal damit rechnen mußte, daß es krachte. Dazu kam noch die Tatsache, was aber nur wir wußten, daß Bernd mit einem Mal tanken nicht auskommen konnte. Unsere zu Hause durch lange Erfahrungen gemachten Berechnungen über den Benzinverbrauch erwiesen sich hier als unrichtig. Die Wagen hatten plötzlich einen wesentlich höheren Brennstoffverbrauch als sonst. Wer weiß, woran es lag? An den vielen Kurven, den kurzen Geraden? Auf jeden Fall durfte Bernd nicht bis zur 45. Runde – immer normalen Rennverlauf vorausgesetzt – durchfahren. Er mußte zwischendurch noch einmal tanken.
Bernd hatte nach dem Start mit seinem Wagen sofort die

Unser geliebter Dr. Porsche

Mit meiner Kamera beim Training.

Führung übernommen. Nach drei Runden übernahm Caracciola die Spitze, die er aber nicht lange halten konnte. In der 17. Runde hatte er Motorschaden und mußte »ausscheiden«. So konnte Rosemeyer bis zur achtunddreißigsten Runde, in der er tanken mußte, vor Seaman, ebenfalls auf Mercedes, einen Vorsprung von über dreißig Sekunden herausfahren. Ob das wohl reichte?

Unsere Nerven waren bis zum Zerreißen gespannt. Noch bevor Bernds 6,33 Liter-Wagen aufheulte, war Dick Seaman vorbei und hielt die Spitze bis zur 45. Runde, wo er tankte, allerdings ohne Reifen zu wechseln. Es war jetzt klar, daß Seaman ohne weiteren Boxenstopp das Rennen zu Ende fahren konnte, während Bernd unbedingt – aus Sicherheitsgründen – noch einmal tanken mußte. Wir waren wie erschlagen.

Würde Bernd imstande sein, auf dieser üblen Strecke einen so großen Vorsprung herauszufahren, daß es reichte?

Unsere Box arbeitet fieberhaft. In jeder Runde bekam Bernd den Vorsprung vor seinem Verfolger angezeigt. Da ich selbst auch immer die Differenz stoppte, hatte ich bald festgestellt, daß unsere Leute Bernd nie eine korrekte Zeit vor die Nase hielten. Sein Vorsprung wurde immer knapper angegeben, als er wirklich war. Das Ergebnis war, daß Bernd wie ein Wilder auf das Gas trat und sich gut dreißig Sekunden Vorsprung herausarbeitete, die für seinen Tankstopp in der 79. Runde ausreichten. Wenige Sekunden nachdem er die Box wieder verließ, kam Seaman hinter ihm durch. Das war also geschafft!

Wir alle, die wir Bescheid wußten, waren hinterher ganz kaputt.

Aufregend war der Rennverlauf auch für diejenigen, die

Vom Start weg ging Bernd (Nr. 4) in Führung.

Alles o. k., Rosemeyer?

davon nichts wußten. Während die Zuschauer noch über Carratsch' Ausscheiden diskutierten, hatte plötzlich Nuvolaris Wagen lichterloh zu brennen angefangen. Die Geschwindigkeit war zum Abspringen noch zu groß, so war er während der Fahrt, immer noch mit vielleicht 80 Sachen, auf seinen Sitz gestiegen, und hatte so, seinen brennenden Wagen auf den Randstreifen gesteuert, wo er sich dann während des Ausrollens ins Gras warf. Gott sei Dank war ihm nichts passiert.
Also Bernd führte, und nun konnte ja eigentlich nicht mehr viel passieren. Doch wer beschreibt unser Erstaunen, als plötzlich in der vorletzten Runde Seaman langsam an die Box gerollt kam? Wir sahen uns an. Er tankte! Hat man Worte! Dafür haben sie meinen Bernd so gehetzt. War was passiert? Seaman war doch die ersten 45 Runden mit einer Füllung durchgefahren! Uns blieb nur die Erklärung, daß in der Hast des Tankens vielleicht Restluft im Tank verblieben war und nicht bis auf den letzten Kubikzentimeter aufgetankt werden konnte.
Bernd wurde als Sieger des Vanderbilt-Cups 51 Sekunden vor Seaman abgewunken. Sein Durchschnitt betrug 132,865 Stundenkilometer. Dritter wurde der Amerikaner Rex Mays und Vierter Ernst von Delius, der mit seinem Bein doch ziemlich gehandikapt war.

Es sollte mindestens eine halbe Stunde nach Schluß des Rennens vergehen, ehe ich Bernd wiedersah. Und wie! Selig schlafend saß er in einem Sessel im Klubhaus, umgeben von Hunderten von Menschen. Als ich ihn anstieß, um ihm zu sagen, daß Dr. Dieckhoff, der deutsche Botschafter, ihm zu seinem Sieg gratulieren wollte, wurde er ganz schnell munter.
Nach der letzten Runde hatte man ihn an einen Platz dirigiert, wo die Presse placiert war und der über einen Meter hohe silberne Pokal stand. Der große Pokal war ein Wanderpreis, von dem der jeweilige Gewinner nur eine Nachbildung bekam. Das Bild, das um die Welt ging, zeigte einen strahlenden Bernd mit dieser Nachbildung in der Hand, das Gesicht voll von Öl und Gummiabrieb. Die 90 Runden, die er zum Schluß mit zerrissenen, blutenden Händen gefahren war, und der unvorstellbare Jubel und Trubel danach gaben ihm den Rest. Ehe er sich oben auf der Tribüne unter den Ehrengästen zur Ruhe begeben hatte, war ihm eingefallen, daß es mich auch noch gab, und es mußte nach mir gesucht werden.
Bernd hatte sich diesen grandiosen Sieg hart erkämpfen müssen. Es war ihm nichts geschenkt worden. Der Preis dafür war erst einmal die Siegprämie von 20000 Dollars, die Bernd jedoch nicht voll ausbezahlt bekam. Denn unsere Fahrer hatten sich verpflichtet, im Fall eines Sieges einen wesentlichen Teil dieser Prämie zur Deckung der enormen Unkosten an das Werk abzugeben. Außerdem waren während des Rennens – für uns etwas völlig Neues – alle fünf Runden für den jeweils Führenden Rundenprämien verkündet worden, gestiftet z. B. von großen Autofirmen, Zeitungen und anderen Unternehmen. Ich sah uns im Geiste schon mit drei amerikanischen Autos nach Hause reisen! Daraus wurde aber nichts. Außer einer Armbanduhr bestanden unsere Prämien aus Dollars, so zwischen 20 und 80, was ja auch nicht schlecht war.
Übrigens unter den Dollars hatte ich arme Hausfrau – denn das war ich neben unserer Rennerei und Fliegerei ja auch noch – noch Monate nach unserer Rückkehr zu leiden. Im Volksmunde waren es inzwischen 50000 geworden, und wenn ich auf unserem Markt mal etwas zu teuer fand, bekam ich von meinen Marktfrauen zu hören: »Na, wat wolln Se den eijentlich? Mit dem Kies aus Amerika würd' ich keen Wort hier üba die Preise valieren.«
Bereits einen Tag nach Bernds Sieg mußten wir auf die »Europa« und die USA, die uns so ein freundliches Gesicht gezeigt hatten, wieder verlassen. Am 13. Juli, unserm ersten Hochzeitstag, kamen wir in Bremerhaven wieder an. Bernd wurde empfangen, wie wohl noch nie ein deutscher Auto-Rennfahrer empfangen worden ist – und auch so leicht nicht wieder werden wird – wie ein Nationalheld.
Schon dieser Empfang in Bremerhaven ließ uns ahnen, was auf uns da noch zukam. Der Bahnhof Zoo in Berlin war schwarz von Menschen. Kaum daß der Zug hielt, da rissen sie Bernd heraus, hoben ihn auf die Schultern und schleppten ihn zum Ausgang. Es herrschte ein Jubel, ich

Der strahlende Sieger nach dem Gewinn des Vanderbilt-Cups.

Rosemeyer gewinnt den Vanderbilt-Pokal

Vor Seaman (Mercedes-Benz) und dem Amerikaner Mays
Caracciola ausgeschieden

up. New York, 6. 7.

Im Rennen um den Vanderbilt-Pokal auf der Roosevelt-Rennbahn siegte Bernd Rosemeyer auf Auto-Union. Den zweiten Platz hat der Engländer Seaman auf Mercedes-Benz belegt, den dritten Platz der Amerikaner Mays auf Alfa Romeo. Rosemeyer mußte noch in der vorletzten Runde am Ersatzteillager anhalten, wahrscheinlich um Brennstoff zu tanken, schaltete sich jedoch schon nach wenigen Sekunden wieder in das Rennen ein und hatte noch immer einen Vorsprung von 9,9 Sekunden vor Seaman.

Das von Sonnabend auf Montagnachmittag 13 Uhr verschobene Automobilrennen auf der Roosevelt-Automobilrennbahn um den Vanderbilt-Pokal begann am Nachmittag pünktlich in Gegenwart einer Zuschauermenge, die auf etwa 55 000 Personen geschätzt wurde.

Unmittelbar nach dem Start ging der Deutsche Rosemeyer in Führung, von Caracciola heiß verfolgt. Der amerikanische Spitzenfahrer Rex Mays und der Italiener Nuvolari folgten in kurzen Abständen den beiden Deutschen. Caracciola gelang es zu Beginn der dritten Runde, Rosemeyer die Führung zu entreißen, während der italienische Rennfahrer Nuvolari auf den fünften Platz zurückgedrängt worden war. Das aufregende Rennen, das Caracciola schon in den ersten Runden lieferte, rief bei den Zuschauern große Begeisterung hervor. Mit dem Ausdruck größten Erstaunens auf den Gesichtern, beobachteten sie, wie Caracciola in unglaublichem Tempo die äußerst schwierigen Kurven der Roosevelt-Rennbahn nahm. Der Deutsche schien seine Geschwindigkeit in den Kurven nicht nur nicht herabzudrosseln, sondern noch zu steigern, so daß er bereits beim Einlauf in die Gerade einen beachtlichen Vorsprung hatte. Das Tempo Caracciolas wurde beim Einlauf in die Gerade auf über 240 km/std geschätzt. Rosemeyer folgte dem dahinrasenden Caracciola in etwa 50 Meter Abstand.

Erster Zwischenfall

Bei beginnender sechsten Runde begannen die deutschen Fahrer die kleineren Rennwagen zu überrunden. Caracciolas Zeit für die ersten 20 Meilen betrug ungefähr 12,5 Minuten. In der sechsten Runde gab es einen aufregenden Zwischenfall, der jedoch glimpflich verlief. Der Italiener Farina geriet auf der Geraden mit seinem Wagen ins Schleudern und es sah so aus, als ob er durch die Barriere in die Menge hineinrasen würde. Mit großer Geistesgegenwart gelang es ihm, den Wagen wieder in Fahrtrichtung zu bringen und das Rennen fortzusetzen. Zwei der amerikanischen Fahrer, Stapp und Bearne, mußten am Schluß der 6. Runde das Ersatzteillager mit Motorenschaden aufsuchen. Nachdem die Fahrer sieben von insgesamt 90 Runden des Rennens zurückgelegt hatten, befand sich Caracciola etwa 160 Meter vor Rosemeyer, dem in 500 Meter Abstand der Amerikaner Rex Mays folgte. Caracciolas Durchschnittsgeschwindigkeit in den ersten fünf Runden betrug etwa 132,75 km/std.

Rosemeyer überholt Caracciola

Im Laufe der 10. Runde konnte Rosemeyer durch einen Spurt auf der Geraden, wobei er vorübergehend eine Geschwindigkeit von 254 km/std. erzielte, Caracciola überholen. Die Spitze setzte sich zu Beginn der 11. Runde aus Rosemeyer, Caracciola, Mays, Seaman und Nuvolari zusammen, wobei der Zeitunterschied zwischen Rosemeyer und Nuvolari nichtamtlich auf etwa 45 Sekunden geschätzt wurde. Mehrere Versuche Caracciolas, an Rosemeyer vorbeizugehen, wies dieser erfolgreich ab.

Caracciola ausgeschieden

Das Wetter war warm und ziemlich schwül. Im Gegensatz zu ihren amerikanischen Mitbewerbern trugen alle europäischen Rennteilnehmer keine Sturzhelme. In der 16. Runde hielten Caracciola und Nuvolari am Ersatzteillager, wo Caracciola eine Zündkerze auswechselte. Dem Amerikaner Billy Winn gelang es, überraschend in der 16. Runde Seaman und v. Delius zu überholen, aber sein Erfolg war nur von kurzer Dauer, denn bald danach hatte er Kurbelwellenbruch und mußte ausscheiden. Seaman und Mays kämpften um den zweiten Platz, bei dem Seaman erfolgreich war. Unterdessen vergrößerte Rosemeyer seinen Vorsprung immer mehr. Am Ende der 20. Runde war die Spitze: Rosemeyer, Seaman, Mays, Farina, Delius. Caracciola hatte das Rennen wegen Motorenschadens aufgeben müssen. Bei Beginn der 25. Runde überrundete Rosemeyer v. Delius, und kurz darauf wurde angekündigt, daß auch Nuvolari das Rennen aufgeben mußte.

Nuvolari wieder im Rennen

Rosemeyer vergrößert seinen Vorsprung in steter Weise und war unbestrittener Führer, als sich das Rennen dem zweiten Drittel näherte. Er mußte jedoch später das Ersatzteillager aufsuchen, wo ein Hinterrad ausgewechselt und der Brennstofftank in der Rekordzeit von 33,6 Sekunden aufgefüllt wurde. Während dieses Aufenthalts konnte Seaman in Führung gehen, mußte aber bald darauf ebenfalls einen Hinterreifen auswechseln. Rosemeyer war in der Zwischenzeit wieder ins Rennen gegangen und lag bald darauf an der Spitze. Der Italiener Nuvolari beteiligte sich als Ersatzfahrer in Farinas Wagen wieder am Rennen. Am Schluß der 50. Runde führte Rosemeyer mit beträchtlichem Vorsprung vor Seaman, Mays, Delius und Nuvolari. Der Vorsprung Rosemayers vor Nuvolari betrug zu dieser Zeit über eine Runde.

Am Schluß der 80. Runde setzte sich die Spitzengruppe wie folgt zusammen: 1. Rosemeyer, 2. Seaman, 3. Mays, 4. v. Delius, 5. Farina. An dieser Zusammensetzung änderte sich bis zum Schluß des Rennens nichts mehr.

Die Zeit Rosemeyers für die 300 Meilen betrug 3 : 38 : 17 Std. (Durchschnittsgeschwindigkeit 131,93 km/std), Zweiter wurde Seaman in 3 : 39 : 07 (131,41 km/std), Dritter Mays in 3 : 44 : 57 (128,02 km/std), Vierter Delius in 3 : 48 : 25 (126,08 km/std), Fünfter Farina in 3 : 51 : 45 (124,27 km/std).

Bernd Rosemeyer und Frau verabschieden sich von Amerika — jetzt gehts wieder zum Nürburgring

Bernds triumphaler Empfang in Berlin nach unserer Rückkehr aus den USA.

werde das nie vergessen. Ohne Polizeieskorte hätten wir wahrscheinlich nie mehr aus dem Bahnhof herausgefunden. Bernd streikte dann beim festlichen Abendessen, das die begeisterte Firma mit Behörden und Presse angesetzt hatte, nach dem zweiten Gang, wegen seiner Kopfschmerzen.

»Nee, das bißchen Nerven, was ich wieder mitgebracht habe, wollen wir doch für bessere Gelegenheiten aufsparen.« Man ließ den Helden gegen 22 Uhr endlich – wenn auch ungern – ziehen.

Bernds Vaterstadt Lingen durfte natürlich nicht nachstehen und bereitete ihrem berühmten Sohn ebenfalls einen festlichen Empfang.

Wirklich ehrlich beeindruckt kam Bernd von Lingen zurück. Gerade der Jubel und die Anerkennung der paar tausend Menschen, die ihn von seiner frühesten Jugend an kannten, hatten ihm eine ganz besondere Freude gemacht – aber auch die Taschenuhr aus purem Gold, die er geschenkt bekam.

Bernd stand auf einem, wenn nicht dem Höhepunkt seiner Karriere.

Wolken vor der Sonne

Nach dem großen Sieg sollte eine harte Zeit für Bernd kommen, vielleicht die schwerste seiner ganzen Laufbahn. Mit allem, was an Energie in ihm steckte, sollte er kämpfen müssen.
In dieser Zeit verlor er seinen Freund. Natürlich wußte auch Bernd, wie wir alle, daß der Rennsport immer wieder seine Opfer fordert. Aber mit Ernst von Delius war das etwas anderes. Wie viele unzählige Stunden, auch unseres Privatlebens, hatten wir zu Hause und auf Reisen in drei Erdteilen mit »unserem« kleinen Ernst verbracht! – Das tat weh. Nein, das durfte nicht sein. Mein Gott, tat das weh!

10 Pfennig
Auswärts 15 Pf.
B.Z. am Mittag
Nr. 176
Berlin, Sonnabend, 24. Juli
Heute auf Seite 3:
Großer Auftakt in Bayreuth
Der Führer beim „Parsifal“
Europas Spitzenfahrer starten zum Großen Preis von Deutschland

Dieser Große Preis von Deutschland am 25. Juli 1937 war für uns alle ein dunkler Tag. Bernd war mit einem Bücker »Jungmann« zum Nürburgring vorausgeflogen. Als ich am Freitag vor dem Rennen mit meinem »Taifun« nachgeflogen kam, wurde ich von Bernd in Köln abgeholt. »Denk mal«, erzählte er mir auf der Fahrt zum Ring, »Ernst hat heute früh einen Lastwagen mitgenommen, der, während er überholte, plötzlich links herüberfuhr. Dabei hat er noch Glück gehabt. Außer seinem Wanderer hat keiner was abgekriegt. Aber die Karambolage ist ihm doch heftig in die Knochen gefahren.«
Bernd hatte im Training hervorragende Zeiten gefahren, und wir sahen dem Rennen auf dem »Ring«, der gewissermaßen zu seiner Spezialstrecke geworden war, mit viel Optimismus entgegen.
Am Sonntagmorgen fuhren wir mit Ernst in unserm Horch hinüber zum Ring. Das Wetter war scheußlich windig und kalt, aber trocken.
Unser kleiner Ernst war vergnügt wie immer, meinte aber, daß er sich nicht in so besonders großer Form fühle. »Du, Bernd, das kann ich dir sagen, ehe ich heute etwas riskiere, da muß es schon besonders windig um die Auto-Union stehen. Aber du wirst ja schon dafür sorgen, daß wir andern ruhig etwas im Schatten bleiben können. Ich sag' dir ganz ehrlich, viel ist mit mir heute nicht los!«
Lieber kleiner Ernst, einige Stunden später sollte es tatsächlich »windig« um uns stehen ... Und was tatest du? Du hieltest es für deine Pflicht, das Letzte für deinen Stall einzusetzen. Selbstverständlich fuhrst du wie so oft alles heraus, als es auf dich ankam – und zahltest den höchsten Preis dafür.
Bernd führte in der dritten Runde bereits mit 12 Sekunden vor dem geschlossen folgenden Daimler-Benz-Team Carratsch, Lang und Brauchitsch. Bei uns in der Box herrschte eitel Sonnenschein – aber nicht lange. Wenig später wurde eine Radkappe gebracht, die unsere Techniker, weil sie gezeichnet war, als die rechte Hinterradkappe meines Mannes erkannten. Von meinem Platz aus konnte ich nur Aufregung und besorgte Gesichter erkennen. Ich hatte keine Ahnung, was los war.
Als die Spitzengruppe aus der nächsten Runde durchkam, fehlte Bernd. Die Gesichter unserer Leute sprachen Bände. Gleich darauf kam Bernd schon mit einem völlig zerfetzten Reifen angerollt. Fieberhaft wurde an seinem Rad gearbeitet, aber es dauerte über drei Minuten, bis der tobende Bernd, inzwischen zurückgefallen auf den 12. Platz, wieder losfahren konnte. Aus. Damit war nach menschlichem Ermessen jede Chance, dieses Rennen zu gewinnen, vorbei.
Jetzt erst erfuhr ich von seinem Monteur Ludwig, daß sie alle um Bernd gezittert hatten, der nicht wußte, daß seine Radkappe gebrochen war und er jeden Moment ein Rad verlieren konnte. Es war alles versucht worden, ihn durch die Streckenposten zum Anhalten zu bewegen, aber es war nicht gelungen. Tatsächlich hatte er unterwegs plötzlich, ohne zu ahnen weshalb, quergestanden, dann den Wagen aber wieder fangen können. Vorsichtig war er danach, entsetzlich schleudernd, wobei er den Reifen total durchgefahren hatte, doch noch bis zur Box gekommen.
Vier Daimler-Mercedes an der Spitze – und Bernd auf dem 12. Platz, damit war wohl das Rennen entschieden.
An vierter Stelle lag Ernst von Delius, der erkannt hatte, daß Bernd praktisch aus dem Rennen war. Es stand, um mit Ernst zu sprechen, »windig um die Auto-Union«! Wer ihn kannte, wußte, daß er nun draufdrückte. Da war erst einmal Seaman, der dicht vor ihm lag.
Nach der 7. Runde waren beide, Delius und Seaman, nicht mehr dabei. Kurz darauf wußten wir, daß Delius beim Überholen auf der Geraden nach der Döttinger Höhe, der schnellsten Strecke des ganzen Ringes, wo die Wagen weit über 250 Kilometer drauf haben, mit

Die Rennfahrer der Auto Union

Rosemeyer und v. Delius

Für die, die am Rundfunk dabei sind:

Der Große Preis von Deutschland wird am Sonntag, den 25. Juli, von 11.30 bis 12.00 über den Deutschlandsender, von 15.00 bis 15.30 über Deutschlandsender und Sender Berlin übertragen

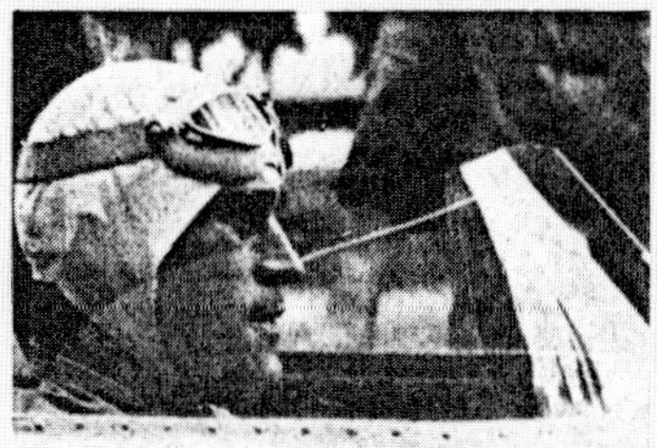

Fagioli

Foto Offelsmeyer-Rollenhagen

Beginn des Rennens Sonntag, 11.00. Schluß voraussichtlich gegen 15.15.

Stuck

Wer startet?

Auto Union

B. Rosemeyer	Deutschland
Hans Stuck	Deutschland
E. v. Delius	Deutschland
Rudolf Hasse	Deutschland
H. P. Müller	Deutschland
Ersatzfahrer:	
L. Fagioli	Italien

Mercedes-Benz

R. Caracciola	Deutschland
M. v. Brauchitsch	Deutschland
H. Lang	Deutschland
R. Seaman	England
Ch. Kautz	Schweiz
Ersatzfahrer:	
Bäumer	Deutschland
Brendel	Deutschland
Hartmann	Deutschland

Alfa-Romeo

Tazio Nuvolari	Italien
Dr. Farina	Italien
Graf Trossi	Italien
Belmondo	Italien
G. Minozzi	Italien
R. Balestrero	Italien
Raymond Sommer	Frankreich
Kenneth Evans	England
Hans Ruesch	Schweiz

Maserati

E. Teagno	Italien
F. Cortese	Italien
Laszlo Hartmann	Ungarn
Graf E. Festetics	Ungarn
G. Soffietti	Italien
P. Pietsch	Deutschland
F. Severi	Italien

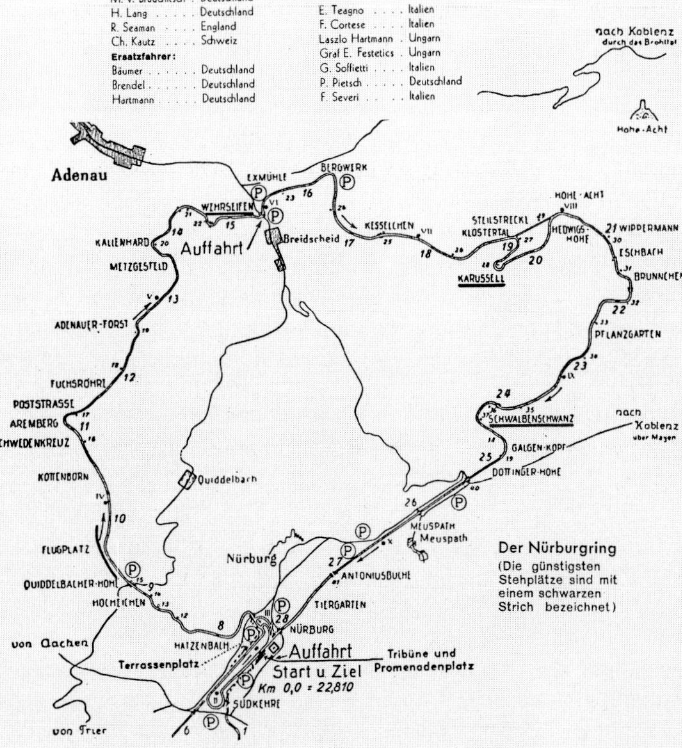

Der Nürburgring (Die günstigsten Stehplätze sind mit einem schwarzen Strich bezeichnet)

Hasse

Werkfotos (5)

Müller

Seamans Wagen kollidiert war. Beide hätten sich mehrmals überschlagen, hörte ich.
Ernst, um Gottes willen! Noch einmal ließ ich Bernd vorbeifahren und lief dann hinüber zum Sanitätszelt, um mehr in Erfahrung zu bringen.
Es war mir verdammt schwer, wegzugehen, denn Bernd fuhr gerade eine Rekordrunde nach der anderen – ohne Rücksicht darauf, daß er auf verlorenem Posten kämpfte. Denn daß alle drei Daimler-Benz-Wagen in die Brüche gingen, war eigentlich unmöglich. Aber solche Überlegungen gab es für Bernd nicht.
Die Nachrichten über Ernst waren besser, als ich befürchtet hatte. Über Seaman ebenfalls. Delius habe einen Beinbruch und die Lippe kaputt, wohl auch eine Gehirnerschütterung, sei aber bei Bewußtsein und lasse alle schön grüßen. Seaman habe das Nasenbein gebrochen und Fleischwunden, sonst nichts ernstes, hieß es. Das war schlimm genug, aber doch nicht so, wie ich nach der Schilderung des Sturzes erwarten mußte. Bernd hatte inzwischen eine Runde mit 9,55,4 Minuten gefahren und einen Gegner nach dem anderen überholt und wieder den Anschluß an die Spitzengruppe erkämpft. Die beiden Führenden, Caracciola und Brauchitsch, konnte er allerdings nicht mehr gefährden.
Als ich jetzt, nach allem, was mit Ernst vorgefallen war, noch mitansehen mußte, wie mein Mann in jeder seiner wahnsinnigen Runden Kopf und Kragen riskierte, war ich mit meinen Nerven am Ende.
Dieses Rennen schien nie zu Ende zu gehen. Noch zweimal mußte Bernd einen Boxenstopp einlegen, um Reifen zu wechseln. Der Verschleiß bei diesem Tempo war unglaublich. Als er in der letzten Runde im Kampf um den dritten Platz Nuvolari geschlagen hatte und bei uns einrollte, war ich mit meinen Kräften am Ende. Es war mir so ziemlich alles egal, Hauptsache war, daß ich ihn heil wiederhatte.

Bernd hat sich wieder an die Spitzengruppe herangearbeitet.

Rosemeyer und Nuvolari . . .

Der Kampf wurde nun weiter spannend durch den Vorstoß von Nuvolari und Rosemeyer, die von Runde zu Runde Terrain gewonnen, wobei der Auto-Union-Fahrer noch zweimal Reifen wechseln mußte. Schließlich lagen Nuvolari und Rosemeyer hinter der führenden Mercedes-Gruppe, in der sich Lang vor von Brauchitsch auf den zweiten Platz vorgeschoben hatte.

Man konnte nun annehmen, daß das Mercedes-Trio so das Rennen beenden werde. Aber Lang hatte seinen Reifen wohl zuviel zugemutet. Er erlitt auf der Strecke Panne, mußte langsam zu den Boxen fahren und hier nicht nur die Reifen, sondern auch die verölten Kerzen wechseln.

So kam Lang für den Schlußkampf nicht mehr in Frage, der sich auch gar nicht mehr um die Spitze, sondern um den dritten Platz zwischen Rosemeyer und Nuvolari abspielte. Der Italiener setzte dem Deutschen nur geringen Widerstand entgegen, so daß von der 19. Runde ab der Auto-Union-Fahrer den dritten Platz sicher hatte.

Rudolf Caracciola siegte mit einem Durchschnitt von 133,2 km/Std. Im Vorjahre hat in diesem Rennen Rosemeyer 131,6 km/Std. Durchschnitt erreicht. Die verhältnismäßig geringe Steigerung der Geschwindigkeit ist darauf zurückzuführen, daß die Lage der Mercedes-Benz-Fahrer an der Spitze so gesichert war, daß es Caracciola nicht nötig hatte, das Tempo höher zu schrauben.

Der Sieg unseres Meisterfahrers wurde auf den Tribünen mit Begeisterung aufgenommen. Auch der Zweite, Manfred von Brauchitsch, der nun wohl nicht mehr der ständige Pechvogel sein wird, wurde mit starkem Beifall herzlich am Ziel begrüßt.

Ergebnisse:

1. Rudolf Caracciola, Mercedes-Benz, 3:46:00,1 = 133,2 km/Std.
2. Manfred v. Brauchitsch, Mercedes-Benz, 3:46:46,3 = 132,7 km/Std.
3. Bernd Rosemeyer, Auto-Union, 3:47:01,4 = 132,6 km/Std.
4. Tazio Nuvolari, Alfa-Romeo, 3:50:04,2 = 130,9 km/Std.
5. Rudolf Hasse, Auto-Union, 3:51:25,1 = 130,1 km/Std.
6. Christian Kautz, Mercedes-Benz, 3:52:10,3 = 129,7 km/Std.
7. Hermann Lang, Mercedes-Benz, 3:45:47,2, 1 Runde zurück.
8. Hans Rüesch-Schweiz, Alfa-Romeo, 3:49:02, 1 Runde zurück.

Durch seinen unerhörten Einsatz hatte er die Zuschauer immer wieder zu Begeisterungsstürmen hingerissen. Er wurde fast mehr gefeiert als der Sieger Caracciola, der ein ausgezeichnetes Rennen fuhr. Als Bernd eine Minute und eine Zehntelsekunde nach dem Sieger das Ziel passiert hatte – allein für einen seiner Boxenaufenthalte hatte er über drei Minuten gebraucht – wußten dreihunderttausend Menschen auf dem Nürburgring, weshalb sie ihren Rosemeyer feierten.

Trotzdem – es wollte keine rechte Stimmung aufkommen. Ernst lag im Adenauer Krankenhaus, wo wir ihn aber nicht besuchen durften. Die Nachrichten, die wir telefonisch erhielten, klangen nicht mehr so harmlos. Von Kreislaufstörungen und von einer Embolie war plötzlich die Rede. Ernst sollte nach Bonn übergeführt werden. Seine Eltern waren verständigt und bereits unterwegs.

Das Festmahl, mit dem sich das Hotel in Daun auf seinen Stammgast Rosemeyer vorbereitet hatte, wurde kaum gewürdigt. Einsilbig und gedrückt gingen wir alle früh schlafen.

* * *

Frühmorgens fuhr ich durch ein Klopfen aus meinem unruhigen Schlaf hoch. Bernd schlief nebenan, und ich schloß leise die Tür. Vater Rosemeyer kam herein. Sein blasses Gesicht zuckte. Er setzte zum Sprechen an.

»Vater, was ist? Ernst...?« kam ich ihm zuvor.

Er nickte nur und konnte nicht sprechen.

Drüben bewegte sich Bernd.

»Bitte, Vater, laß mich allein mit ihm.«

Ich ging hinüber zu meinem Mann. Noch im Halbschlaf, einen Arm um mich legend, drehte Bernd sein Reiseradio an. Ich stellte es wieder ab. Ich konnte jetzt keine Musik hören. Und Bernd mußte es erfahren, solange er noch allein war.

In den Morgenstunden des 26. Juli verschied an den Folgen seines Unfalles im Großen Preis von Deutschland 1937 unser

ERNST VON DELIUS

Ein guter und immer fröhlicher Kamerad, ein ritterlicher Kämpfer, ein tapferer und glänzend veranlagter Fahrer, ein liebenswerter Mensch ist durch ein hartes Schicksal aus unserer Mitte gerissen worden. Wir waren stolz, ihn zu den Unseren zählen zu dürfen und hofften mit ihm, der in Südafrika den ersten Rennerfolg dieses Jahres für Deutschland erkämpft hatte, auf eine erfolgreiche Laufbahn im Dienste des deutschen Kraftfahrsports.

Dem Kampf um den Sieg hatte er sein Leben verschrieben — im Kampf um den Sieg gab er sein Leben. Wie in der Geschichte der deutschen Kraftfahrt, hat er sich auch in unseren Herzen ein bleibendes Denkmal errichtet.

Betriebsführung, Rennfahrer u. Gefolgschaft
der
AUTO UNION A-G

Langsam kam er zu sich, und sein lachender Blick blieb an meinem Gesicht hängen. »Sag mal, was ist dir denn passiert? Du machst ja ein erfreuliches Guten-Morgen-Gesicht!«

»Bernd, lieber Bernd, du, unser kleiner Ernst…«

Bernd sah mich entsetzt an. »Was? Der Ernst? Du, sag…«

»Er ist heute früh gestorben.« Ich konnte nicht mehr. Es gibt Augenblicke im Leben, da kann man nicht »vorbereiten«.

Bevor wir nach Bonn fuhren, machten wir einen Besuch bei Seaman im Krankenhaus in Adenau. Verbeult und verbunden lag er schon recht vergnügt in seinem Bett. Er hatte noch keine Ahnung, daß sein Kamerad Delius nicht mehr am Leben war. Wir hatten Mühe, uns mit Rücksicht auf seinen Gesundheitszustand nichts anmerken zu lassen.

Dann fuhren wir weiter. Wir sprachen kein Wort. In Bonn kauften wir weiße Rosen für den kleinen Ernst, unseren großen Freund.

Ich hätte alles darum gegeben, wenn ich meinem Mann dieses Wiedersehen mit seinem Freund hätte ersparen können. Aber er wollte von ihm Abschied nehmen. Da lag

Freiburger Bergrekordtage

Motorräder bis 250 ccm: 1. E. Kluge-Chemnitz (Auto-Union DKW) 8 : 49,2 (81,7 Benz); 2. W. Winkler-Chemnitz (Auto-Union) 8 : 59,1; 3. H. Gablenz-Karlsruhe (DKW) 9 : 25,5. — 350 ccm: 1. W. Mellmann-Lendringsen (NSU) 8 : 23,1 (85,8 Benz); 2. H. Fleischmann-Amberg (NSU) 8 : 26,3; 3. E. Hänni-Schweiz (Norton) 8 : 44,5. — 500 ccm: 1. K. Bodmer-Chemnitz (Auto-Union DKW) 8 : 21,7 (86,2 Benz); 2. G. Cordey-Schweiz (Norton) 8 : 37,7; 3. W. Hentze-Neuenkirchen (NSU) 8 : 40,9.

Seitenwagen, 600 ccm: 1. K. Braun-Chemnitz (Auto-Union DKW) 9 : 11,2 (78,4 Benz, neuer Klassenrekord); 2. H. Bock-Mannheim (Norton) 9 : 24,8 (76,6 Benz); 3. R. Detert/Faust-Nürnberg (NSU) 9 : 55,1. — 1000 ccm: 1. J. Faistenhammer (Douglas) 9 : 14,6 (78,0 Benz); 2. H. Schumann (Auto-Union DKW) 9 : 36,4; 3. G. Kahrmann (Auto-Union DKW) 9 : 48,7.

Sportwagen ohne Kompressor, 1100 ccm: 1. T. Neumaier-Bussenbach (BMW) 9 : 54,4 (72,7 Benz); 2. H. Müller-Hattersheim (BMW) 10 : 47,3. — 1500 ccm: 1. W. Glöckler-Frankfurt a. M. (Hanomag) 10 : 07,5 (71,2 Benz, neuer Klassenrekord); 2. Dr. F. Werneck-Garmisch-Partenkirchen (BMW) 10 : 23,9. — 2000 ccm: 1. K. Illmann-Schweidnitz (BMW) 9 : 02,9 (79,7 Benz, Klassenrekord); 2. A. Brudes-Breslau (BMW) 9 : 09,6; 3. U. Richter-Lochhausen (BMW) 9 : 18,4. — Ueber 2000 ccm: 1. A. Petzold-Hannover (Ford) 9 : 39,9 (74,6 Benz, Klassenrekord); 2. J. Hummel-Freiburg (Alfa-Romeo) 9 : 43,9.

Sportwagen mit Kompressor, 1100 ccm: 1. B. Kohlrausch-München (MG) 9 : 17,6 (77,5 Benz); 2. E. Villoresi-Italien (Maserati) 9 : 24,7. — 2000 ccm: 1. E. Brütsch-Stuttgart (Bugatti) 9 : 07,2 (79 Benz, Rekord); 2. Plate-Italien (Alfa-Romeo) 10 : 19,6. — Ueber 2000 ccm: 1. M. Tadini-Italien (Alfa-Romeo) 8 : 58,6 (80,3 Benz); 2. H. Wimmer-Freiburg (Bugatti) 9 : 05,1 (79,3 Benz).

Rennwagen, 1100 ccm: 1. Graf Lurani-Italien (Maserati) 9 : 35,3 (75,1 Benz); 2. W. Bäumer-Bünde (Austin) 9 : 37,8 (74,9 Benz). — 1500 ccm: 1. H. Berg-Freiburg (Alfa-Romeo) 9 : 17,3 (77,5 Benz); 2. C. Martin-England (Era) 9 : 34,7 (75,2 Benz); 3. F. Gollin-Erfurt (Maserati) 9 : 17,3 (77,5 Benz). — 3000 ccm: 1. H. Hartmann-Ungarn (Maserati) 9 : 13,8 (78,1 Benz); 2. Graf E. Festetics-Ungarn (Maserati) 9 : 21,3.

Rennwagen über 3000 ccm: 1. Hans Stuck (Auto-Union) 8 : 11,0 (88,0 Benz, Tagesbestzeit, Gewinner des Großen Bergpreises von Deutschland und Preis des Führers des deutschen Kraftfahrsports); 2. Rosemeyer (Auto-Union) 8 : 12,8 (87,7 Benz); 3. Caracciola (Mercedes-Benz) 8 : 17,7 (86,9 Benz); 4. Hermann Lang (Mercedes-Benz) 8 : 28,9; 5. C. Biondetti (Alfa-Romeo) 8 : 41,2; 6. P. Pietsch-Neustadt (Maserati) 8 : 44.5.

Nach dem Rennen. Die Fahrer fahren hintereinander den Berg herunter. Vorneweg Bernd.

er, unser lieber kleiner, immer vergnügter Ernst mit seinen gerade 25 Jahren! Ganz ruhig und friedlich unter vielen schönen Blumen.
Auf Wiedersehen, Ernst. Wir vergessen dich nie!
Nachher im Flugzeug empfanden wir beide dasselbe: Eine große Dankbarkeit darüber, daß wir ganz weit weg von allem Trubel waren. Am liebsten wären wir tagelang da oben geblieben.

* * *

Das Leben ging weiter, auch das Rennfahrerleben.
Schon am Sonntag drauf mußten sie alle in Freiburg wieder antreten, die Kameraden von Ernst von Delius.
Hinter Hans Stuck wurde Bernd Zweiter vor Rudolf Carraciola.
Am Sonntag, dem 8. August, ging es in Monte Carlo um den Großen Preis von Monaco. Bevor Bernd zum Training anzutreten hatte, verbrachten wir einen Tag bei Hellmuth Hirth und seiner Frau in Stuttgart. Bei dieser Gelegenheit gab Bernd bei Klemm in Böblingen für sich eine eigene Sportmaschine, eine KL 35 mit Hirth-Motor, in Auftrag. »Damit ich endlich auch in der Luft ganz selbständig werde«, war sein autoritärer Kommentar.
Anschließend flogen wir in die Augustglut der Côte d'Azur. In Cannes mußten wir den »Taifun« abstellen, weil Monte Carlo an seiner Felsküste keinen Flugplatz hatte.
In meinem bisherigen Leben war ich noch nie so vornehm gereist wie auf diesen Renntouren mit meinem Mann. Auf den diversen Flugplätzen wurden wir von Ludwig mit unserer guten »Manuela«, wie wir den Horch getauft hatten, erwartet. Genauso vollzog sich in der Regel auch wieder unser Abflug.
Bei unserer Ankunft bekamen wir von Ludwig dann auch sofort die neuesten Informationen über die Konkurrenz, den Zustand der Strecke, das Wetter und etwas Klatsch aufgetischt und waren so bei unserer Ankunft im Hotel schon etwas im Bilde.
Herrlich war dieses Monte Carlo, aber ich weiß nicht, vielleicht lag es an mir: Ich kann mich nicht erinnern, jemals so unter der Hitze gelitten zu haben. Nicht einmal in den feuchtesten Tropen. Ich schlief schrecklich schlecht.
Jeden Morgen um 6 Uhr begann das Training. Hinterher legten wir uns noch mal für eine Weile aufs Ohr, und dann ging es für den Rest des Tages in das märchenhafte

Kurz vor dem Start zum Großen Preis von Monaco.

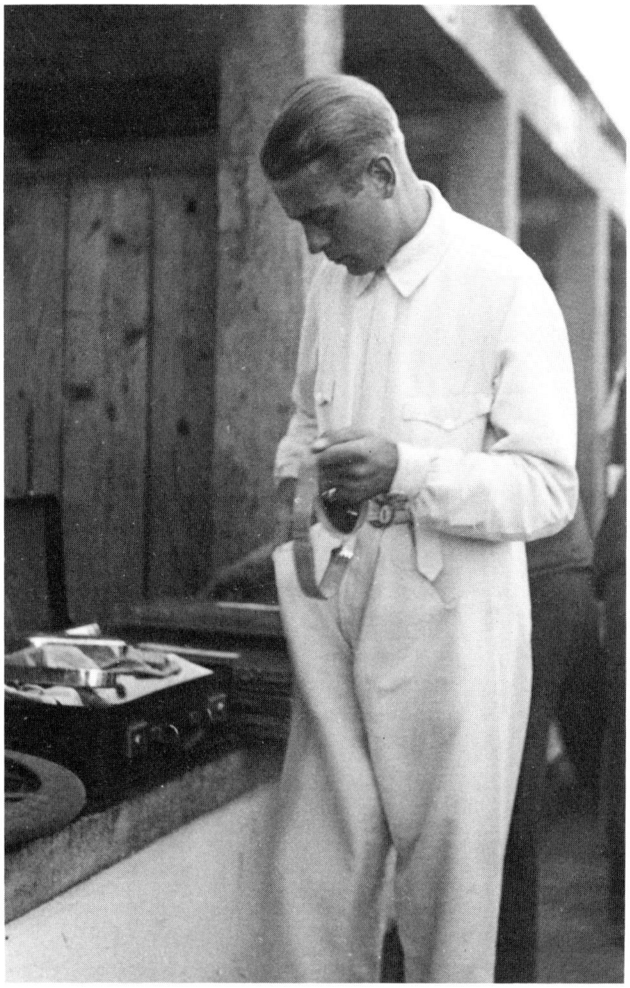

Trainingspause

Schwimmbad. Das war so etwas für den Geschmack der Rosemeyers, dieser Lido von Monte Carlo. So stellte man sich gerne die mondänen Bäder vor, voll von Rivieraprinzen – nur so aufregend, wie wir es erwartet hatten, war dieses Publikum gerade nicht!
Das Hotel-Bad befand sich teilweise im blauen Meer. Zusätzlich gab es am Strand noch ein wunderbares Frischwasserbassin mit diversen Sprungbrettern, daneben ein erstklassiges Restaurant. Draußen schaukelten an Bojen kleine, bunte Tretboote, »Pedalos« genannt, und schnittige Motorboote, hinter denen man wellenreiten und Wasserski fahren konnte. Über all dem strahlte der blitzblaue Rivierahimmel. Manches Mal, wenn ich da so in der Sonne lag, überlegte ich mir, was ich wohl getan hätte, wenn mir jemand als kleinem Schulmädchen in Hannover gesagt hätte, daß ich dies alles später einmal erleben würde.
Das Rennen, das seine Schatten schon über die Trainingstage warf, sorgte dafür, daß die Bäume nicht in den Himmel wuchsen.
Meine Güte, war das eine Grand-Prix-Rennstrecke! Hundert Runden zu je 3,18 Kilometern waren von den Piloten zu fahren. Man durfte gar nicht daran denken, was in diesem Rennen geboten werden würde. Schon beim Training, wenn einmal zwei Wagen gleichzeitig in die engen Kurven gingen, blieb uns Zuschauern fast das Herz stehen!
Ich selbst war ja schon allerlei Kummer in dieser Hinsicht gewöhnt. Aber wenn die Wagen mit einer irrsinnigen Geschwindigkeit durch den Ort am Kasino und den Hotels vorbei zwischen den hohen Gebäuden hindurchschossen, das überstieg alles bisher Erlebte. Dazu kam, daß unsere Rennwagen alles andere als in Schuß waren. An jedem Tag gab es irgendwelche Probleme, es war, als ob der Teufel dahinter gesessen wäre. Sogar Bernds anfängliche Begeisterung war wie weggewischt. Auch mir gelang es nicht, ihn »aufzubauen«.
Wenigstens genossen wir die Tage mit Sonne, Wasser und »Pedalos« und den Golfplatz oben in den Bergen, wohin uns die Stucks mitnahmen. Wir taten gut daran, denn was hinterher kam, war nicht gerade erfreulich.

Das Rennen selbst war wieder eine Beanspruchung für die Nerven, die nach allem, was sich kurz vorher abgespielt hatte, beinahe unerträglich war. Schon aus der ersten Runde kam unser Rudi Hasse nicht zurück. Dann erfuhren wir, daß er sich bei der Ausfahrt aus dem Tunnel, der auch zu den Zierden dieser eigenartigen Rennstrecke gehörte, überschlagen hatte. Wir wurden blaß. Als dann die Nachricht kam, er sei nur ganz leicht verletzt, glaubte keiner von uns daran. Im Gegenteil, jeder mußte an Ernst von Delius denken. Erst als wir Hasse nach Beendigung des Rennens quietschvergnügt in seinem Hotelbett antrafen, waren wir beruhigt.
Bei uns sollte es weiter schiefgehen. In der 18. Runde schied Bernd, der bis dahin immer in der Spitzengruppe mitgemischt hatte, mit Motorschaden aus. Obwohl es sehr unsportlich ist, muß ich zugeben, daß ich eigentlich ganz glücklich war, als ich ihn zu Fuß und heil wieder bei uns in der Box hatte!
Bernd als Zuschauer?
Kannte ich meinen Mann schlecht! Wie ein Luchs ver-

Ergebnisse:

Großer Preis von Monaco, 318 km: 1. M. v. Brauchitsch (Mercedes-Benz) 3:07:23,9 (101,815 Benz, neuer Streckenrekord); 2. Rud. Caracciola (Mercedes-Benz) 3:08:16,2; 3. Chr. Kautz (Mercedes-Benz) 2 Rd. zur.; 4. Bernd Rosemeyer (Auto-Union) 3 Rd. zur.; 5. Gottfried Zehender (Mercedes-Benz) 3 Rd. zur.; 6. Giuseppe Farina (Alfa Romeo) 3 Rd. zur.; 7. Raymond Sommer (Alfa Romeo) 5 Rd. zur.; 8. Hans Rüesch (Alfa Romeo) 8 Rd.; 9. Pintacuda (Alfa Romeo) 13 Rd.

folgte er mit seinen Augen Hans Stuck, der nun noch als einziger von der Auto-Union im Rennen war, und schon raunte er mir zu: »Du, bei dem Hans stimmt auch was nicht. Ich glaube, die Bremsen blockieren. Paß auf, wenn er hält, frag' ich ihn, ob er mich weiterfahren läßt. Hier herumlungern, das paßt mir nicht, solange noch gerannt wird.«
Und genauso war und kam es. Hans hielt, seine Bremsen wurden soweit in Ordnung gebracht, und Bernd übernahm den Wagen. Noch einmal wurde er von Stuck abgelöst, fuhr dann aber das Rennen zu Ende. Immerhin

Bernd mit Stucks Wagen

wurde die Stuck-Rosemeyer-Union auf diese Weise noch Vierter!
»Weißt du, ich bin mir vorgekommen wie auf einem Leichenwagen«, berichtete mir Bernd nachher gutgelaunt. Nach seinem Pech hatte er seinen Spaß daran, wenigstens den einzigen noch vorhandenen Wagen von uns ans Ziel zu bringen.
Um den Sieg hatten die Daimler-Benz-Stallgefährten Brauchitsch und Caracciola einen Kampf geführt, daß es uns allen den Atem verschlagen hatte. Die beiden kämpften einsam an der Spitze, verbissen und erbarmungslos gegeneinander. Wir fragten uns: warum? Das Publikum schien zufrieden, als Manfred von Brauchitsch dieses Duell endlich für sich entschieden hatte.
Wir alle gönnten es ihm von Herzen, daß er endlich einmal Schluß mit seiner schon sprichwörtlich gewordenen Pechsträhne gemacht hatte – und zwar so eindrucksvoll.

Die »Coppa Acerbo« in Pescara war das nächste Rennen, an dem die Auto-Union teilnahm. Da ich weg mußte, überließ ich Bernd meinen geliebten »Taifun« und flog selbst mit der Lufthansa gen Norden. Bernds Schmerz über die Trennung schien nicht allzu groß, weil er viel zu wild darauf war, seinen Leuten einmal ein selbständiges Gastspiel auf meiner schnellen Maschine zu geben.
»Du, Bernd, bitte schick mir sofort ein Telegramm, wenn du in Pescara angekommen bist. Vergiß es nicht. Ich kann sonst nicht schlafen«, rief ich ihm noch nach. Abends in Berlin wartete ich vergeblich auf Nachricht von Bernd. Ich schlief schrecklich unruhig. Morgens um halb vier, als ich durch die Wohnung wandelte, fand ich in der Diele ein übermütiges Telegramm von meinem Mann, der sich anscheinend recht wohl ohne mich im »Taifun« fühlte. Von da ab war ich per Telefon stets im Bilde, was sich unten in Pescara abspielte.
Bernd war im Training fast immer der Schnellste, aber darüber sprach er eigentlich wenig. Fürchterlich schimpfte er über die Hitze, die Moskitos und die schlechte Unterbringung.
»Wie ich dich um die paar Tage Ruhe in Berlin beneide!« brüllte er durch die schlechte Leitung. »Und noch dazu hast du es so unverdient gut bei deiner Fahnenflucht. Aber laß nur, mir ist es ganz lieb, daß du nicht mit hier bist; das wäre nichts für dich! Furmanik hat sich meiner inzwischen angenommen, und ab morgen bin ich auch gut untergebracht. Und daß du mir inzwischen in Berlin nicht zu viel ausgehst. Ich warne dich! Und damit du es genau weißt: Die schönen Frauen hier reißen sich um mich Strohwitwer! Du, spätestens Mittwoch treffen wir uns in Bern. Dann darfst du wieder in meinen ›Taifun‹ einsteigen.«
Aber erstmal ging es am Sonntag, dem 15. August, über

Das Rad war vor Bernd am Depot angekommen.

412,8 Kilometer um den »Coppa Acerbo«. Langes Warten auf das Rennergebnis wurde mir am Sonntag erspart: Die Berliner Vertretung der Auto-Union hielt mich dauernd auf dem laufenden. Und am Mittag um 1 Uhr wußte ich es schon: Bernd hatte gesiegt vor von Brauchitsch und unserm H. P. Müller. So nebenbei drehte er auch noch die schnellste Runde mit 145,2 Stundenkilometern. Abends wartete ich Stunden um Stunden vergeblich auf den telegrafisch angekündigten Anruf von Bernd. Das Fernamt meldete zwar Pescara, aber es geschah nichts. Es beunruhigte mich nicht weiter – ich wußte ja, daß alles klar gegangen war.

Daß für Bernd das Rennen aber doch nicht so ganz glatt über die Bühne gegangen war, erfuhr ich abends aus den Zeitungen. Er hatte einen Chausseestein »angenommen«, dabei war ihm die Radkappe – schon wieder eine Radkappe – abgeschlagen worden. Schließlich war ihm das rechte Hinterrad einfach weggelaufen und kam – dies ist wirklich wahr – 30 Sekunden vor ihm am Ersatzteillager an, das unterhalb einiger serpentinenartiger Kurven lag. Bernd, man kann dich wirklich nicht allein lassen!

Endlich am nächsten Abend, als ich von einem Besuch bei Ernst von Delius' Eltern in Plessa zurückkam, erreichte mich mein Mann. Inzwischen war er schon in Venedig.

»Du, ich möchte doch nach Berlin kommen, dich abholen. Allein ist es so langweilig, und was soll ich hier, bis das Training in Bern anfängt?

Und was ich dir noch erzählen wollte: Die Geschichte mit dem Hinterrad war ein Witz. Die Gesichter von unseren

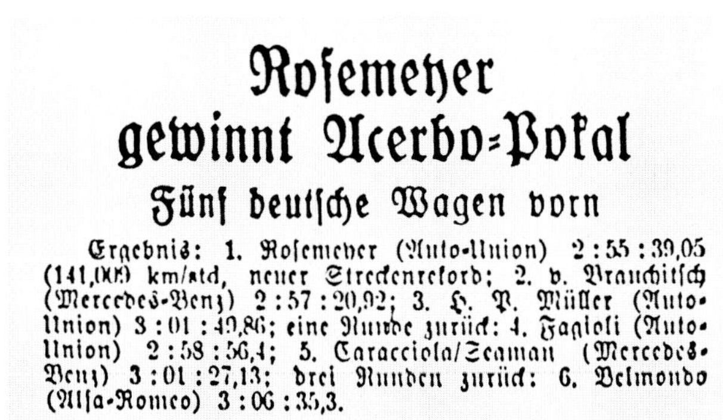

Rosemeyer gewinnt Acerbo-Pokal

Fünf deutsche Wagen vorn

Ergebnis: 1. Rosemeyer (Auto-Union) 2:55:39,05 (141,[illegible]) km/std, neuer Streckenrekord; 2. v. Brauchitsch (Mercedes-Benz) 2:57:20,92; 3. H. P. Müller (Auto-Union) 3:01:49,86; eine Runde zurück: 4. Fagioli (Auto-Union) 2:58:56,4; 5. Caracciola/Seaman (Mercedes-Benz) 3:01:27,13; drei Runden zurück: 6. Belmondo (Alfa-Romeo) 3:06:35,3.

Leuten kannst du dir nicht vorstellen, wie ihnen da plötzlich mein Rad über die Köpfe heruntergetrudelt kam und ich auf drei Beinen eine halbe Minute hinterher. Da hab' ich aber in die Hände gespuckt und vielleicht mitgeschuftet, bis ich wieder klar war, denn inzwischen hatte mich doch der Rudi schon abgehängt. Hinterher war es ein herrliches Gefühl, wieder auf vier Rädern weiterzufahren.«
»Wunderbar, Kleiner! Das kannst du mir aber alles auch morgen erzählen. Das wird sonst schon wieder so eine endlose Telefonrechnung!«
»Ach, laß doch, ich hab' ja gewonnen. Was solln wir mit dem Geld, wenn wir fünfzig sind? Also, und dann war der Balbo auch da. Und er hat mir nun auch endlich ein Bild für mich gegeben. Siehst du, nun hab' ich wieder einen gut! Du, und weißt du, was er noch gesagt hat? ›Also Rosemeyer, wenn da mal ein kleiner Rosemeyer eintrudelt, dann möchte ich um ein umgehendes Telegramm gebeten haben!‹ Hallo? Hast du zugehört? Ja, das hat er gesagt. Also dann bis morgen. Holst du mich in Rangsdorf ab?«
Es war immer dasselbe. Wenn wir mal einen Tag getrennt waren, vertelefonierten wir ein Vermögen. Also von Sparen konnte da keine Rede sein, wenn ich mal irgendeine Reise nicht mitmachte.

Trotz Handschuhen immer aufgerissene Hände.

Bereits eine Woche später wurde in Bremgartenwald bei Bern der Große Preis der Schweiz ausgefahren. Auf unserem gemeinsamen Flug mußte ich feststellen, daß der fliegerische Umgang mit Bernd wesentlich schwieriger geworden war. »Bitte«, erklärte er voll Würde, als ich ihm unterwegs mal für eine Weile das Doppelsteuer in die Hand drücken wollte, »entweder du fliegst – oder ich. Aber mir so gelegentlich ohne Gas und Landeklappen den Knüppel in die Hand zu drücken: Die Zeiten sind vorüber.« Da hatte ich nun die Bescherung, Bernd war flügge geworden!
Als wir in Bern in unserem alten Hotel angekommen waren, erfuhren wir zu unserer großen Freude, daß sich zur gleichen Zeit die Generale Erhard Milch und Ernst Udet zu einem Besuch beim Kommandeur der Schweizer Luftstreitkräfte in Bern aufhielten und zum Rennen kommen wollten.
»Hoffentlich kann ich dem Udlinger (Udets Spitzname) mal eine anständige Naht vorbrausen«, freute sich Bernd, der vor Udet und seinen Leistungen einen ungeheuren Respekt hatte. Außerdem hatte Udet Bernd vor Jahren, weil ihm damals der junge Motorradfahrer mit seinem Betteln keine Ruhe ließ, seine ersten Doppelsteuerversuche in dem seligen »Flamingo« machen lassen, und das vergaß er ihm nie.
Die Sensation dieses Großen Preises war die Bekanntgabe, daß Nuvolari, der von Alfa Romeo und seiner Sportbehörde eine Sondererlaubnis bekommen hatte, auf einem Auto-Union-Wagen starten würde. Auch wir »vom Bau« waren natürlich ungeheuer gespannt, obgleich wir wußten, daß es praktisch menschenunmöglich war, nach den paar Trainingsrunden auf unserem sehr schwierig zu fahrenden Heckmotor-Wagen ganz vorne mitzufahren.
Ich saß neben Udet in der Box, als der Start zu diesem Rennen über 364 Kilometer erfolgte. Da kam die Spitze aus der zweiten Runde an uns vorbeigerast – und Bernd fehlte! Der Schreck fuhr mir in die Knochen. Fast immer, wenn einer von den Fahrern kurz nach dem Start oder in den ersten paar Runden fehlte, wenn alle Fahrer noch im Knäuel zusammenhingen, war etwas Ungutes passiert. Bernd... nein, ich konnte und wollte nicht mehr weiterdenken und lief an vielen gespannten und mitleidigen Gesichtern vorbei zur Rennleitung.
Da kam mir schon jemand entgegen: »Alles in Ordnung, Frau Rosemeyer! Ihr Mann ist im Rennwagen hierher unterwegs.« Und schon kam Bernd um die Kurve gerollt, hielt bei uns und stieg aus. Für seinen Wagen war das Rennen zu Ende. »Kinder, haltet Nuvolari an! Er soll mir

seinen Wagen geben, denn ich kann ihn doch schneller fahren. Er versteht das. Los, macht schnell.« Das war alles, was ich im Moment von ihm hörte.
Und schon kam auch Nuvolari in der nächsten Runde an die Box gerollt und übergab lachend – ehrlich lachend – Bernd seinen Wagen. »Wenn ich genau gewußt hätte, was los gewesen ist, hätte ich ihn Bernd schon unterwegs gegeben«, erklärte er mir auf Französisch.
Jetzt erst erfuhr ich, was sich eigentlich abgespielt hatte. Bernd hatte eine Kurve, weil seine Bremsen wieder einmal blockiert hatten, »nicht gekriegt« und war mit über hundert Sachen in eine Wiese gefahren. Es war zwar alles nach diesem kleinen Umweg in Ordnung, aber er hatte den abgestorbenen Motor, da die Rennwagen keinen Selbststarter hatten, nicht wieder anwerfen können. Schiebehilfe anderer Leute hätte die Disqualifikation bedeutet. Und darum mußte satzungsgemäß der Wagen ausscheiden.

Caracciola gewinnt Großen Preis der Schweiz

Drei Mercedes-Benz in Front

Großer Preis der Schweiz, 364 Kilometer: 1. Rudolf Caracciola (Mercedes-Benz) 2:17:39,3 (159,160 km/std); 2. Hermann Lang (Mercedes-Benz) 2:18:28,7 (158,260); 3. Manfred v. Brauchitsch (Mercedes-Benz) 2:18:45,7 (156,840); 4. Hans Stuck (Auto-Union) 2:18:46,8; 5. Bernd Rosemeyer (Auto-Union) 2:19:00,5; 6. Christian Kautz (Mercedes-Benz) 2:19:58,5. Eine Runde zur.: 7. Nuvolari-Fagioli (Auto-Union); drei Runden zur.: 8. Sommer (Alfa-Romeo); neun Runden zur.: 9. Pietsch (Maserati); neun Runden zur.: 10. Hartmann (Maserati).

Sonnenglanz überm Mercedesstern

Rudolf Caracciola gewinnt den „Großen Preis der Schweiz"

Es kommt ja nicht oft vor, daß die Sonne über Sternen glänzt. Heuer aber ist's so, wo Mercedes-Benz zum zweiten Male in dieser Saison, und zwar innerhalb 14 Tagen zweimal, einen Grand Prix mit dreifachem Sieg gewann!

Die Mercedesleute waren vor Bern auf dem Nürburgring und behaupten, dort oben noch 50 PS zusätzlich gefunden zu haben. Einfach „gefunden"! Bisher war es so — und man tut den Untertürkheimern damit kein Unrecht —, daß man dem Auto Union-Motor doch einige PS mehr zutraute, heute aber dürfte man gleichgezogen haben. Und die Straßenlage der Wagen ist außergewöhnlich gut. Dabei stehen wir jetzt vor Schluß der 750-Kilo-Saison, und man erwartet in Paris, daß wir jetzt unsere Grand-eine gewisse Zeit braucht, um mit dem Auto Union-Wagen auch innerlich verbunden zu sein. Bisher hat es einen einzigen Fahrer gegeben, der diesen Wagen restlos und hundertprozentig beherrscht, und das ist eben Rosemeyer! Er beherrscht ihn nicht nur, sondern er „spielt mit den PS des Sechzehnzylinder-Heckmotors", er weiß sie zu bändigen und sie richtig einzusetzen, wie ein großer Dirigent, der Partitur und Instrumente beherrscht, und zwar durch das Wachsein aller musikalischen Gefühle. Dieser Vergleich ist berechtigt, denn es ist schon seltsam genug, daß Bernd, der sonst nicht viel nach Worten sucht und sie hinsprudelt, wie sie ihm gerade auf die Zunge kommen, mit Bildern und Vergleichen operiert, wenn er vom Auto Union-Rennwagen,

Später erzählte mir Bernd: »Weißt du, ich hätte die Kurve vielleicht gekriegt. Aber ich war nicht ganz sicher. Und weil sich auf die Art die meisten Fahrer die Knochen brechen, daß sie es doch zwingen wollen, bin ich lieber geradeaus in die freie Wiese gestochen. Da konnte mir nichts passieren. Und der Auto-Union wäre mit einem kaputten Fahrer und Wagen auch nicht gedient gewesen. Aber die Mercedes sind wahnsinnig schnell in diesem Jahr, sie haben einen besseren Abzug nach der Kurve und sind auf der Geraden auch schneller als wir. In diesem Jahr muß um jeden Meter gekämpft werden.«
Zweieinhalb Minuten hatte Bernd beim Umsteigen auf den Wagen von Nuvolari verloren. Bei seiner Aufholjagd fuhr er wieder einmal eine schnelle Runde nach der andern und war am Schluß bis auf 1 Minute 21 Sekunden an den Sieger Caracciola herangekommen. Hinter Lang und von Brauchitsch die den Mercedes-Triumph vervollständigten, und seinem Stallgefährten Hans Stuck wurden Nuvolari/Rosemeyer noch bravouröse Fünfte!
Überflüssig zu erwähnen, daß Bernd auch hier die schnellste Runde fuhr.

Neuer Sieg von Caracciola

In Livorno sechs deutsche Wagen in Front

Mit dem am Sonntag in Livorno ausgetragenen Großen Preis von Italien wurde die alte Rennformel, die seit 1934 Gültigkeit hatte, verabschiedet. Sechs deutsche Wagen, drei Mercedes-Benz und drei Auto-Union bildeten im Ziel die vorderste Front. Rudolf Caracciola (Mercedes-Benz und Continental-Reifen) gewann das schwierige, kurvenreiche Rennen vor seinem Markengefährten Lang, dem Rosemeyer (Auto-Union), Seaman (Mercedes-Benz), Müller (Auto-Union) und Varzi (Auto-Union) als nächste folgten. Dann kamen zwei italienische Alfa-Romeo mit Nuvolari-Farina, bzw. Graf Trossi vor Stuck-Hasse (Auto-Union) und Belmondo (Alfa-Romeo). Die übrigen fünf Teilnehmer waren vorzeitig ausgeschieden. Der Sieger Rudi Caracciola fuhr über die Gesamtstrecke von 350 Kilo...er einen Durchschnitt von 128,3 km/std heraus, der in Anbetracht der Schwierigkeit der Strecke als hervorragend angesprochen werden muß. Hermann Lang war mit 3:11,2 (135,903 km/std) Rundenbester.

Caracciola gewann Masaryk-Rennen

Zweiter v. Brauchitsch vor Rosemeyer und Seaman

Ergebnis: 7. Großer Masaryk-Preis, 15 Runden = 437,130 Kilometer: 1. Rudolf Caracciola (Mercedes-Benz) 3:09:25,3 (138,4 km/std, neuer Rekord); 2. Manfred v. Brauchitsch (Mercedes-Benz) 3:10:01,7; 3. Rosemeyer-Müller (Auto-Union) 3:10:07,1; 4. Seaman (Mercedes-Benz) 3:10:43,8; eine Runde zurück: 5. Nuvolari (Alfa Romeo); 6. Brivio (Alfa Romeo); zwei Runden zurück: 7. Hartmann (Maserati); drei Runden zurück: 8. Graf E. Festetics (Maserati).

Kein gerade berauschendes Jahr für die Auto Union!

Es war keine Frage, Mercedes-Benz hatte im Moment die besten Karten. Nach dem Großen Preis von Italien, der in Livorno am 12. September ausgefahren wurde und den Bernd als Dritter hinter Lang beendete, sollte Rudolf Caracciola auch im Großen Preis von Brünn dreimal in Folge als Erster die Ziellinie überfahren.
Auch hier auf dem Masaryk-Ring in der Nähe von Brünn spielte sich das gleiche Trauerspiel wie in Bern ab. Nachdem Bernd mit blockierender Bremse einen Raddefekt hatte, mußte er auf den Wagen, mit dem H. P. Müller ins Rennen gegangen war, die letzten Runden zu Ende fahren. Daß er hinter dem siegreichen Caracciola und von Brauchitsch doch noch den dritten Platz herausfuhr, war wieder einmal seiner aberwitzigen und nervenaufreibenden Aufholjagd zu verdanken.
In dieser Zeit habe ich eigentlich viel mehr Respekt vor meinem Mann bekommen als zuvor, als seine Siegesserie schier nicht abreißen wollte. Hut ab vor der Form, wie er mit seinem Pech und Mißgeschick fertig wurde,

nie aufgab, bis zum letzten Meter kämpfte, als ob es um die Weltmeisterschaft ginge, obgleich er längst wußte, daß er in dieser Saison für die Europameisterschaft nicht in Frage kam; das zeichnete ihn wirklich aus.

***

Trotz der gerade in letzter Zeit nicht immer berauschenden Ergebnisse war es für uns, die wir dabei waren, aber doch immer wieder ein ganz großes Erlebnis, wie die vielen hunderttausend Menschen hinter Bernd standen und seinen bedingungslosen Einsatz honorierten. Der persönliche Erfolg und die Anerkennung waren ein schlagender Beweis gegen den schlechten Ruf des großen Publikums und seine sprichwörtliche Undankbarkeit und Vergeßlichkeit. In Bernds Fall traf das Wort »Hebt ihn heute in den Himmel, und kreuzigt ihn morgen« nicht zu.
Ganz ohne Preis kamen wir aus Brünn jedoch nicht zurück. Bernd hatte es nämlich geschafft, sich endlich einen Privatwagen ganz nach seinen Angaben bauen zu lassen. Ein Jugendtraum war in Erfüllung gegangen. Ich möchte hier nicht erzählen, wie oft bei uns das Essen verbrutzelte oder wie oft wir da und dort zu spät kamen, bis dieses Auto endlich fertig war. Bernd war völlig verrückt in dieser Zeit. Er kümmerte sich bald um jede Schraube – ich war manchmal nahe daran, aus der Haut zu fahren. Ein Kind unter dem Weihnachtsbaum ist nur ein bescheidener Vergleich mit der Seligkeit von Bernd, als das zweisitzige Horch-Coupé in stahlfarbenem Fischlack mit Schweinslederpolsterung endlich bei uns vor der Tür stand. Das war also unsere neueste »Manuela«. Wir hatten sie auf Jungfernfahrt mit nach Brünn genommen, und da nahm sie an dem Concours d'Elégance des dortigen Automobilklubs teil. Sie bekam nicht nur den ersten Preis in ihrer Klasse, sondern auch den Publikumspreis. Bernd strahlte.
Da die Wagen mit mindestens zwei Personen besetzt sein mußten, hatte ich ihm geraten, sich eine andere Partnerin für die Schönheitskonkurrenz zu suchen, da ich mir im Moment nicht besonders fotogen vorkam. In so weiter Ferne war ja der »kleine« Bernd nicht mehr. Im November sollte es soweit sein. Aber da kam ich beim »großen« Bernd schlecht an. »Wenn du nicht mit mir fährst, dann ziehe ich ›Manuela‹ überhaupt aus dem Wettbewerb zurück.«
Was blieb mir übrig? Lächelnd – denn Aussehen und Haltung der Insassen wurden auch gewertet – fuhren wir unseren Kurs ab, und gottergeben ließ ich mich mit Bernd, »Manuela« und vielen Blumensträußen, die mir ganz gelegen kamen, unzählige Male fotografieren.

Die neue »Manuela«

Zuletzt noch mal die Auto Union!

Nottingham, den 3. Oktober 1937.

So, Koffer packen, ganz schnell sogar, und ab dafür in Urlaub! Die Rennsaison ist vorbei, es kann Jagd vorbei geblasen werden. — Die Hetzjagd durch Europa von einer Rennbahn zur andern war, weiß der Himmel, wild genug. Die Zeit zwischen Südafrika und England, die Saison, die so schnell vorbeiging, hat allen denen, die zum großen Rennzirkus gehören, wirklich das Letzte abverlangt, und wenn sich nun in die Abschiedsstimmung von diesem Rennjahr auch etwas Wehmut mischt, so überwiegt doch bei allen Beteiligten die Freude, endlich mal wieder ein paar Wochen für sich zu haben, mal die müden Knochen von sich zu strecken und zu sagen: so, dieses Jahr haben wir hinter uns. Dabei macht es jeden, vom Mechaniker bis zum Rennfahrer, gleich glücklich, daß diese Saison so unerhört erfolgreich für beide deutschen Ställe, für Mercedes wie auch die Auto Union, war, daß deutsche Wagen in nicht weniger als 15 großen Rennen siegen konnten!

Erfolgreich wie sie durchweg war, schloß die Saison auch ab — im Donington-Park, beim letzten Rennen des Jahres, landeten noch einmal 5 deutsche Wagen in Front und die Auto Union konnte dabei den sehr schönen Erfolg verbuchen, daß nicht nur Bernd Rosemeyer der Sieger dieses Großen Preises vom Donington-Park wurde, sondern daß die Sachsen auch gleichzeitig mit Rosemeyer, Müller und Hasse, die den vierten und fünften Platz belegten, den Mannschaftspreis für die erfolgreichste Fabrik davontrugen. Das war also wirklich ein glückliches Ende für ein Jahr, das in seiner zweiten Hälfte den Auto Union-Leuten nicht viel Glück gebracht hatte. Dieses gute Ende freut uns besonders, als man ja nun sicherlich mit doppeltem Eifer in Zwickau an die Vorbereitungen zum nächsten Jahr gehen wird.

Der Rennverlauf

Es war hier also wieder einmal das alte Exempel zu lösen, wie man die beste Mischung zwischen Draufgängertum und taktischer Klugheit fand. Dabei konnte man sich verdammt verrechnen, wie zum Beispiel Caracciola, der sich verschätzt hatte und, um Reifen zu schonen, zu langsames Tempo anschlug. Dabei mußte man aber auch Glück haben, was v. Brauchitsch wieder einmal gut hätte gebrauchen können. Die günstigste Mischung zwischen Tempo, Strategie und Glück fand Rosemeyer, der diesmal nicht nur verwegen fuhr, sondern sein Rennen sehr klug anlegte. In den ersten Runden legte er sich hinter Lang, der vom Start weg die Führung nahm vor v. Brauchitsch und Caracciola. Da Caratsch aber besonders verhalten fuhr, weil er mit einmaligem Reifenwechsel auskommen wollte, ging Bernd bald auf den dritten Platz vor, und in der Spitzengruppe begann ein merkwürdiges Treiben. Keiner wollte nämlich nach vorne, um sich nicht von den andern hetzen zu lassen. Lang schob schließlich Brauchitsch die Spitze zu, Rosemeyer aber blieb, obwohl er von Lang Zeichen bekam, vorbeizugehen, auf seinem dritten Platz bis zur 20. Runde; und da war es mit Langs Wagen aus. Der Mercedes hatte einen Stoßdämpferschaden und schwamm wie ein steuerloses Schiff auf der Straße, bis er aus dem Rennen genommen wurde. Als dann in der 23. Runde v. Brauchitsch Reifen wechseln mußte, war Rosemeyer an der Spitze. In der 32. Runde mußte dann Rosemeyer seinerseits vor's Ersatzteillager, so daß Caracciola und v. Brauchitsch wieder nach vorne kamen. Caracciola, der, wie gesagt, verhalten fuhr, fiel aber bald wieder hinter Brauchitsch und Rosemeyer zurück, und als dann in der 51. Runde, nachdem Caracciola ganz genau in der 40. Runde, also zur Halbzeit, seine Reifen wechselte, Brauchitsch noch ein-

Als wir einige Tage darauf mit 150 Sachen wieder nach Hause rasten, meinte Bernd: »Stell dir vor, was deine Mutter dazu sagt, wenn sie erfährt, daß du hier mit mir in der Tschechoslowakei-Schönheitskonkurrenz mitmachst. Na, die wird Augen machen!«

Dieser »Preis« sollte nicht der letzte dieses, wenn man vom Vanderbilt-Cup absieht, nicht so erfolgreichen Jahres sein. Unsere Firma hatte lange hin und her überlegt, ob sie das letzte Rennen des Jahres 1937 am 2. Oktober im Donnington-Park in England beschicken sollte oder nicht. Man wollte bis zu einer endgültigen Entscheidung das Ergebnis vom Masaryk-Ring abwarten. Danach hätte man eigentlich mit unseren Wagen zu Hause bleiben sollen. Aber die Auto-Union stellte sich auf den sicherlich richtigen Standpunkt, daß es auf die Engländer einen schlechten Eindruck machen würde, wenn man kurz vor dem Rennen die Meldung zurückziehen und damit das Programm sicherlich der Hauptattraktion berauben würde.

Bernd war gar nicht so begeistert, unter den gegebenen Bedingungen in England zu starten, weil er mit Recht sagte, daß »unser« Team nach Lage der Dinge mit ihm, Hasse und Müller, ganz abgesehen von seinem persönlichen Abschneiden, gegenüber Mercedes-Benz mit Caracciola, von Brauchitsch und Lang auch in der Gesamtwertung kaum Chancen hatte.

Es war bezeichnend für Bernds innerliche Einstellung zu seinem Beruf, daß finanzielle Fragen, wie zum Beispiel das im Falle seines Starts – ohne Rücksicht auf den Ausgang des Rennens – zu zahlende, nicht unbeträchtliche Startgeld, in seinen Überlegungen überhaupt keine Rolle spielten. Er hatte auch keine große Lust, seinen blendenden Ruf bei seinem ersten Auftreten in England auf einem Wagen, der nicht gut in Schuß war, aufs Spiel zu setzen. Als das Werk aber trotz dieser Einwände bestimmte, daß gefahren werden sollte, verlor er selbstverständlich nicht mehr ein einziges Wort darüber, sondern tat, was von ihm verlangt wurde, und – ging als überlege-

10

Start zum letzten Rennen der Saison, dem Donnington-Cup.

ner Sieger vor von Brauchitsch und Caracciola durch das Ziel. Darüber hinaus gewann die Auto-Union auch noch den Mannschaftspreis mit Müller und Hasse, die Vierter bzw. Fünfter wurden, da bei Mercedes-Benz Lang und Seaman ausfielen.

Ein fürwahr würdiger Abschluß der Rennsaison für Bernd und die Auto-Union, und das ausgerechnet in einem Rennen, in dem sich Bernd von Anfang an kaum eine Chance gab. Natürlich fuhr Bernd wieder mit allem kämpferischen Einsatz. Aber vielleicht hatten auch meine endlosen Beschwörungen gewirkt, er möge doch endlich einmal am Anfang die anderen »laufen lassen«. Tatsächlich übernahm Bernd in diesem Rennen über 402 Kilometer erst in der 45. von 90 Runden die Führung, die er dann aber auch mit einem Tankstopp nicht mehr abgab. So zwischendurch egalisierte er den von v. Brauchitsch aufgestellten Rundenrekord von 137,76 Stundenkilometern.

Bernd gewann bei diesem Rennen viele Fans. Noch heute bekomme ich Briefe aus England und Schottland von Rosemeyer-Anhängern, die schreiben, sie würden ein solches Fahren wie das von Bernd im Donnington-Park wohl nie wieder erleben!

Mit seinem Fahrstil gewann sich Bernd viele Anhänger in England. Ende gut, alles gut: Der strahlende Sieger.

Über 400 Kilometer pro Stunde

Nach Donnington-Park wäre es eigentlich Zeit gewesen, die Saison, die für uns schon seit dem 1. Januar andauerte, zu beenden. Aber der spektakulärste Höhepunkt sollte erst noch folgen: Die offizielle Rekordwoche auf der Reichsautobahn bei Frankfurt. Sie war für die letzte Oktoberwoche angesetzt, und es war selbstverständlich, daß Bernd für die Auto-Union dabei war.
Zweifellos eine schöne, männliche Herausforderung. Und doch, wenn man mich gefragt hätte – aber ich wurde natürlich nie gefragt –, ich hätte gerade zu diesem Zeitpunkt nichts gegen ein etwas ruhigeres Privatleben einzuwenden gehabt. Wider Erwarten, und ohne daß wir es eigentlich so richtig bemerkten, hatte sich im Laufe des Jahres unser Zusammenleben wunderbar eingespielt. Ich glaube, ohne ungerecht zu sein, ich war der Teil, der sich am meisten hatte umstellen müssen. Als wir heirateten, waren wir beide ganz muntere Egoisten gewesen. Es hatte sich aber bald herausgestellt, daß es mit diesem Egoismus auf Dauer nicht gehen konnte. So hatte ich langsam eine alte Junggesellenüberzeugung nach der anderen in die Mottenkiste gepackt. Das hatte ohne Schwierigkeiten geklappt, denn in den wesentlichen Bereichen des Lebens waren wir gleicher Ansicht.
Für unsere nähere Umgebung führten wir ein in Anbetracht unserer interessanten und aufregenden Berufe ziemlich langweiliges Privatleben. Wir waren unheimlich gerne in unserer »Burg«, gingen wenig, nur wenn nötig, aus, schliefen rasend gern und viel, tranken wenig und selten – mit einem Wort, wir waren entsetzlich bürgerlich und spießig! Gesellschaftlich hatten wir beide überhaupt keinen Ehrgeiz. In der wenigen freien Zeit waren wir ausschließlich mit einigen uns lieben und wertvollen Menschen, ohne die geringste Rücksicht auf deren soziale Stellung oder Prominenz, zusammen.
Am 24. Oktober dampfte Bernd mit seiner Schwester Mia, die bei uns zu Gast gewesen war, in der »Manuela« nach Frankfurt ab. Ich blieb in Berlin, da ich eine ganze Menge zu erledigen hatte. In Rangsdorf stand ja auf dem Flughafen meine »Me« in Bereitschaft, um sofort nach Frankfurt fliegen zu können, wenn ich »benötigt« würde. In Anbetracht der Tatsache, daß ich Bernd bei seinen häufigen beruflichen Reisen in das Land südlich der Alpen auch im nächsten Jahr begleiten sollte, hatte ich angefangen, Italienisch zu lernen. Aber an diesem Montagmorgen war ich kaum bei der Sache. Jedesmal fuhr ich zusammen, wenn das Telefon klingelte. Ich glaube, meine Signora war an diesem Tage alles andere als zufrieden mit ihrer sonst recht eifrigen Schülerin. Wieder klingelte es.

Das war nur ein Teil unserer Trophäen.

Die Pressestelle der Auto-Union war dran: »Herzlichen Glückwunsch, Frau Rosenmeyer! Ihr Mann hat schon eine ganze Reihe von Rekorden gefahren.«
»Ist er über 400 Stundenkilometer gekommen?« war für mich die alles entscheidende Frage. Ich kannte ja Bernds glühenden Wunsch, als erster auf einer normalen Straße diese Grenze zu erreichen.
»Ja, aber nicht offiziell. Die Hinfahrt war 400 und einige Kilometer. Aber weil auf der Rückfahrt die Zeitnahme versagt hatte, wurde die Fahrt nicht gewertet. Beide Läufe müssen innerhalb einer Stunde gefahren werden. Leider war diese Stunde schon vorbei, als alles wieder funktionierte. Anschließend hatte Bernd dann Kompressorschaden an dem großen 6-Liter-Wagen. In der Zwischenzeit hat er sich so ganz nebenbei mit dem anderen Rekordwagen der Klasse 3 bis 5 Liter die internationalen Klassenrekorde über den fliegenden Kilometer, die Meile, die 5 Kilometer, 5 Meilen und 10 Kilometer – alles mit fliegendem Start – geholt. Toll, was? Können ganz schön stolz auf Ihren Bernd sein!«
Na, und wie stolz ich war! Aber richtig glücklich konnte ich erst sein, wenn die Rekordfahrerei vorbei war.
Vorbei war es auch mit meinen Italienisch-Versuchen! Die Bücher wurden zugeklappt und die Signora nach Hause geschickt. Jetzt hatte ich andere Sorgen.
Es dauerte auch gar nicht lange, da klingelte das Telefon wieder. »Hurra, hurra!« Unsere Pressestelle war hoffnungslos vom Rekordfieber ergriffen. »Bernd hat den fliegenden Kilometer in der 5- bis 8-Liter-Klasse auf den märchenhaften Durchschnitt von 406,320 Kilometer und die Meile auf 406,285 Kilometer hinaufgedrückt. Wir werden hier verrückt vor Begeisterung! Die Presse bringt uns um am Telefon. Stellen Sie sich doch nur vor: Ihr Mann ist als erster auf einer richtigen Landstraße mit einem normalen Rennwagen über 400 Kilometer gefahren!« Unsere Pressestelle war ganz euphorisch.
»Vielen, vielen Dank! Aber nun hängen Sie mal schnell ab; ich möchte gern, daß Bernd das erste Telegramm von mir bekommt.«
Kaum hatte ich meinen Glückwunsch aufgegeben, da klingelte es schon wieder: Frankfurt am Main! Mir klopfte das Herz wie wild: »Ellychen, Kleines! Du weißt's ja schon. Was sagst du dazu. Toll, was? Ich freu' mich ja so! Ist zwar nicht gerade edel von mir, aber ich bin doch froh, daß Mercedes mit Carratsch und Lang mit ihren Wagen nicht zurechtgekommen ist. Ist mir egal, was sie morgen machen: Denn jetzt bin ich als erster über 400 Kilometer gefahren! Du weißt ja, wie ich mir das gewünscht hab'! Die anderen kamen mit ihrer Karosserie nicht ganz klar, hab' ich gehört. Bin ja gespannt, ob sie bis morgen früh fertig werden. Jetzt ist jeder Tag wichtig. Wir haben Ende Oktober, und jeden Augenblick kann das Wetter umschlagen.«

Als erster Mensch hat Bernd die 400 km/Std. auf einer normalen Verkehrsstraße überschritten.

»Du, Bernd, fahrt ihr noch weiter, auch wenn die anderen nicht fertig werden?» fragte ich vorsichtig in die Muschel. »Ja, klar! Morgen kommen so einige Sachen mit stehendem Start dran. Ich glaube, das werden Weltrekorde! Wir werden noch mal feste in die Hände spucken. Aber ich bin so traurig, daß du nicht da bist. Mußt mich nicht wieder allein lassen! Aber diesmal bleib nur schön brav zu Hause; in ein paar Tagen bin ich wieder da, und dann hole ich mir meine ›Klemm‹ ab. Wiedersehn, heute abend oder morgen früh rufe ich dich wieder an!«
Am nächsten Tag ging das so weiter und am übernächsten auch. Bernd fuhr Rekorde und Weltrekorde nur so am laufenden Band. Man konnte fast denken, es sei gar nichts dabei.
Aber schon am zweiten Tag trat etwas ein, womit niemand gerechnet hatte.
Morgens hatte Bernd auf Anhieb die beiden Weltrekorde in der Klasse B über 5 Liter über den stehenden Kilometer und die stehende Meile geholt. Seit dem Jahre 1934, wo sich Hans Stuck den Kilometer und Rudolf Carracciola die Meile gesichert hatten, standen diese Rekorde. Was es heißt, aus dem Stand einen einzigen kurzen

Im »Cockpit«

Kilometer oder eine Meile, also gut 1,6 Kilometer, mit einem Durchschnitt von 186,8 Kilometer und bei der Meile sogar auf 216,4 Kilometer zu durchfahren, wird nur der ermessen können, der weiß, daß nur absolut präzises Schalten und Beschleunigen dieses phantastische Ergebnis erreichen lassen. Der Fahrer muß fehlerfrei wie eine Maschine arbeiten.

Am Nachmittag versuchte sich Bernd noch einmal an seinem eigenen Rekord vom Juni über die 5 Kilometer fliegend in der großen Klasse. Als er die Ziellinie überfuhr, hatte er zwar seinen Juni-Rekord von 376,3 auf 404,5 Kilometer hinaufgeschraubt, aber die Männer hatten Mühe, Bernd, der halb ohnmächtig war, aus dem Wagen herauszuhieven und wieder richtig auf die Beine zu stellen.

Später erzählte Bernd mir am Telefon: »Du, ich weiß nicht, was es war. Glaeser und unsere Leute meinen, es sei wohl irgendeine Art Vergiftung gewesen, weil Dämpfe und all so 'n Zeugs unter der völlig geschlossenen Karosserie nicht entweichen können; ich dachte eigentlich, es sei einfach der Geschwindigkeitsrausch gewesen. Ich weiß kaum noch, wie ich über die Ziellinie

Nervöse Spannung vor dem Start.

AUTO UNION

der Meßstrecke gekommen bin. Na, ist ja egal, es war dann gleich wieder besser, aber schön war es nicht. Morgen fahr' ich wieder und freu' mich drauf.
Hoffentlich kommt jetzt nicht Daimler-Benz und ist noch schneller als wir. Denn wenn bei diesen Geschwindigkeiten noch ein Kampf losgeht, dann hört schon jede Gemütlichkeit auf!«
Mir war gar nicht wohl hier in Berlin, aber der Himmel hatte Mitleid mit mir. Am Donnerstag, nachdem Bernd am Mittwoch noch alle Rekorde, die in seinen Klassen überhaupt existierten, geholt hatte, kam die erlösende Nachricht: »Wir machen für dieses Mal Schluß!«
Abends am Telefon – ich lag schon im Bett – war Bernd glücklich wie ein Schuljunge vor seinen Ferien: »Elly, nun ist es endlich vorbei! Dieses Jahr war's wirklich eine reichlich lange Saison. Aber dafür haben wir jetzt alle die vielen Rekorde, ich glaube, es sind drei Welt- und sechzehn Klassenrekorde, und dürfen sie erstmal als Weihnachtsgeschenk behalten! Aber das kann ich dir sagen, die 5 Kilometer, so wie gestern, möchte ich unter den gleichen Voraussetzungen nicht noch einmal fahren. Und bei den 10 Meilen hab' ich auch einmal ganz schön zaubern müssen. Ich glaube, wenn das jemand gesehen hat, dem ist die Spucke weggeblieben. Bei dem Tempo! Aber ich hab' den Wagen noch rechtzeitig wiedergekriegt. So, und nun schlaf gut, morgen abend bin ich zurück. Dann werden sich keine Sorgen mehr um mich, sondern nur noch um den Rest der Familie gemacht!«
Gedankenverloren legte ich den Hörer auf die Gabel des Telefons, das neben dem Bett stand. Es war wirklich unglaublich, wie diesem Menschen alles zuflog. Wenn man die Verhältnisse nicht kannte, sah es so aus, als ob er alles geschenkt bekommen hätte. Dabei wußte niemand besser als ich, wie er sich alles in seinem Leben hatte erkämpfen müssen. Jahrelang hatte er an seiner Technik zuerst auf dem Motorrad, dann im Rennwagen gefeilt und sie immer weiter verbessert. Das war intensivste Kleinarbeit. Eine Saison hatte Bernd gebraucht, bis er den ersten Sieg auf dem Rennwagen errang. In dieser einen Saison hatte er viel lernen müssen. Und mit mir – ich hatte es meinem Mann am Anfang weiß Gott alles andere als leicht gemacht; aber auch da hatte er es in intensivster Kleinarbeit erreicht, daß ich am 13. Juli 1936 vor dem Standesbeamten mein »Ja« gesagt hatte!
Die Eignung für diesen seinen Beruf kam ja auch nicht so von ungefähr. Schon sein Großvater und auch sein Vater hatten die gleichen Interessen gehabt und sich fast ausschließlich mit Maschinen beschäftigt. Es hatte mich gar nicht so überrascht, als mir Bernds Vater eines Tages erzählte, daß einer seiner Brüder, also Bernds Onkel, mit einem selbstkonstruierten Fahrrad an der ersten Olympiade in Athen teilgenommen hatte.
Bernd war unendlich begabt – viel begabter, als man, wenn man nicht sehr viel mit ihm zusammen war, ahnen konnte. Für mich war seine größte Fähigkeit, sich jederzeit hundertprozentig und absolut ausschließlich auf eine Sache zu konzentrieren, auf die es im Moment für ihn ankam. Dabei war er völlig unbeeinflußbar, ob zum Beispiel seine Aktien gestiegen oder gefallen waren, ob eine Auseinandersetzung mit dem Finanzamt bevorstand, ob er Geld hatte, ob ein Freund oder jemand aus der Familie krank war. Dies war ein ungeheurer Vorteil den anderen gegenüber. Bernd belastete sich nie mit unwesentlichem »Trödel«. Für mein Gefühl war er ein glücklicher Mensch. Daneben war er mit einem Gedächtnis ausgestattet, wie ich es selten erlebt habe. Wenn Bernd ein Buch gelesen hatte, dann hatte er es gelesen. Was er sich einmal geistig erworben hatte, das gehörte ihm für immer. Ich war manchmal fassungslos über dieses Gedächtnis. Daraus ergab sich z. B. ein beinah tierhaft wirkender Orientierungssinn, die Fähigkeit, eine Rennstrecke nach einigen Runden in jeder winzigen Einzelheit wie seine Hosentasche zu kennen. Genauso leicht fiel ihm das Erlernen einer Sprache, wenn er sie überhaupt mochte. Ich erlebte, daß Bernd im Italienischen immer im richtigen Moment das richtige Wort, das ich vor lauter Überlegen nur in Französisch und Lateinisch rechtzeitig fand, parat hatte. Er hatte es irgendwann einmal gehört. Englisch lernte er in nicht 10 Privatstunden so ganz nebenbei, daß er sich plötzlich zu unser aller Erstaunen mit englischen Freunden recht gut unterhalten konnte. In Donnington nach seinem Sieg hielt er sogar eine kurze Rede auf Englisch!
Wie ich in den Jahren unserer kurzen Ehe bald feststellen konnte, hatte Bernd eine Art, seiner Umgebung seinen Willen aufzuzwingen, was ihm aber selbst am allerwenigsten bewußt war. In unserer Ehe hatte er nach kurzer Zeit in gewissem Sinne die Vorherrschaft übernommen, wonach es im Anfang keineswegs ausgesehen hatte.
Trotzdem hatte sich, so stellte ich zufrieden vor dem endgültigen Einschlafen fest, eigentlich bisher alles ganz prachtvoll entwickelt. Nun kam es nur noch auf die nächsten Wochen an – aber da schlief ich auch schon.

* * *

Als Bernd am nächsten Abend ziemlich abgekämpft aus Frankfurt zurückkam, hatte ich ihm seinen Frack und alles, was so dazugehört, bereitgelegt. Wir waren zu einem großen Empfang im »Haus der Flieger« eingeladen, zu dem auch Luftwaffenchef Göring erscheinen wollte. In meinem Zustand hatte ich beschlossen, darauf zu verzichten, aber Bernd sollte auf jeden Fall hingehen.

Die Erschöpfung steht Bernd noch ins Gesicht geschrieben.

»Ach, du, das hatte ich ganz vergessen. Soll ich denn wirklich hingehen? Wäre es denn nicht schöner, wenn wir den Abend verquatschen würden? Ich hab' dir doch noch so viel zu berichten.«
»Nun geh schon hin. Es tut dir auch mal ganz gut, die Rennmontur wieder mal mit anständigen eleganten Klamotten zu vertauschen.« Er ließ sich überreden, aber in der Nacht mußte ich mir dann bei einem Glas Sekt bis fünf Uhr früh doch noch alles über seine eigenen Rekorde, die von Major Gardner und die von dem Motorradfahrer erzählen lassen. Damit sollte aber dann auch bis zum nächsten Jahr ein endgültiger Schlußpunkt hinter die Rennsaison 1937 gesetzt sein!
Nach einigen Tagen flog Bernd mit meinem »Taifun«, der zur Überholung mußte, ins Werk nach Augsburg, um bei dieser Gelegenheit gleich seine neue, himmelblaue »Klemm« nach Berlin mitzubringen. So wie sich der Rosemeyer das vorstellte, sollte es aber nicht über die Bühne gehen, weil sich plötzlich das bisher so wundervolle Herbstwetter in nebeliges Grau verwandelt hatte. Deshalb blieb Bernd für einige Tage in Süddeutschland hängen und entschloß sich, da diese Wetterlage noch Wochen andauern konnte, erstmal ohne seine KL35 zurück nach Berlin zu kommen. Als die Wetterwarte dann Aussicht auf besseres Wetter meldete, setzte er sich in den Schlafwagen, um die Klemm abzuholen. Aber es sollte wieder mal nicht klappen. Mit viel Mühe brachte er die Maschine über den Thüringer Wald bis Leipzig.
Bernd rief mich von da an. »Du, hier, so nah an Berlin bleibe ich nicht über Nacht. Ich habe mit der Auto-Union telefoniert. Dr. Feuereissen fährt nachher herauf und nimmt mich mit. Abends sehen wir uns dann den Rennfilm von der Firma an, ja? Meinen Kampfeinsitzer (so nannte er voll Stolz seine kleine Maschine) hole ich dann eben morgen ab.«
Daß daraus nichts wurde, hatte seinen Grund darin, daß sich bis zum nächsten Morgen etwas ereignet hatte, was jedes Programm über den Haufen warf: »Wir« hatten einen kleinen Jungen, einen richtigen Sohn, einen kleinen Bernd bekommen!
Gut, dieses Ereignis, das wir uns so sehr gewünscht hatten, war ja immerhin nicht so ganz von ungefähr eingetreten. Aber die Tatsache selbst war dann doch so ungeheuerlich und unfaßbar, daß unsere Seligkeit einfach grenzenlos war. Noch kurz vorher hatte ich in einem Anfall von Selbstlosigkeit und Eitelkeit oder irgend so etwas, darum gebeten, wenn ich nicht so besonders gut auf dem Posten sein sollte, Bernd nicht sofort holen zu lassen. Ich wollte ihn nicht mit dem für ihn ungewohnten Anblick einer leidenden Elly beunruhigen. Aber als es wirklich so weit war, kümmerte sich natürlich kein Mensch darum, und unser Pappi war eben einfach da.
Ich sehe es noch wie heute vor mir, wie der vor Glück

Der kleine Bernd
und wir danken vielmals für die
Aufmerksamkeit zum Geburtstage
Bernd Rosemeyer

Berlin, im November 1937

völlig fassungslose Bernd über die kleine Wiege mit dem zufrieden mautzenden Siebenpfünder gebeugt stand und seinem Sohn seine Geburtstagsansprache hielt.
»Mein kleiner Sohn, soviel kann ich dir versichern, in deinem Alter war dein Vater noch nicht so viel und so weit gereist wie du. Du hast dir den 12. November zu deinem Geburtstag ausgesucht. Du hättest eigentlich auch noch einen Tag warten können, dann wäre es nämlich wieder einmal die glückliche 13, die deiner Eltern, gewesen.«
Die Tatsache, daß unser kleiner Bernd wirklich ein Bernd geworden war, war von uns nicht einzuplanen gewesen. Das Gefühl sagte mir, daß es ein Mädchen, eine Eva wie wir sagten, würde. Vater Bernd, der nach dem Tod seines Bruders der einzige Sohn seines Vaters war, sagte, für eine Eva sei später immer noch Zeit, und meinte, warum nicht zuerst ein »kleiner Bernd«. Aber wie Frauen so sind: Ich war immer fester davon überzeugt, daß unser erstes Kind ein Mädchen werden würde, und versuchte, dies meinem Mann so anziehend wie möglich auszumalen. Als wir uns nun endlich geeinigt hatten, Tochter Eva später auf die Kolonialschule zu schicken, und ich dem zukünftigen Pappi in den leuchtendsten Farben schilderte, wie reizend es aussehen würde, wenn er als junger Vater mit einem süßen kleinen Mädchen an der Hand spazierengehen würde, fand er auch daran Spaß. Trotzdem, die Freude war noch größer, als die »süße kleine Eva« nun doch ein »kleiner Bernd« geworden war. Vom ersten Augenblick seines Lebens hatte der kleine Bernd, der vorerst überhaupt nicht daran dachte, seine Augen aufzumachen, unverkennbare Ähnlichkeit mit dem großen Bernd. Der Gesichtsschnitt, die Kopfform, das noch unterstrichen durch das hellblonde Haar – ja, alles zusammen war eben ein kleiner Rosemeyer. Von Beinhorn war vorläufig an dem Kind nichts zu entdecken!

Der strahlende Vater

Der Geburtstag des kleinen Bernd war für mich so viel wie alle Geburtstage und Weihnachten meines bisherigen Lebens zusammengenommen. Obwohl wir im Franziskus-Krankenhaus Telefon und Besuche gesperrt hatten, stand unsere Tür nicht still. Ich ertrank förmlich in Stapeln von Telegrammen und in einem Blumenmeer. Zwischendurch wurden immer wieder kleine Pakete mit den süßesten Babysachen abgegeben. Bernd versuchte unterdessen, vor allem die Blumengrüße umzudirigieren, damit ich zu Hause auch noch etwas davon haben würde. Bei diesen Telefonaten erzählte er Wunderdinge über seinen Sohn, der schon klar ersichtlich die breitesten Schultern und schmalsten Hüften und die anliegendsten Ohren und die schönsten Hände der Welt habe.
Als Bernd morgens um halb acht bei der Auto-Union bei unsern Leuten von der Rennabteilung, mit denen wir noch am Abend vorher bis neun Uhr abends bei einer Filmvorführung zusammen gewesen waren, anrief und ihnen die frohe Botschaft verkündete, brauchten die erst eine Weile, ehe sie sich von ihrer Überraschung erholt hatten. Das Ehepaar Beinhorn-Rosemeyer hatte seinem Ruf, das schnellste Ehepaar der Welt zu sein, wahrlich Ehre gemacht!
Als Bernd wieder bei mir im Krankenhaus ankam, war er ziemlich geschafft: »Puh, ich bin ganz kaputt von all dem Telefonieren. Es wird Zeit, daß du wieder nach Hause kommst. Aber dafür habe ich gesorgt, daß du noch mal in einem Blumenmeer ertrinkst. Und der Babywagen, den Frau von Delius für dich gemacht hat, ist auch schon im Anrollen. Du, wenn das der Ernst erlebt hätte: Bernd und Elly mit einem kleinen Baby! Weißt du noch, wie er in Amerika gelacht hat, als du den Zeitungsartikel mit dem kleinen Raketen-Sohn vorgelesen hast?«

* * *

Unser Glück war vollkommen. Bernd und ich waren von einer großen Dankbarkeit erfüllt. Immer wieder fragten wir uns, ob wir es wohl wirklich verdient hätten, daß es uns so gutging. Und immer entdeckte der Pappi neue Vorzüge seines natürlich einzigartigen Sohnes. »Nun sieh doch bloß mal, wie er den Kopf hebt! Du, nein, da kannst du sagen, was du willst. Ich bin ganz objektiv. Aber ich hab' noch kein Baby von zwei Tagen gesehen, das so etwas konnte.«
»Herr Rosemeyer«, mischte sich Schwester Hedwig von ihrem Wickeltisch herüber ein, »haben Sie schon viele zwei Tage alte Babys gesehen?«
»Hm ... nee, eigentlich nicht. Aber das müssen Sie doch zugeben, dieses Kopfheben und das Kriechen mit der hinter seine Füßchen gestützten Hand – das tun andere Babys nicht.«

»Natürlich«, tat ihm Schwester Hedwig den Gefallen, »da haben Sie recht. Andere Babys machen das erst nach mehreren Wochen.« Sie brach plötzlich ab, und zu unserer Wonne entdeckten wir, daß der kleine Bernd eine wohlgezielte Fontäne auf ihren weißen Brustlatz richtete. Schwester Hedwig stand unbeweglich da, um den Kleinen bei dieser wichtigen Unternehmung nicht zu erschrecken und abzulenken.

Wir waren beide unbeschreiblich stolz, ein Kind zu haben, das alle diese Dinge schon konnte, als ob es sie jahrelang geübt hätte.

Inzwischen hatte der kleine Bernd auch die Augen aufgeschlagen und unserem Rätselraten, das schon in Wetten ausartete, ein Ende gemacht. Die Augen waren groß und dunkelblau. Und nun sah der Kleine seinem Vater noch ähnlicher. Wir fanden unser Kind wirklich in jeder Hinsicht zufriedenstellend.

Gleich am ersten Tag war eine Reihe von Reportern mit Kamera und Blitzlicht erschienen, die den kleinen Bernd fotografieren wollte. Voll väterlicher Würde hatte sie der große Bernd an die Luft gesetzt und unmißverständlich erklärt: »Wenn jemand den kleinen Bernd fotografiert, dann bin ich es; und das ist nur für unsere Privatsammlung. Das ist mein letztes Wort, meine Herren.« Anschließend bekam ich dann auch noch mein Fett ab: »Jetzt hab' ich endlich ein wirkungsvolles Mittel. Wenn du gelegentlich deinen eigenen Kopf wieder bekommst, dann nehme ich einfach den kleinen Bernd, den du mir ja geschenkt hast, und fahre oder fliege mit ihm ganz weit weg. Zu dir kommen wir dann erst zurück, wenn du wieder ganz lieb und sanft bist.« Vor dieser Drohung hatte ich fürs erste keine Angst; denn vorläufig war der kleine Sohn noch auf seine Mutter angewiesen.

Kurz bevor ich das Krankenhaus verließ, unterbreitete ich Bernd den Vorschlag, er solle doch vor Weihnachten noch für einige Wochen in ein Sanatorium gehen, um etwas für seinen Magen und seine Leber, die sich immer noch nicht restlos von der Austernvergiftung erholt zu haben schienen, zu tun. »Sieh doch mal«, versuchte ich ihn zu bestechen, »dann kann ich mich vorerst ganz in

Ruhe deinem Sohn widmen, und wenn du zurückkommst, bin ich wieder prima auf dem Damm. Der Junge hat dann die allererste Zeit hinter sich und schläft vielleicht schon durch! Ja, bitte?«

Nach langem Zureden hatte ich endlich unsern Pappi so weit, besonders, da auch Bernds Arzt dazu riet. Aber ehe Bernd die Reise nach Garmisch ins Sanatorium antrat, machte er mit dem kleinen Bernd die erste Autofahrt, und dann erlebte ich zu Hause eine grenzenlose Überraschung.

Während meiner Tage in der Klinik hatte ich oft mit Schrecken an unsere nie abreißende Korrespondenz denken müssen. Bernd war zwar ein großer Rennfahrer, aber kein Briefeschreiber. Es machte viel Mühe, ihn wenigstens gelegentlich zu einem Brief an seinen Vater zu überreden. Ehe er eine Zeile schrieb oder diktierte, telefonierte er lieber eine halbe Stunde. Von sonstigen dienstlichen oder anderen schriftlichen Arbeiten gar nicht zu reden.

Nachdem wir zuerst mit dem kleinen Bernd einen Rundgang durch sein Heim angetreten hatten, das er scheinbar zufriedenstellend fand, warf ich heimlich einen Blick ins Büro. Da mußte ich mich aber erst einmal vollkommen überwältigt hinsetzen. Alles war aufgearbeitet. Dieser Mann ließ mich aus den Überraschungen einfach nicht herauskommen! Bernd freute sich wie ein Kind über mein Gesicht. »Ja, da staunt unsere Mammi wohl? Ich hatte mir gedacht, ich müßte dir auch eine Freude machen, wo du mir doch den kleinen Bernd geschenkt hast. Du, aber das kann ich dir sagen: einmal und nie wieder.«

Es war keine leichte Aufgabe, Bernd drei Wochen in seinem Sanatorium in Garmisch-Partenkirchen zu halten. Und wenn das Baby, das mich und seine Ruhe unbedingt brauchte, nicht gewesen wäre, hätte ich seine flehenden Telefonate, ihm doch sein Wort vor der Zeit zurückzugeben und heimkommen zu dürfen, nicht durchgestanden. Aber ich blieb eisern, weil mir das Kind und ich selbst schon leid taten angesichts der kommenden Rennsaison, während der der kleine Bernd nicht

allzuviel von seiner Mutter haben würde. Dagegen schlugen meine Versuche, aus wirtschaftlichen Erwägungen, unsere endlosen Telefone einzuschränken, restlos fehl. »Du kannst doch nicht verantworten, daß ich seelisch verkümmert und vergrämt aus der sogenannten Erholung zurückkomme. Ich verdiene es dann ja auch wieder«, bettelte er durch die Leitung. Und wenn ein Mensch auf der ganzen Welt so mit Erfolg bitten konnte, daß selbst Steine weich wurden, dann war es Bernd Rosemeyer.

Zwei Tage vor dem Weihnachtsfest kam Bernd von Garmisch zurück. Es war um die Mittagszeit und vor Schwester Hedwig, die mit uns am Tisch saß, kullerten ihm die Freudentränen nur so über die Wangen, als er seinen Sohn, der inzwischen natürlich gewaltige Fortschritte gemacht hatte, begrüßte. Dann verkündete er:

»Nie wieder, in meinem ganzen Leben nicht, gehe ich so lange allein weg. Das darfst du nie wieder verlangen! Elly, das mußt du mir versprechen!

Bernd auf Kur!

Aber ich muß zugeben, es hat ganz gutgetan. Am besten merke ich meine Erholung daran, daß ich am liebsten morgen wieder in den Rennwagen steigen möchte. Muß doch mal mit dem Feuerfresser telefonieren, wie weit unsere neuen Wagen für die nächste Saison sind. Vielleicht kann man sie nach Weihnachten schon mal auf der Autobahn ausprobieren.«

* * *

Den Heiligen Abend verbrachten wir drei ganz allein zu Hause. Nachdem wir die vielen kleinen Geschenke unserer Freunde alle ausgepackt und bestaunt hatten, fielen wir uns glücklich, wenn auch müde und abgespannt in die Arme. Es war beinah zu schön und vollkommen. Und als ich uns dann schließlich alle drei selig, satt und zufrieden im Bett hatte, wünschte ich mir für die Zukunft nur eins: daß uns die Freude, auch an den kleinsten Dingen, immer erhalten bleiben möge.

Bernd war schon eingeschlafen und langsam entspannte sich seine erst zusammengezogene Stirn. Ein leises Lächeln trat in sein Gesicht. Manchmal in diesen vergangenen zwei Jahren war mir beinah angst geworden, wie mein Mann, der immer so abolut aus dem Vollen heraus lebte und handelte, sich innerlich fast verbrannte und aufzehrte an dieser unsagbaren Intensität, mit der er lebte, sich freute und arbeitete. Konnte denn ein Mensch, der alles so hundertprozentig tat, eigentlich alt werden? Brauchte er sich irgendwann einmal innerlich auf, oder war er einmal ausgebrannt?

Aber in dieser Weihnachtsnacht machte ich mir keine Sorgen. Nun war der kleine Bernd da, und der große Bernd würde vielleicht auch mit der Zeit ganz unbewußt lernen, mit sich selbst etwas ökonomischer umzugehen. Und wenn der Junge erst mal einige Jahre alt war, dann ... Hauptsache war, daß Bernd gesundheitlich wieder in Ordnung war. In ein paar Jahren würde er sicherlich dann den richtigen Moment finden, um in einen etwas bürgerlicheren Beruf hinüberzuwechseln. Dann schlief ich ein.

Am Tag vor Silvester wurde der kleine Bernd getauft. Paten waren Bernds Rennfahrer-Kollege und Freund Tazio Nuvolari, der zu Bernds unbeschreiblicher Freude auf unsere leise Anfrage hin sofort mit seiner Frau von Italien heraufgekommen war, und – die Eltern von Ernst von Delius.

Silvester verbrachten wir mit den Nuvolaris zusammen. Als es zwölf Uhr schlug, holte ich mir die Fotografien vom kleinen Bernd heraus, der, während die unsoliden Eltern schon wieder außer Haus waren, schön brav zu Hause schlief, und gab ihm wenigstens so einen kleinen Kuß. Als unsere Gläser aneinanderstießen, wußte ich, daß ich noch nie vorher so glücklich und ausgefüllt in ein neues

Jahr hineingegangen war. Mir gegenüber saß mein lieber großer Bernd, und zu Hause lag mein lieber kleiner Bernd, der Sohn vom großen Bernd. Wenn der Junge nur einen Teil der Gesinnung, der Energie, der Leistungsfähigkeit und das heiße Herz seines Vater mitbekommen hatte, dann brauchte uns um ihn nicht bange zu sein. Eigentlich lag es wohl nur an uns selbst, uns dieses herrliche Leben ungetrübt zu erhalten.
»Komm«, unterbrach Bernd meine frohen Gedanken, »jetzt tanze ich mit dir in das neue Jahr hinein. Es muß uns ja Gutes bringen!«

* * *

Viel schneller, als irgend jemand erwartet hatte, stieg Bernd wieder in den Rennwagen.
In den ersten Tagen des neuen Jahres kam er mit der Nachricht nach Hause, daß Daimler-Benz nun mit dem Rekordwagen endgültig fertig sei und eine Eingabe an die O. N. S., der Obersten Nationalen Sportbehörde, gemacht habe, um nun doch noch einmal auf der Autobahn Versuchsfahrten machen zu können.
»Du, ich halte das für ausgeschlossen. Nach der offiziellen Rekordwoche sollte doch Schluß sein. Aber, wenn es sein muß... Nun denn, wir haben ja auch nicht geschlafen. Eberan hat mir gesagt, daß wir im Ernstfalle jetzt noch über 30 Kilometer schneller können. Stell dir das mal vor! Dann sind wir bald am absoluten Geschwindigkeitsrekord. Begeistert wäre ich zwar nicht, wenn wir uns, der Carratsch und ich, bei über 400 Sachen einen Kampf um den letzten Kilometer liefern müßten! Aber wenn ich gerufen werde, setze ich mich selbstverständlich in den Schlitten wieder rein.«
Ging diese Rennerei schon wieder los? Mir wurde ganz übel bei dem Gedanken. Zudem hatte ich, nach langen Beratungen mit Bernd und Dr. Feuereissen, endlich eine Reihe von Vorträgen, die ich in der vergangenen Saison hatte verschieben müssen, auf Ende Januar festgelegt,

Die Rosemeyers mit den Nuvolaris.

da zu dieser Zeit bei Bernd keinerlei berufliche Verpflichtungen fällig waren. Bernd wiederum war darüber nun alles andere als begeistert. Überhaupt hatte sich bei ihm im Laufe des letzten Jahres eine starke Abneigung gegen alles, was ich selbständig betrieb, herausgebildet, was zu manch wenig erfreulicher Unterhaltung geführt hatte. In diesem speziellen Fall sah er allerdings ein, daß die alten Zusagen eingehalten werden mußten. »Aber danach würde ich mich sehr freuen, wenn du Schluß machtest. Ich will meine Frau allein haben.«
Die Rekordversuche wurden ausgerechnet für diese wenigen Tage festgesetzt, an denen ich meine Vorträge zu halten hatte. Als ich die Nachricht bekam, daß fast alle angesetzten Vorträge bereits ausverkauft seien, meinte Bernd unzufrieden: »Dann mußt du eben hinfahren. Ich habe ja nur die Hoffnung, daß es in diesen Tagen mit dem Wetter doch nicht klappen wird. Versprich mir, daß du sofort danach nach Frankfurt herüberkommst.«
An unserem letzten gemeinsamen Tag in Berlin, dem 25. Januar 1938, stand bei uns wieder ein Fotograf in der Wohnung, dem wir schon mal klargemacht hatten, daß er sich keine Hoffnung auf Fotos von unserm Kind machen bräuchte. Ganz entgegen Bernds früherer Einstellung, erlaubte er schließlich doch, daß eine Reihe von Aufnahmen von ihm mit dem kleinen Bernd gemacht wurden.
Eine Stunde später trennten wir uns. Bernd flog mit der Klemm nach Frankfurt, und ich fuhr mit dem Auto nach Sachsen.
Da war kein Schimmer einer bösen Ahnung, höchstens leise Trauer. Auch unsere vielen Telefongespräche in den nächsten zwei Tagen waren nur voller Ungeduld über die jetzige Trennung.
Das Wetter schien mit uns im Bunde, und am 27. Januar abends nach meinem Vortrag freute sich Bernd: »Also Gott sei Dank, wenn es morgen auch noch so schlecht ist, dann kommst du vielleicht doch noch rechtzeitig herüber, ehe wir fahren. Du, ich bin überzeugt, unser Wagen ist verdammt schnell!«

Ich kam nicht mehr rechtzeitig nach Frankfurt.

Der Vater zeigt dem Sohn seinen Miniatur-Rennwagen.

Der letzte Start

Nachwort von Dr. Karl Feuereissen

Bernd Rosemeyer, dem es nie schnell genug gehen konnte, der immer nur den einen Wunsch an unsere Techniker hatte: »Tut mir noch ein paar Pferde mehr in den Motor hinein, dann kann ich noch schneller«, den zogen Rekordfahrten an wie ein ganz großer Magnet. Der Wunsch Rosemeyers, seinen Namen in die Weltrekordlisten eingetragen zu sehen, wird jedem verständlich sein. Bei einem Mann wie Bernd war das aber nicht äußerliche Ruhmsucht – das große Gefeiertwerden, die äußerlichen Ehrungen lagen ihm nicht, das war seinem Wesen zuwider –, das, was ihn antrieb, war seine kämpferische Wesensart. Rosemeyer war sich seines Könnens bewußt und fand erst dann die innere Befriedigung, wenn er mehr geleistet hatte als andere.

Mit seinem Heranreifen zum großen Rennfahrer wuchs daher auch immer mehr der Wunsch in ihm, auch auf dem Rekordgebiete sich im sportlichen Wettkampf zu messen.

So hatte er das erste Jahr als Wagenrennfaher kaum hinter sich gebracht und seinen ersten großen Sieg errungen, da bat er schon in seiner bekannten unermüdlichen Art, der man nur schwer widerstehen konnte: »Laßt mich doch Rekorde fahren. Gebt mir nur das richtige Fahrzeug. Ich werde schon auf die Tube drükken«, war seine ständige Redensart.

1936 mußte er aber seine Wünsche bezüglich Rekordfahrten noch zurückstellen. Die Auto-Union fuhr nur einmal in diesem Jahr Rekorde. Stuck hatte ältere Anrechte und fuhr auf unserem Auto-Union-Rennwagen die ersten Rekorde auf der Autobahn Frankfurt–Heidelberg. Erst das Jahr 1937 sollte Bernd die Erfüllung seiner Rekordwünsche bringen.

Im Laufe des Winters 1936/37 wurde eine aerodynamisch verbesserte Karosserie entwickelt. Diese Karosserien wurden erstmalig in zwei Wagen zum Avus-Rennen eingesetzt. Bei den zahlreichen Fahrversuchen hiermit sah man, daß die theoretischen Versuche auch in der Praxis sich bewährten und daß die errechneten Zeiten den in Wirklichkeit gefahrenen fast entsprachen. Wir erkannten daraus weiter, daß die bestehenden Rekorde mit bester Erfolgsaussicht überboten werden konnten. Der Wunsch Rosemeyers, Rekorde zu fahren, und die technischen Voraussetzungen hierfür deckten sich also Ende Mai 1937. Woher aber die Zeit nehmen für solche Rekordfahrten, jetzt inmitten der Saison? Acht Tage später begann das Training für das Eifel-Rennen. Gleichzeitig liefen schon die umfangreichen Vorbereitungen für unsere Amerikaexpedition zum Vanderbilt-Rennen, denn vier Tage nach dem Eifel-Rennen mußten bereits die Amerikawagen und das gesamte Material hierfür Zwickau verlassen. So bestand zwar der Wunsch, auf die Autobahn nach Frankfurt zu gehen, man sah aber keine rechte Möglichkeit der Verwirklichung. So kam der 13. Juni 1937 heran. Die Rennwagen wurden zum Eifel-Rennen gestartet. Rosemeyer siegte mit fünfzig Sekunden Vorsprung. Wir waren auf dem Dach des Zielhauses des Nürnburgringes versammelt. Korpsführer Hühnlein hatte soeben die Siegerehrung vorgenommen. Da kam uns plötzlich die Idee, sofort in den nächsten Tagen mit dem Motor aus dem Siegerwagen die bestehenden Rekorde anzugreifen. Ich flüsterte Rosemeyer leise die Idee ins Ohr. Er war sofort Feuer und Flamme, daß einer seiner sehnlichsten Wünsche doch vor unserer Amerikareise in Erfüllung gehen sollte. Die Betriebsführer der Auto-Union, die ebenfalls anwesend waren, gaben ihre Zustimmung, und so konnten wir, zwei Minuten nachdem die Idee aufgetaucht war, bereits beim Korpsführer die Genehmigung zu Rekordfahrten einholen. NSKK-Obergruppenführer Krauß, der Leiter des Amtes Technik des NSKK, übernahm die sorgfältige Plombierung des Motors, und schon begannen die Vorbereitungen zur ersten Rekordfahrt Rosemeyers.

Alles ging in fieberhafter, echt rekordmäßiger Eile. In der aufs Eifel-Rennen folgenden Nacht wurde der Motor ausgebaut. Unser Versuchsingenieur von Eberan brachte ihn sofort nach Zwickau ins Werk. Dort erfolgte der Einbau in ein Avus-Fahrgestell und der Aufbau der Rekordkarosserie. Am Dienstagnachmittag lief der Wagen bereits in Frankfurt ein. Dort waren inzwischen alle Vorbereitungen, wie Festlegung der Meßstrecken, Telefonbesetzung, Streckenbesetzung, Sperrung durch die Reichsautobahn und so weiter erfolgt, so daß am Mittwoch, dem 16. Juni 1937, die Rekordversuche beginnen konnten.

Das Wetter war in der Nacht zum Sechzehnten ungünstig geworden. In den frühen Morgenstunden hatte es leicht geregnet. Als wir um fünf Uhr zur Autobahn herauskamen, war die Fahrbahn naß. Es kam leichter Wind auf, der nach und nach stärker wurde. Zum Auftrocknen der Bahn war dies zwar günstig, für Rekordfahrten selbst aber nicht gut. Um sechs Uhr dreißig war die Bahn so weit trocken, daß wir uns entschlossen, den Wagen startfertig zu machen. Ich hatte inzwischen mit Rosemeyer im Personenwagen die Strecke abgefahren und ihm die Meßstrecken gezeigt. Zuerst sollten die Rekorde über den Kilometer und die Meile mit fliegendem Start gefahren werden.

Die Autobahn war nur einseitig gesperrt, und auch diese Sperrung erfolgte nur so weit, wie es für Kilometer- und Meilenrekorde mit An- und Auslauf erforderlich war. Am Ende der Strecke war ein großer Balken in Kniehöhe über die Bahn gelegt, um den aus Darmstadt kommen-

den Kraftfahrzeugen rechtzeitig den Schluß der doppelseitigen Fahrbahn und die Überführung zur eingleisigen Bahn anzuzeigen.
Rosemeyer sollte zuerst den Wagen innerhalb der Meßstrecke langsam warm fahren. Das war eine Angelegenheit, die zu irgendwelcher Aufregung keinen Anlaß gab. Um so größer war unser Schrecken, als gar nicht lange nach seinem Start die telefonische Meldung vom Ende der gesperrten Strecke kam: Rosemeyer hat in großer Geschwindigkeit die Absperrung durchfahren – im letzten Augenblick war der Sperrbalken zur Seite gerissen worden – und befindet sich in Fahrt Richtung Darmstadt, auf der Fahrbahn also, auf der ihm der normale Verkehr entgegenkam. Ehe noch die Möglichkeit zu einem Eingreifen gegeben war, meldete bereits Darmstadt: Rosemeyer hat an der Ausfahrt gewendet und befindet sich bereits auf der Rückfahrt. Wohlbehalten lief er dann auch bald bei uns ein. Als er unsere ernsten Gesichter sah, rief er uns lachend zu: »Eure schöne Karosserie hätte ich nicht an den Balken gelassen, ich hatte schon Maß genommen über den Grünstreifen auf die andere Fahrbahn.« Was war geschehen? Das Fahren hatte ihm so Spaß gemacht, daß er schneller fuhr, als er sollte. Vor Freude an der Geschwindigkeit hatte er nicht an die Barriere gedacht. Als er den Balken sah, reichte bei der Geschwindigkeit von 250 bis 300 km der Bremsweg nicht mehr aus. Die NSKK-Männer an der Sperre sahen ihn wohl kommen, dachten aber zuerst, er würde bei ihnen halten, zumal man auf größere Entfernung die Geschwindigkeit des Wagens schlecht schätzen kann. Im letzten Augenblick erkannten sie die Situation richtig und konnten den Balken noch so weit zur Seite reißen, daß das Fahrzeug gerade durchkam. Die entgegenkommenden Fahrzeuge störten Rosemeyer nicht. Er dachte, die sehen mich, ich sehe sie. In Darmstadt kannst du wenden, also bis Darmstadt. Bei seiner Rückkehr hielt er bei der Sperre kurz an, winkte den NSKK-Männern freundlich lachend zu, rief: »Vielen Dank!«, und ab ging es wieder. Das war echt Rosemeyer!
Nach diesem für Bernd belanglosen, für uns sehr aufregenden Auftakt war der Wagen richtig temperiert, und die eigentlichen Rekordversuche konnten beginnen. Es wurde zuerst der fliegende Kilometer und die fliegende Meile gefahren. In vier Fahrten über die Meßstrecke wurde die richtige Düse bestimmt, und um halb neun Uhr hatte sich Rosemeyer seinen sehnlichsten Wunsch selbst erfüllt, und seine ersten Rekorde in der Klasse 5 bis 8 Liter mit dem damals unwahrscheinlich hohen Durchschnitt von

389,2 km/Std. für den Kilometer (bisher 364,4 km/Std).
und von 389,6 km/Std. für die Meile (bisher 366,9 km/Std.) gefahren.

Bei einer Fahrt war er dabei auf über 393 km/Std., also nahe an die Vierhundert-Kilometer-Grenze, gekommen.

Nunmehr wurde die Zeitnahme umgebaut für die Rekorde über 5 km, 5 Meilen, 10 km und 10 Meilen. Sofort beim ersten Versuch fährt Rosemeyer seinen ersten Weltrekord über die Strecke von 10 Meilen mit

360,3 km/Std. (bisher 333,48 km/Std.

Gleichzeitig neue Klassenrekorde über
5 Meilen mit 368,5 km/Std. (bisher 336,84 km/Std.),
10 km mit 357,2 km/Std. (bisher 331,89 km/Std.),
10 Meilen mit 360,3 km/Std. (bisher 333,48 km/Std.).

Bei Rückkehr von dieser Fahrt stieg Rosemeyer nicht fröhlich wie sonst bei einem Erfolg aus dem Wagen, er blieb eine Weile erschöpft sitzen, und das sieghafte Lachen wollte nicht kommen. Die Nervenbeanspruchung bei der langen Strecke von 10 Meilen, das heißt mit An- und Auslauf über 23 km, ist bei der für so hohe Geschwindigkeiten schmalen Fahrbahn so groß und vor allem so lang, daß sie fast über die Grenze der menschlichen Leistungsfähigkeit geht. Dazu war Rosemeyer auf der Rückfahrt an Brückenunterführungen zweimal so versetzt worden, daß er mit den Rädern auf den Grünstreifen kam. Ohne das Gas wegzunehmen, hatte er den Wagen wieder auf die Fahrbahn gezwungen.
Und auch an diesem Tag zeigte sich Rosemeyer wieder als der große Kämpfer, der in den Automobilrennen durch seinen kämpferischen Einsatz die Massen mitriß. Er hatte fünf Klassenrekorde und einen Weltrekord für Deutschland errungen, einen Weltrekord dazu, den Campbell mit seinem Überrennwagen auf dem glatten und breiten Strand von Daytona-Beach wiederholt vergeblich versucht hatte mit ähnlicher Geschwindigkeit zu fahren. Wahrlich genug, um Schluß zu machen. Wäre es Rosemeyer nur auf die äußerlichen Ehrungen angekommen, dies hätte genügt. Er hatte sich aber vorgenommen, auch den 5-km-Rekord zu brechen, der infolge eines Fehlers in der Meßstellenleitung durch die elektrische Zeitmessung nicht registriert war. Und so stieg er, trotz seines Erlebnisses auf der 10-Meilen-Strecke, nach kurzer Pause wieder in den Wagen und fuhr mit einem Durchschnitt von

376,3 km/Std. (bisher 340,5 km/Std.)
den 5-km-Rekord.

Einen Weltrekord und sechs Klassenrekorde, alles gefahren an einem Vormittag, das war das Resultat der ersten Rekordfahrten Rosemeyers.
Am gleichen Nachmittag rollten die Lastwagen der Rennabteilung bereits zurück ins Werk.
Im September 1937 erhielten wir von der ONS die Mitteilung, daß Ende Oktober auf der Autobahn bei

Frankfurt eine Rekordwoche durchgeführt werden sollte. Sofort ging es an die technischen Vorbereitungen. Rosemeyer wollte doch als erster deutscher Fahrer die 400-km-Grenze überschreiten. Nach einigen technischen Verbesserungen erfolgten Fahrversuche auf der Autobahn Halle–Leipzig. Rosemeyer hatte fast fünfzigmal den Kilometer und die Meile mit stehendem Start gefahren. Als er das letzte Mal zum Startplatz zurückkehrt, wo von Eberan und Sebastian stehen, bekommen diese plötzlich einen Todesschrecken. Sie sehen, wie der Wagen in einer Geschwindigkeit von über 200 km plötzlich quer steht, im nächsten Augenblick auf die andere Seite herumgeworfen wird, und dies so acht- bis zehnmal hintereinander. Sie haben nur den einen Gedanken, daß etwas zu Bruch gegangen ist. Ehe sie recht zur Besinnung kommen, ist Rosemeyer schon da, hält lachend an und ruft: »Siehste, das macht mir so leicht keiner nach!« Es war nichts zu Bruch gegangen, Rosemeyer hatte mit Absicht den Wagen hin und her geworfen. »Leichtsinn!« werden viele dazu sagen. Das war es aber nicht. Es war die souveräne Beherrschung seines Fahrzeuges, die er bei solchen Gelegenheiten schulte und die ihn dann bei Rennen so oft aus kritischsten Situationen rettete.
Wohlvorbereitet stehen unsere Rekordwagen am 15. Oktober frühmorgens auf der Autobahn bei Frankfurt bereit. Ein herrlicher, sonniger Tag bricht an. Rosemeyer erscheint um sieben Uhr, sein grünes Hütchen keck auf dem Kopf, in bester Laune. Diesmal herrscht im Gegensatz zu den früheren Rekordfahrten, wo man ziemlich unter sich ist, Hochbetrieb auf der Bahn, Reporter aus dem In- und Ausland, Wochenschauen, der große Organisationsstab der ONS, die beteiligten Werke mit ihren Fahrern, ihren Technikern und Monteuren, und zwar in den großen Wagenklassen Daimler-Benz und die Auto-Union, in der kleinen Wagenklasse bis 110 ccm der englische Major Gardner, bei den Motorrädern BMW in der 500-ccm-Klasse und die Motorradabteilung der Auto-Union mit 175 ccm, 250 ccm und – Seitenwagenmaschinen.
Diesmal liegt eine ganz besondere Spannung in der Luft. Man fühlt, daß die 400-km-Grenze überschritten werden wird, aber um wieviel? Wird Rosemeyer der Schnellste sein oder ein Fahrer von Daimler-Benz?
Die großen Wagen fahren zuerst, und zwar über die Strecke von 1 km und 1 Meile mit fliegendem Start, abwechselnd einmal wir, einmal Daimler-Benz. Gespannt verfolgen die Rennleiter in den Zeitnahmewagen die elektrische Zeitregistrierung. Die Reporter stehen draußen um den Wagen herum und versuchen, aus unseren Mienen irgend etwas zu erraten. Da – Rosemeyer ist unterwegs – erfolgt das Markieren der Zeitmarken schneller als sonst. Sofort wird durch den Obmann der Zeitnahme, Schäfer, die Zeit errechnet, und freudig kann ich der Presse verkünden: Rosemeyer hat als erster deutscher Fahrer die 400-km-Grenze überschritten.
Wir hatten fürs erste genug und warteten ab. Um elf Uhr wurde uns von der Rennleitung mitgeteilt, daß die Strecke uns wieder zur Verfügung stände. Da zogen wir unsere »kleine« Überraschung aus dem Zelt. Wir hatten nämlich einen zweiten Wagen vorbereitet. Äußerlich sahen beide Wagen gleich aus, der zweite hatte aber einen Motor mit geringerem Zylinderinhalt. Es war ein alter Motor, den wir aus dem ersten Jahr der Grand-Prix-Formel übrigbehalten hatten und mit dem wir die Rekorde in der Klasse 3 bis 5 Liter angreifen konnten. Rosemeyer hatte davon auch erst bei seiner Ankunft in Frankfurt gehört, er war gleich Feuer und Flamme, daß er diese Möglichkeiten ausnutzen konnte. Und es ging auch mit diesem kleinen Wagen alles programmäßig. Auf Anhieb fuhr er sofort neue Rekorde über 1 km und 1 Meile mit fliegendem Start. In der Mittagszeit wurde die Strecke umgebaut für die Rekorde bis 10 km. Um fünfzehn Uhr startete Rosemeyer zu den Rekorden über 5 km, 5 Meilen und 10 km, die er gleich auf der ersten Hin- und Rückfahrt wesentlich überbot. Fünfzehn Uhr zwanzig saß er bereits wieder in dem 6-Liter-Wagen und fuhr erneut die Strecke über 1 km und 1 Meile mit fliegendem Start, wobei er im Mittel (die Rekorde müssen in zwei Richtungen hin und zurück über dieselbe Strecke gefahren werden) die neue Rekordzeit von

8,86 Sekunden = 406,320 km/Std. für den Kilometer

und von
14,26 Sekunden = 406,285 km/Std. für die Meile

fuhr. Hierbei hatte er bei einer Fahrt innerhalb der Meßstrecke eine Geschwindigkeit von über 409 km/Std. erreicht. Bei seinem Abendtelefonat konnte Rosemeyer seiner Frau eine reiche Ernte des ersten Tages melden: sieben neue Rekorde, dabei als erster deutscher Fahrer die 400-km-Grenze überschritten.
Der zweite Tag der Internationalen Rekordwoche der ONS brachte am Mittag den Angriff Rosemeyers auf den Weltrekord mit stehendem Start über 1 km (bisher 163,451 km/Std.) und 1 Meile (bisher 188,656 km/Std.). Er fuhr hierbei einen offenen Grand-Prix-Wagen mit verkürztem Bergchassis. Diese Rekorde werden so oft in der breiten Öffentlichkeit minderbewertet, weil die hierbei erzielten Zeiten natürlich weit unter den Zeiten mit fliegendem Start liegen. Und doch sind diese Rekorde gerade fahrerisch und technisch eine ganz besonders hoch zu schätzende Leistung. Man muß sich vergegenwärtigen, daß bei stehendem Start die Zeitmessung bereits beginnt, wenn das Fahrzeug die ersten Millimeter vom Ruhepunkt aus rollt und daß es bereits nach 1600,31 m eine Geschwindigkeit von über 340 km haben

muß, um im Mittel eine Geschwindigkeit von 223,2 km/Std. zu erzielen, wie sie Rosemeyer gefahren ist. Diese Leistung kann nur erreicht werden, wenn der Fahrer hervorragend, ohne die Räder durchreißen zu lassen, startet, wenn er bei Spitzentouren schnell schaltet und wenn das Fahrzeug eine so hervorragende Beschleunigung besitzt, wie sie die deutschen Rennwagen im Laufe der Entwicklung bekommen haben. Wie schwer diese stehenden Rekorde zu fahren sind, beweist, daß sie von den Spezialrekordfahrzeugen eines Campbell und Eyston nicht erreicht wurden. Als Rosemeyer an den Startfaden geschoben wird, sieht alles gespannt zu, jetzt kann der Kenner etwas von Fahrkunst zu sehen bekommen. Wunderbar weich, ohne ein Durchdrehen der Räder und doch mit schneller Beschleunigung rollt der Wagen ab, wird hochgetrieben, schnellstes Schalten, und schon verschwindet er in der Ferne. Diese Starts sind wahrhafte Spitzenleistungen meisterlicher Fahrkunst. Und der Erfolg ist auch gleich da:

1 km	stehender Start 188,697 km/Std.,
1 Meile	stehender Start 216,422 km/Std.

* * *

Am gleichen Tag nachmittags will Rosemeyer seinen eigenen 5-Meilen-Rekord vom Juni nochmals verbessern. Er glaubt mit dem zur Verfügung stehenden Wagen doch noch wesentlich schneller sein zu können als im Sommer, wenn auch der An- und Auslauf bereits in einer Kurve liegt. Gegen sechzehn Uhr startet er über die 5 km. Die Hinfahrt ist über Erwarten schnell, über 400 km/Std. Das Telefon meldet den Start zur Rückfahrt und kurz nachher die Durchfahrt durch die Meßstrecken. Wir sehen dem Wagen gespannt entgegen. Als Rosemeyer anhält, kann er kaum aus dem Wagen steigen. Wir denken zuerst, daß er irgendwie auf der Fahrbahn abgekommen ist, und ähnliches. Aber nichts von alledem war richtig. Auf der Rückfahrt innerhalb der Meßstrecke glaubte er ein langsames Heruntergehen des Zeigers am Tourenzähler bemerkt zu haben. Gleichzeitig roch es, nach seiner Auffassung, nach Öl. Er hatte auf der Avus schon einmal eine unangenehme Situation erlebt, als ein Ölrohr gebrochen war und das Öl dann plötzlich durch die Luftzirkulation innerhalb des Wagens nach vorn und dort zum Führersitz herausgewirbelt wurde. Das war deshalb so unangenehm, weil im gleichen Augenblick die Scheibe blind wurde. Daran dachte er bei der Fahrt. Trotzdem nahm er den Fuß nicht vom Gas weg und fuhr mit über 400 km/Std. die Meßstrecke voll durch. Diese zusätzliche Nervenbeanspruchung zu der sonst schon bis zum Äußersten gehenden Konzentration hielt auch ein Rosemeyer nicht aus. In der frischen Luft erholte er sich schnell, und als er die Zeit von 404,585 km/Std. für die 5-km-Strecke hörte, da lachte er wieder.

Standen die beiden ersten Tage der Rekordwoche ganz im Zeichen Rosemeyers, so war es am dritten Tag nicht anders. Früh um neun Uhr verbesserte er mit dem Stromlinienwagen seinen eigenen Weltrekord über 1 Meile mit stehendem Start
auf 223,2 km/Std.,

mittags fuhr er in der 3- bis 5-Liter-Klasse einen neuen 10-Meilen-Rekord und verbesserte dabei gleichzeitig seinen eigenen Rekord vom 2. Mai über 5 km, 5 Meilen, 10 km, und nachmittags stellte er auch noch zwei neue Rekorde über 1 km und 1 Meile mit stehendem Start in der gleichen Klasse auf.

Damit war es aber genug. Bernd Rosemeyer war der unbestrittene Held dieser internationalen Rekordwoche der ONS und hatte Leistungen vollbracht wie vor ihm noch kein anderer Fahrer. Sie waren zugleich die Krönung seiner bisherigen großen Laufbahn und – sollten es leider auch bleiben.

Rosemeyer hielt Ende Oktober 1937 mit den Auto-Union-Wagen drei Weltrekorde und sechzehn internationale Klassenrekorde, und zwar:

1. Weltrekorde

Fliegender Start:
10 Meilen 360,3 km/Std. (bisher 333,48 km/Std.)

Stehender Start:

1 km	188,7 km/Std. (bisher 163,4 km/Std.)
1 Meile	223,2 km/Std. (bisher 188,6 km/Std.)

2. Internationale Klassenrekode

Klasse B: 5000 bis 8000 ccm Zylinderinhalt.

Fliegender Start:

1 km	406,3 km/Std. (bisher 389,2 km/Std.)
1 Meile	406,2 km/Std. (bisher 389,6 km/Std.)
5 km	404,6 km/Std. (bisher 376,3 km/Std.)
5 Meilen	368,5 km/Std. (bisher 336,84 km/Std.)
10 km	357,2 km/Std. (bisher 331,89 km/Std.)
10 Meilen	360,3 km/Std. (bisher 333,48 km/Std.)

Stehender Start:

1 km	188,7 km/Std. (bisher 131,1 km/Std.)
1 Meile	223,2 km/Std. (bisher 145,7 km/Std.)

Klasse C: 3000 bis 5000 ccm Zylinderinhalt

Fliegender Start:

1 km	351,9 km/Std.	(bisher 317,6 km/Std.)
1 Meil	353,3 km/Std.	(bisher 320,2 km/std.)
5 km	346,2 km/Std.	(bisher 311,9 km/Std.)
5 Meilen	345,1 km/Std.	(bisher 237,2 km/Std.)
10 km	341,6 km/Std.	(bisher 246,0 km/Std.)
10 Meilen	340,9 km/Std.	(biher 236,0 km/Std.)

Stehender Start:

1 km	169,8 km/Std.	(bisher 157,7 km/Std.)
1 Meile	201,6 km/Std.	(bisher 188,6 km/Std.)

Wenn man dies liest, glaubt vielleicht manch einer, daß das Rekordefahren gar nichts Besonderes sein kann. Und doch ist es durch die übermäßige Konzentration eine ungeheure Nervenbeanspruchung. Rosemeyers Eindrücke waren immer dieselben: »Die Geschwindigkeit an sich ist überhaupt nicht fühlbar. Der Wagen liegt wunderbar ruhig und gehorcht dem Steuer einwandfrei. Das Lenkrad darf nicht verkrampft gehalten werden, nur ganz leicht liegt es sozusagen zwischen den Fingerspitzen, um nicht Schwankungen des Körpers auf die Lenkung zu übertragen. Die Steuerbewegungen betragen am Lenkrad vielleicht 1 bis 2 mm. Bei etwa 380 km/Std. werden die Stoßfugen der Betonstraßendecke als Schläge fühlbar, die eine Resonanz am Wagen finden, die aber bei höherer Geschwindigkeit sofort verschwindet. Beim Durchfahren der Brückenüberführungen erhält man einen furchtbaren Schlag auf die Brust, hervorgerufen durch die Luftverdrängung des Wagens, die sich nicht schnell genug ausgleichen kann. Es ist allerhöchste Konzentration erforderlich, um den Wagen stets in Fahrbahnmitte zu halten. Das rechtzeitige Abfangen von Seitenluftstößen und von Versetzungen an den Unterführungen erfordert ein solches Höchstmaß von dauernder Bereitschaft zu sozusagen instinktmäßiger blitzschneller

Gegenaktion, noch bevor sich der Seitenwind oder ein anderer Einfluß voll auswirken kann, daß nach längstens ein paar Minuten die Nervenkraft einfach verbraucht ist. Dadurch ist die Anstrengung zum Beispiel des 10-Meilen-Rekordes größer als die eines Grand-Prix, obzwar die ganze Angelegenheit nur rund zwei Minuten vierzig Sekunden dauert.« So weit seine eigene Auffassung über Rekordfahrten.
Wir alle fuhren beglückt von Frankfurt ab, hofften auf einen Winter der ruhigen Entwicklung des neuen Rennwagens und ahnten nicht, wie traurig unsere nächste Rückkehr von Frankfurt sein würde.

* * *

Nicht lange sollte die Freude über die kommende Zeit der Erholung und Ruhe anhalten. Einige Wochen nach der Frankfurter Rekordwoche erfuhren wir, daß es den Bemühungen von Daimler-Benz gelungen war, die Erlaubnis zu neuen Rekordfahrten noch vor der kommenden Automobilausstellung durchzusetzen. Bei einem Mann mit einem solchen Kampfesgeist, wie ihn Rosemeyer hatte, war es nur zu natürlich, daß er dem Angriff auf seine Rekorde nicht unbeteiligt zusehen wollte. Er war zwar nicht erfreut darüber, da er im Laufe des Winters ganz der Ruhe und Erholung leben wollte. Andererseits war es für ihn eine Selbstverständlichkeit, seine Rekorde zu verteidigen. »Daß ihr in Zwickau nicht schlaft«, war eine Redensart von ihm.
So ging es erneut an die Vorbereitungen des Rekordwagens, neue Windkanalversuche, neue Motorversuche. Im Januar wurden auf der Autobahn Halle–Leipzig wiederum Versuche gefahren. Das Wetter war ungünstig, regnerisch, böiger Wind mit über 6 m/Sek.; trotzdem befriedigten die Versuche. Der Wagen war schneller als der alte, und guten Mutes sahen wir, wie schon so oft, den Rekordversuchen entgegen.
Am 26. Januar erhielten wir die Nachricht, daß am 27. Januar auf der Autobahn gefahren werden könnte. Sofort wurde alles in Marsch gesetzt. Ich telefonierte mit Rosemeyer. Er konnte mir am Telefon noch nicht sagen, ob er mit demselben Zug hinunterfahren würde wie wir oder ob er mit eigener Maschine oder dem Flugzeug nach Frankfurt käme.
Im Zug hielten wir Ausschau nach ihm. Er war aber nicht zugegegen. Bei unserer Ankunft in Frankfurt fanden wir ein Telegramm Rosemeyers vor, daß er auf einem Militärflughafen am Main notgelandet wäre und am nächsten Vormittag nach Frankfurt käme. Der 27. Januar brachte Regen. An ein Fahren war nicht zu denken. Wir waren in der Garage bei unserem Wagen versammelt, als Rosemeyer vom Flughafen Frankfurt anrief und um seine Abholung bat. Strahlend erschien er auch bald und er-

zählte uns in seiner drastischen, anschaulichen Art, wie er in schlechtes Wetter gekommen sei, sich leicht verfranst und bei anbrechender Dunkelheit plötzlich einen Flugplatz unter sich gesehen hätte. Im Ausschweben habe er beinahe einen Zaun mitgenommen, den er in der Dunkelheit nicht mehr sah, aber das Glück, das ihm immer beistand, war auch hier an seiner Seite. Wohlbehalten war er gelandet.

Wir fuhren gleich nach seiner Ankunft auf die Autobahn, um uns die Meßstrecken anzusehen und die Wendemarken festzulegen. Am Nachmittag besichtigten wir eingehend die Fabrik von Doktor Teves. Rosemeyer war wie immer an allem technischen sehr interessiert und strahlender Laune. Den Abend verlebten wir im anregenden Kreis alter Freunde. Um elf Uhr ging Rosemeyer, nachdem er mit seiner Elly telefoniert hatte, schlafen. Wir vereinbarten, er sollte ausschlafen. Falls er gebraucht würde, sollten wir ihm telefonisch Bescheid geben.

Am 28. Januar trafen wir kurz vor acht Uhr auf der Autobahn ein. Es war unfreundlich kalt. Die Daimler-Benz-Mannschaft war bereits anwesend. Kurz nach acht Uhr startete Caracciola. Hin- und Rückfahrt waren sofort sehr schnell. Caracciola hatte mit 432,7 km/Std. Rosemeyers Rekord gebrochen. Als wir um neun Uhr hörten, daß Daimler-Benz nicht mehr fahren wollte, wurden die Dispositionen für unsere Fahrt gegeben. Rosemeyer, der noch nicht zugegen war, wurde im Hotel angerufen. Er war aber bereits unterwegs und traf auch bald auf der Bahn ein. Die Zeit, bis unser Rekordwagen anrollte, alles ausgeladen und der Wagen startbereit gemacht wurde, benutzte Rosemeyer, um im Personenwagen die Strecke nochmals abzufahren und sich die Meßstrecken anzusehen. Etwa um elf Uhr stieg Rosemeyer in den Rekordwagen. Er sollte den Wagen in langsamer Fahrt anwärmen und sich dabei nochmals die Strecke einprägen. Als er im Wagen saß, kam Caracciola, den er bisher nicht gesehen hatte, zu ihm heran. Er beglückwünschte Caracciola kameradschaftlich zu seinem Erfolg und startete. An der Wendemarke wurde der Wagen unter Aufsicht von Eberan und Sebastian kontrolliert und in Ordnung befunden. Rosemeyer trat die Rückfahrt an. Obzwar er auch hierbei noch nicht schnell fahren sollte, erreichte er bereits auf der Rückfahrt 429,9 km/Std. Als er am Startplatz ankam, nickte er mir kurz zu und sagte: »Gut, gut!« Er beklagte sich nur, daß der Motor noch nicht die richtige Temperatur habe und deshalb noch nicht seine volle Leistung entwickeln könne. Es wurde beschlossen, vorn eine weitere Abdeckung vor den Kühler zu montieren. Nach wenigen Minuten ist der Wagen wieder fahrfertig und wird angeschoben. Rosemeyer

Der Film von den Vorbereitungen zu Rosemeyers letzter Fahrt.

beschleunigt stark und verschwindet in schneller Fahrt in der Kurve hinter dem Startplatz. Ich gehe in den Telefonwagen. Die Posten an der Strecke melden:

»Kilometer 5 – durch!«
»Kilometer 7,6 – durch!«
»Kilometer 8,6 – durch!«
»Kilometer 9,2 – Der Wagen ist verunglückt!«

Ich springe mit dem Rennarzt Doktor Glaeser, dem Monteur Rosemeyers, Ludwig Sebastian, in den nächsten Wagen, und in rasender Fahrt geht es zur Unglücksstelle. Wir können es nicht glauben, daß Rosemeyer persönlich etwas passiert sein soll. Der Wagen wird zwar beschädigt sein, aber Rosemeyer wird, wie schon so oft, mit dem Lenkrad in der Hand dastehen, lachend über die Angst, die wir um ihn hatten. – Vergebliches Hoffen!
Das Unbegreifliche, das Unfaßbare war geschehen. Stumm lag Bernd Rosemeyer unter den Bäumen des deutschen Waldes, beim höchsten Einsatz seines Könnens bezwungen von der Urgewalt der Naturkräfte. – Kämpferschicksal!
Rosemeyer war einmalig! Steil führte sein Weg nach oben, ohne Beispiel in der Geschichte des Motorsports. Eine bis zur höchsten Vollkommenheit durchgebildete Fahrkunst, scheinbar spielerisch erreicht, paarte sich in ihm mit bedenkenlosem kämpferischen Einsatz. Alles war für ihn eine Selbstverständlichkeit. Alles nahm er ganz, es gab für ihn keine Halbheit.
Persönlich blieb er immer der gleiche sonnige, jungenhafte Mann. Er kannte kein Falsch, allen Menschen sagte er das, was er dachte, ohne Rücksicht darauf, ob es ihm nützen oder schaden könnte.
Sein Leben war mit allem gesegnet, was einem Menschen gegeben werden kann: Erfolg, Geltung und Ruhm, eine Frau, mit der er in herzlicher Liebe verbunden war, ein kleiner Sohn, auf den er stolz war und der nun den Namen Bernd Rosemeyer führt. Aus einem Leben, das nur aufwärts führte, wurde er abberufen.
Und so wird er in unserer Erinnerung bleiben als der gute Kamerad, der faire Sportsmann, der aufrechte Mensch. Er wird weiterleben als der große sieghafte Kämpfer, ein Vorbild der Jugend!

Gedenkstein an der Autobahn Frankfurt–Darmstadt, Kilometer 508

Rennergebnisse

zuerst - 1933 - auf der NSU-Rennmaschine:
Sieger im Schleizer Dreieck-Rennen
Sieger im Hockenheim-Ring-Rennen
Sieger im Guggerberg-Rennen
Sieger im Kilometer-Rennen in Tat (Ungarn)
Sieger im Gödöllö-Bergrennen
Sieger im Kilometer-Rennen in Budapest

Sieger im Marienberger Dreieck-Rennen
Sieger im Schleizer Dreieck-Rennen
Goldene Medaille in Hohenstaufen
Goldene Medaille bei der 3-Tage-Harz-Fahrt
Goldene Medaille bei der 2000-Kilometer-Fahrt
Goldene Medaille bei der Internationalen 6-Tage-Fahrt
1934, von Auto-Union verpflichtet, auf der DKW-Rennmaschine

1935, erstmals im Auto-Union-Rennwagen
Sieger im Internationalen Masaryk-Ring-Rennen
Zweiter im Rennen um die Coppa Acerbo in Pescara
Dritter im Großen Preis der Schweiz
Dritter im Großen Preis von Italien
Zweiter im Internationalen Eifel-Rennen

1935

26. Mai *Internationales Avusrennen (Berlin)*
Bernd Rosemeyer ausgeschieden

16. Juni *Internationales Eifelrennen (Nürburgring) 250,8 km*
1. Rudolf Caracciola (Mercedes-Benz)
2. Bernd Rosemeyer (Auto Union)
3. Louis Chiron (Alfa Romeo)
4. Luigi Fagioli (Mercedes-Benz)
5. Hermann Lang (Mercedes-Benz)
6. Paul Pietsch (Auto Union)
Schnellste Runde: Bernd Rosemeyer

23. Juni *Großer Preis von Frankreich · 500 km*
1. Rudolf Caracciola (Mercedes-Benz)
2. M. von Brauchitsch (Mercedes-Benz)
3. Goffredo Zehender (Maserati)
4. Luigi Fagioli (Mercedes-Benz)
5. B. Rosemeyer/A. Varzi (Auto Union)
6. Raymond Sommer (Maserati)

28. Juli *Großer Preis von Deutschland (Nürburgring) 501,8 km*
1. Tazio Nuvolari (Alfa Romeo)
2. Hans Stuck (Auto Union)
3. Rudolf Caracciola (Mercedes-Benz)
4. Bernd Rosemeyer (Auto Union)
5. M. von Brauchitsch (Mercedes-Benz)
6. Luigi Fagioli (Mercedes-Benz)

15. Aug. *Coppa Acerbo (Pescara) · 516 km*
1. Achille Varzi (Auto Union)
2. Bernd Rosemeyer (Auto Union)
3. Antonio Brivio (Alfa Romeo)
4. Gianfranco Comotti (Alfa Romeo)
5. Carlo Pintacuda (Alfa Romeo)

25. Aug. *Großer Preis der Schweiz · 509,6 km*
1. Rudolf Caracciola (Mercedes-Benz)
2. Luigi Fagioli (Mercedes-Benz)
3. Bernd Rosemeyer (Auto Union)
4. Achille Varzi (Auto Union)
5. Tazio Nuvolari (Alfa Romeo)
6. Hermann Lang (Mercedes-Benz)

8. Sept. *Großer Preis von Italien · 503,7 km*
1. Hans Stuck (Auto Union)
2. R. Dreyfus/T. Nuvolari (Alfa Romeo)
3. B. Rosemeyer/P. Pietsch (Auto Union)
4. Attilio Marinoni (Alfa Romeo)
5. Piero Taruffi (Bugatti)

22. Sept. *Großer Preis von Spanien · 519,5 km*
1. Rudolf Caracciola (Mercedes-Benz)
2. Luigi Fagioli (Mercedes-Benz)
3. M. von Brauchitsch (Mercedes-Benz)
4. Jean-Pierre Wimille (Bugatti)
5. Bernd Rosemeyer (Auto Union)
6. Robert Benoist (Bugatti)

29. Sept. *Großer Preis von Brünn (Masarykrennen) 495,4 km*
1. Bernd Rosemeyer (Auto Union)
2. Tazio Nuvolari (Alfa Romeo)
3. Louis Chiron (Alfa Romeo)
4. Antonio Brivio (Alfa Romeo)
5. Laszlo Hartmann (Maserati)

1936

13. April *Großer Preis von Monaco · 318 km*
1. Rudolf Caracciola (Mercedes-Benz)
Bernd Rosemeyer ausgeschieden

10. Mai *Großer Preis von Tripolis · 525,6 km*
1. Achille Varzi (Auto Union)
Bernd Rosemeyer ausgeschieden

17. Mai *Großer Preis von Tunis · 381,4 km*
1. Rudolf Caracciola (Mercedes-Benz)
Bernd Rosemeyer ausgeschieden
Schnellste Runde: Bernd Rosemeyer

7. Juni *Großer Preis von Barcelona · 303,2 km*
1. Tazio Nuvolari (Alfa Romeo)
2. Rudolf Caracciola (Mercedes-Benz)
3. Giuseppe Farina (Alfa Romeo)
4. Ernst von Delius (Auto Union)
5. Bernd Rosemeyer (Auto Union)
6. Louis Chiron (Mercedes-Benz)

1936

14. Juni *Internationales Eifelrennen (Nürburgring) 228,1 km*
1. Bernd Rosemeyer (Auto Union)
2. Tazio Nuvolari (Alfa Romeo)
3. Antonio Brivio (Alfa Romeo)
4. Giuseppe Farina (Alfa Romeo)
5. Hermann Lang (Mercedes-Benz)
6. Louis Chiron (Mercedes-Benz)

Schnellste Runde: Bernd Rosemeyer

21. Juni *Großer Preis von Budapest · 250 km*
1. Tazio Nuvolari (Alfa Romeo)
2. Bernd Rosemeyer (Auto Union)
3. Achille Varzi (Auto Union)
4. H. Stuck/E. von Delius (Auto Union)
6. Austin Dobson (Alfa Romeo)

26. Juli *Großer Preis von Deutschland (Nürburgring) 501,8 km*
1. Bernd Rosemeyer (Auto Union)
2. Hans Stuck (Auto Union)
3. Antonio Brivio (Alfa Romeo)
4. Rudolf Hasse (Auto Union)
5. L. Fagioli/R. Caracciola (Mercedes-Benz)
6. Ernst von Delius (Auto Union)

Schnellste Runde: Bernd Rosemeyer

2. Aug. *Coppa Ciano · 216,6 km*
1. Tazio Nuvolari (Alfa Romeo)
2. Antonio Brivio (Alfa Romeo)
3. René Dreyfus (Alfa Romeo)
4. B. Rosemeyer/H. Stuck (Auto Union)
5. Giosue Calamai (Alfa Romeo)

15. Aug. *Coppa Acerbo · 412,8 km*
1. Bernd Rosemeyer (Auto Union)
2. Ernst von Delius (Auto Union)
3. Achille Varzi (Auto Union)
4. Antonio Brivio (Alfa Romeo)
5. Hans Ruesch (Alfa Romeo)

23. Aug. *Großer Preis der Schweiz · 509,6 km*
1. Bernd Rosemeyer (Auto Union)
2. Achille Varzi (Auto Union)
3. Hans Stuck (Auto Union)
4. L. Fagioli/H. Lang (Mercedes-Benz)
5. Rudolf Hasse (Auto Union)

Schnellste Runde: Bernd Rosemeyer

30. Aug. *Großer Bergpreis von Deutschland*
1. Bernd Rosemeyer (Auto Union)
2. Ernst v. Delius (Auto Union)
3. Antonio Brivio (Alfa Romeo)

13. Sept. *Großer Preis von Italien · 503,7 km*
1. Bernd Rosemeyer (Auto Union)
2. Tazio Nuvolari (Alfa Romeo)
3. Ernst von Delius (Auto Union)
4. René Dreyfus (Alfa Romeo)
5. Carlo Pintacuda (Alfa Romeo)
6. Piero Dusio (Maserati)

Schnellste Runde: Bernd Rosemeyer

1937

1. Jan. *Großer Preis von Südafrika (East London) 340,2 km*
1. Pat Fairfield (ERA)
2. B. Meyer (Riley)
3. F. Chiappini (Riley)
4. Hans Ruesch (Alfa Romeo)
5. Bernd Rosemeyer (Auto Union)
6. Earl Howe (Bugatti)

Schnellste Runde: Bernd Rosemeyer

16. Jan. *Großer Preis von Kapstadt (First Grosvenor Grand Prix) · 333,9 km*
1. Ernst von Delius (Auto Union)
2. Bernd Rosemeyer (Auto Union)
3. Earl Howe (ERA)
4. Pat Fairfield (ERA)
5. Hans Ruesch (Alfa Romeo)
6. Kay Petre (Riley)

Schnellste Runde: Bernd Rosemeyer

1937

6. Mai *Großer Preis von Tripolis · 525,6 km*
1. Hermann Lang (Mercedes-Benz)
2. Bernd Rosemeyer (Auto Union)
3. Ernst von Delius (Auto Union)
4. Hans Stuck (Auto Union)
5. Luigi Fagioli (Auto Union)
6. Rudolf Caracciola (Mercedes-Benz)

30. Mai *Internationales Avusrennen · 156,56 km*
1. Hermann Lang (Mercedes-Benz)
2. Ernst von Delius (Auto Union)
3. Rudolf Hasse (Auto Union)
4. Bernd Rosemeyer (Auto Union)
5. Richard Seaman (Mercedes-Benz)
6. Laszlo Hartmann (Maserati)

Schnellste Runde: Bernd Rosemeyer

13. Juni *Internationales Eifelrennen (Nürburgring) 228,1 km*
1. Bernd Rosemeyer (Auto Union)
2. Rudolf Caracciola (Mercedes-Benz)
3. M. von Brauchitsch (Mercedes-Benz)
4. Rudolf Hasse (Auto Union)
5. Tazio Nuvolari (Alfa Romeo)
6. Hermann Lang (Mercedes-Benz)

Schnellste Runde: Bernd Rosemeyer

5. Juli *Großer Preis von Amerika (Vanderbilt-Pokal) 482,4 km*
1. Bernd Rosemeyer(Auto Union)
2. Richard Seaman (Mercedes-Benz)
3. Rex Mays (Alfa Romeo)
4. Ernst von Delius (Auto Union)
5. Giuseppe Farina (Alfa Romeo)
6. J. Thorne (Alfa Romeo)

25. Juli *Großer Preis von Deutschland (Nürburgring) 501,82 km*
1. Rudolf Caracciola (Mercedes-Benz)
2. M. von Brauchitsch (Mercedes-Benz)
3. Bernd Rosemeyer (Auto Union)
4. Tazio Nuvolari (Alfa Romeo)
5. Rudolf Hasse (Auto Union)
6. Christian Kautz (Mercedes-Benz)

Schnellste Runde: Bernd Rosemeyer

2. Aug. *Großer Bergpreis von Deutschland (Freiburg)*
1. Hans Stuck (Auto Union)
2. Bernd Rosemeyer (Auto Union)
3. Rudolf Caracciola (Mercedes-Benz)

8. Aug. *Großer Preis von Monaco · 318 km*
1. M. von Brauchitsch (Mercedes-Benz)
2. Rudolf Caracciola (Mercedes-Benz)
3. Christian Kautz (Mercedes-Benz)
4. B. Rosemeyer/H. Stuck (Auto Union)
5. Goffredo Zehender (Mercedes-Benz)
6. Giuseppe Farina (Alfa Romeo)

15. Aug. *Coppa Acerbo · 412,8 km*
1. Bernd Rosemeyer (Auto Union)
2. M. von Brauchitsch (Mercedes-Benz)
3. H. P. Müller (Auto Union)
4. Luigi Fagioli (Auto Union)
5. R. Caracciola/R. Seaman (Mercedes-Benz)
6. V. Belmondo (Alfa Romeo)

Schnellste Runde: Bernd Rosemeyer

22. Aug. *Großer Preis der Schweiz · 364 km*
1. Rudolf Caracciola (Mercedes-Benz)
2. Hermann Lang (Mercedes-Benz)
3. M. von Brauchitsch (Mercedes-Benz)
4. Hans Stuck (Auto Union)
5. B. Rosemeyer/T. Nuvolari (Auto Union)
6. Christian Kautz (Mercedes-Benz)

Schnellste Runde: Bernd Rosemeyer

12. Sept. *Großer Preis von Italien · 361 km*
1. Rudolf Caracciola (Mercedes-Benz)
2. Hermann Lang (Mercedes-Benz)
3. Bernd Rosemeyer (Auto Union)
4. Richard Seaman (Mercedes-Benz)
5. Hermann Müller (Auto Union)
6. Achille Varzi (Auto Union)

26. Sept. *Großer Preis von Brünn (Masarykrennen) · 437,1 km*
1. Rudolf Caracciola (Mercedes-Benz)
2. M. von Brauchitsch (Mercedes-Benz)
3. B. Rosemeyer/H. P. Müller (Auto Union)
4. Richard Seaman (Mercedes-Benz)
5. Tazio Nuvolari (Alfa Romeo)
6. Antonio Brivio (Alfa Romeo)

2. Okt. *Großer Preis von Donington · 402,24 km*
1. Bernd Rosemeyer (Auto Union)
2. M. von Brauchitsch (Mercedes-Benz)
3. Rudolf Caracciola (Mercedes-Benz)
4. H. P. Müller (Auto Union)
5. Rudolf Hasse (Auto Union)
6. B. Bira (Maserati)

Schnellste Runde: Bernd Rosemeyer

Personenregister

Ein Wort des Dankes

Die Autorin und der Verlag danken der
AUDI Aktiengesellschaft, Ingolstadt,
und dem *Deutschen Museum, München,*
für ihre freundliche Unterstützung bei der Realisierung
dieses Buches.

Abbildungsnachweis:

Alle Abbildungen aus dem Archiv der Autorin, außer:
Interfoto, München (S. 175)

Impressum

Schutzumschlagentwurf: Christel Aumann, München
Text- und Bildredaktion: H. R. v. Zabuesnig
Satz: Filmsatz Schröter GmbH, München
Gesetzt aus: 10/11 Helvetica leicht auf Linotron 202 N
Reproduktionen: Grafisches Atelier R. Krah GmbH, München
Druck und Binden: Mohndruck Graphische Betriebe GmbH, Gütersloh
Printed in Germany
ISBN 3-7766-1456-0